Karl-Heinz Ott
Die Auferstehung

Roman

Carl Hanser Verlag

Der Autor dankt dem Deutschen Literaturfonds e. V. für die Förderung dieses Romans.

2 3 4 5 19 18 17 16 15

ISBN 978-3-446-24909-7

Satz: Gaby Michel, Hamburg
Druck und Bindung: CPI books GmbH, Ulm
Printed in Germany

MIX
Papier aus verantwortungsvollen Quellen
FSC® C083411
FSC
www.fsc.org

Denn unser keiner lebt sich selber,
und keiner stirbt sich selber.

Paulus, Brief an die Römer 14,7

God's finger touch'd him, and he slept.

Tennyson, In Memoriam A.H.H.

Komm heim, so schnell es geht, Papa ist tot, hatte Linda frühmorgens, kaum dass es Tag war, ins Telefon gehechelt und am Ende des knappen Gesprächs gestöhnt: Gottlob!

Was soll das heißen, dachte Jakob, obwohl doch klar war, was sie meinte. Seit gestern ist er also tot, vielleicht seit vorgestern schon, sie wissen es nicht. Erfahren darf es vorerst nur ein Einziger, das Schwein, Lindas schlimmster Feind, der plötzlich wieder gebraucht wird, und zwar augenblicklich. Ausgerechnet bei ihm hatte Vater sein Testament hinterlegt, bei diesem lumpigsten aller Lumpenhunde.

Und jetzt sitzen sie stumm um ihn herum, um eine Couch, die er sich erst kürzlich angeschafft haben muss und die mitten im Wohnzimmer steht, eine Couch ohne Lehne, in knalligem Rot, so breit, dass leicht zwei darauf Platz haben könnten.

Die Todesursache? Linda weiß es nicht. Die Totenglocken haben noch nicht geläutet, hatte sie am Telefon seltsam gestelzt formuliert, so gestelzt, wie man es sonst von ihr gar nicht kennt. Vielleicht sollte es locker klingen oder ironisch. Längst müsste man einen Arzt gerufen haben, schließlich wird sich nach drei, vier Tagen nur noch schwer behaupten lassen, er sei eben erst gestorben, nachdem die Nachbarn mit Sicherheit längst bemerkt haben, dass der ganze Stall auf einmal wieder da ist, wie seit Jahren nicht mehr, selbst einem Blinden kann das nicht entgehen. Ganz zu schweigen von Jakobs kindlicher Angst, es könnten sich bald schon Verwesungsgerüche verbreiten. Trotzdem will Linda erst einen Arzt holen, wenn alles geregelt ist. Darauf besteht sie, bei allen Bedenken, die ihre Brüder vorbringen. Anders lässt sich nichts mehr retten, hatte sie den dreien heute morgen am Telefon einzubläuen versucht und alle auf der Stelle nach Hause beordert, ohne jede Verzögerung, auch nicht um ein paar Stunden oder gar einen ganzen Tag.

Jakob war dennoch nicht sofort aufgebrochen, allein aus Trotz gegen ihren Ton und auch, um einen Zustand auszukosten, den es für ihn bislang nur einmal gegeben hatte, damals als Mutter starb, nur dass diesmal alles anders war, vollkommen anders. Er wollte das leichte Schweben von damals wieder erleben, dieses keineswegs unangenehme Bodenlosigkeitsgefühl, bei dem alles in einen Taumel zu geraten scheint, selbst die Welt draußen, der Himmel, die Häuser, das Leben überhaupt, als sei alles ferner gerückt, ungreifbar geworden und zugleich wie durchflutet von einem Licht, das aus dem All hereinzuschimmern scheint und von dem nie zuvor etwas zu erahnen war, eine schwirrende Wirklichkeit, die so unverhofft, wie man sie wahrzunehmen meint, auch wieder verschwindet.

Die Totenglocken haben noch nicht geläutet! Er hätte morgen drehen sollen, in fünf oder sechs Stunden wäre alles im Kasten gewesen: das Abseits und die Stille, ein Häuflein Ruinen, von Efeu umflort, das Kloster Port Royal in den Feldern, ein Katzensprung entfernt vom Pariser Gewimmel, im ländlichen Frieden bei Versailles um die Ecke, wo man auf Gottessucherspuren wandelt und Geistern hinterherhorcht, die ihr Leben lang vor allem eines gequält hat: die Frage, was danach kommt, nach dem Tod. Es hätte sein schönster Film werden können.

Wenn einer tot ist, kann er ruhig warten, es schmerzt ihn nicht, dachte Jakob und blieb noch ein paar Stunden, wie einer, der sich selbst zuschaut und denkt: Ich bin es, bin es nicht! Als sähe er sich von außen, wie einen andern, der im Café sitzt und durch die Straßen zieht. Gott könne alles sehen, hatte der Pfarrer ihnen als Kinder eingetrichtert, selbst die Gedanken. Auch die Toten könnten alles sehen, hatte er behauptet. Als Kinder hatten sie das alles geglaubt, und vielleicht, wer weiß, verhält es sich tatsächlich so. Vielleicht sieht Papa mich Kaffee trinken, stellte er sich vor, mit einer Zeitung in der Hand, als beginne dieser Tag wie jeder andere auch. Nur wird Vater sich, falls er ihn von dort oben sieht, fragen, warum es seinen Sohn in diesem Augenblick nicht sofort nach Hause drängt und er ihn selbst im Tod noch warten lässt.

Jakob nahm nicht den erstbesten Zug und auch nicht den nächsten. Er legte sich noch einmal hin, als könnten im Liegen Gedanken vorbeiziehen, die nicht geschaffen sind fürs Stehen und Gehen. Er wollte auf eine wohlige Trauer warten und auf Bilder, die zu ihr passten, ein bisschen Wehmut spüren, sich nach der Kindheit sehnen und etwas Sanftes empfinden, auch einen Schmerz, einen großen sogar, nur wollten sich ihm zu Papa kaum Gedanken einstellen und noch weniger klare Gefühle. Er lag nur da und dachte: Du bist in Paris, du bist zu beneiden! Ein bisschen Selbstmitleid kam in ihm auf, ein nebliges Verlustgefühl, das sich beinahe genießen ließ. Dabei hätte alles so einfach sein können: nach der Todesnachricht ein Stocken und Stammeln, Klagen und Weinen. Er aber dachte bloß: Du bist in Paris, du bist zu beneiden!, obwohl er eigentlich an Papa denken wollte.

Fast hätte er sich einen Hut gekauft, für die Beerdigung und überhaupt, als fange jetzt ein neues Leben an, ein Leben, das dem alten gleicht und trotzdem ab sofort ganz anders sein wird. Er ließ es jedoch, aus Furcht, ein Hut könnte auf seinem Kopf lächerlich wirken, zu aufgesetzt, zu mächtig, zu grotesk, ganz anders als bei Papa, der mit seinen Hüten filmreif aussah. Kopf hoch!, hatte Mama immer gesagt, damit man gar nicht erst zu klagen anfing. Kopf hoch!, hatte sie sogar noch zu Joschi gesagt, mit unterdrücktem Wimmern, als alles längst zu spät war, bei seinem Abschied ins Gefängnis. Kopf hoch!, hatte vermutlich auch Joschi oft gedacht, als er zehn Jahre lang an der Straße stand, in Budapest an den Brücken, einen Hut in der Hand, seinen Klingelbeutel. Und jetzt sitzen sie um Papa herum und warten, ohne wirklich zu wissen, worauf. Sie wissen es und wissen es nicht, es wird sich bald zeigen.

Linda hat ihn seit Ewigkeiten nicht mehr gesehen, diesen Mann, der hier bloß noch das Schwein genannt wird und dessen Namen keiner mehr in den Mund nehmen durfte, im Grunde bis heute nicht, was Papa nicht hindern sollte, bei ihm sein Testament zu hinterlegen, warum auch immer, und sei es aus Wut auf Linda, die vor seinen eigenen Augen die Bilder an den Wänden abgerissen hatte und ihn entmündigen lassen wollte. Vielleicht begann Papa an diesem Tag, an Schmelers Rücksichtslosigkeit sogar Gefallen zu finden, als müsste man sich daran ein Beispiel nehmen.

Nie wieder wollte Linda diesen Schmeler sehen, das Schwein, nie wieder, nachdem er vor über dreißig Jahren nach einem Kurzurlaub aus Mallorca zurückgekommen war, und zwar als verheirateter Mann. Linda war mit ihm verlobt gewesen, die beiden kannten sich seit der Schulzeit. Kein Mensch konnte ahnen, dass er noch eine weitere Geschichte am Laufen hatte und nur nach Mallorca geflogen war, um mit einer anderen zurückzukehren, die noch niemand je zu Gesicht bekommen hatte, zumindest nicht hier, eine Frau, die in allem das Gegenteil von Linda darstellte: blond, dünn, um einen Kopf größer, ein Laufsteggeschöpf, mit kurzen Röcken und Stiefeln, riesigen Ohrringen und einer noch größeren Sonnenbrille. Schmeler schämte sich damals nicht, zwei Straßen weiter eine Kanzlei zu eröffnen, deren Hauptsitz jetzt in München ist.

Uli musste ihn anrufen, auf Geheiß von Linda, was ihm schwergefallen war, schließlich ist er der Letzte, der den Resoluten spielen kann und notfalls hart verhandeln. Er ist zu weich für alles, und im Namen anderer forsch aufzutreten, liegt ihm schon zweimal nicht. Schmeler hatte sofort zugesagt, als sei es für ihn das Selbstverständlichste der Welt, noch heute Abend in München ins Auto zu steigen und zu einer Frau zu düsen, die ihn seit Jahrzehnten hasst und nie wieder sehen wollte. Keiner hier mochte je wieder etwas mit ihm zu tun haben. Sie alle hatten sich gewundert, dass Max selbst nach diesem Skandal noch skrupellos an ihrem Haus vorbeischlenderte und in den Garten hinein grüßte, als sei nicht das Geringste vorgefallen. Man wandte sich ab, tat so, als bemerkte man ihn nicht, fluchte vor sich hin und staunte, dass er dabei sogar stolz seine Neue am Arm führte. Drüben im Garten hörte man ihn beim Kaffeetrinken lachen und große Reden schwingen, als sollte die ganze Welt von seinen Witzeleien und Weisheiten profitieren. Längst ist er wieder geschieden, schon drei- oder viermal. Im Grunde kann Linda froh sein, dass es so gekommen ist, wie es gekommen ist.

Kaum dass sie mit Fred heute früh hier angekommen war

und sich die beiden nach ein paar Schrecksekunden wieder gefangen hatten, fingen sie an, Papas Schubladen und Dokumentenmappen zu durchsuchen, in der Hoffnung, das Testament zu finden, oder genauer gesagt, keines zu finden, um nicht böse überrascht zu werden und bestenfalls doch noch davon ausgehen zu können, dass alles seinen geordneten Gang geht. Als Linda vor einem Jahr zum letzten Mal in Arona war, stand dort ein alter Daimler vor dem Haus, und es passten die Schlüssel nicht mehr. Sie klingelte, eine Frau und ein Mann öffneten, starrten sie an, brachten kein einziges Wort heraus und verschwanden wieder hinter der Tür. Sofort hatte sie Papa angerufen, der nicht mit ihr reden wollte. Alles sei in Ordnung, habe er nur gesagt, doch sie werde, wenn er aus ihrem Mund noch ein einziges Mal den Ausdruck ungarische Hure höre, vom Erbe keinen müden Pfennig mehr sehen.

Die beiden könnten aus dem Balkan gewesen sein, er klein und feist, mit ausgebeultem Jackett, halb kahl mit graumeliertem Kranz, leicht gelockt, sie mollig und ebenfalls nicht groß, mit gelbblonden Strähnen. Wann sich dieses Weib bei Vater eingeschlichen hat, weiß keiner genau. Der Wahnsinn mit diesen Bildern an den Wänden hatte jedenfalls erst vor drei, vier Jahren begonnen. Spätestens mit Papas peinlicher Geilheit, die er nicht einmal mehr zu verbergen suchte, fing alles an, ins Wanken zu geraten. Innerhalb weniger Wochen schien sich alles zu ändern, was gewiss nicht nur an den Parkinson-Tabletten lag, die seinen Trieb anstachelten. Schlimmstenfalls hat er diesem Weib alles vermacht. Als er mitbekam, dass Linda sich bei seinem Arzt erkundigt hatte, ob es keine anderen Medikamente gäbe oder sich die Nebenwirkungen mit Gegenmitteln eindämmen ließen, brach er den Kontakt mit ihr ab und wechselte das Schloss an der Haustür.

In den vierzig Jahren, die er mit Mama zusammen gewesen war, hatte man von einem allzu großen Trieb und Drang an ihm nie etwas bemerkt. Wenn er abends aus der Klinik kam, setzte er sich nach dem Essen in seinen Fernsehsessel, ohne noch viel reden zu wollen. Manchmal zog er sich auch in sein Zimmer zurück und saß über Papieren und Büchern, während an den Wochenenden Spiele angesagt waren, Federball, Mensch ärgere Dich nicht und Monopoly, worauf vor allem Mama Wert gelegt hatte. Sie hätte Papa am liebsten auch alle paar Wochen ins Theater mitgeschleppt, was er aber nur gelegentlich über sich ergehen ließ und bloß so lange, bis an seiner Stelle eines der Kinder mitging und er nicht mehr selbst das Abonnement absitzen musste. Gerne ging er lediglich ins Kino, in die *Lichtburg* mit ihren samtroten Sitzen, getäfelten Wänden und dem mächtigen Vorhang, den er dort viel lieber als im Theater aufgehen sah. Den letzten Film, den sie alle gemeinsam angeschaut hatten, war *Ein seltsames Paar* mit Jack Lemmon, kurz bevor Joschi nach Heidelberg ging. Sie lagen sich vor Lachen in den Armen. Bald danach war nichts mehr wie zuvor.

Und jetzt steht nicht einmal mehr fest, ob ihnen das Haus überhaupt noch gehört, in dem der tote Vater liegt. Es lasse sich noch alles ändern, behauptet Linda. Mein Gott, was glaubt sie denn? Willst du Papa noch als Toten entmündigen lassen, fragen ihre Brüder sie heute schon zum zehnten Mal. Sie alle wünschten sich, dass sich alles noch ändern ließe, sollte es so schlimm kommen wie befürchtet, auch wenn keiner weiß, wie. Seit Linda vor einem Jahr am Lago vor verschlossenem Haus stand, ist sie zu allem bereit, während Jakob, Uli und Joschi vermeiden möchten, dass sie am Ende noch einen Prozess an den Hals bekommen. Seit dem Vorfall in Arona ist Linda von Pontius zu Pilatus gerannt, von einem Arzt zum andern, einem Rechtsanwalt zum nächsten, nur tat ihr keiner den Gefallen, Papa eine Demenz anzudichten, einen Alzheimer oder sonst etwas Debiles. Dass ein gewisser Irrsinn in ihm tobte, konnte jeder sehen, was jedoch weniger mit medizinischen Fragen, sondern allenfalls mit moralischen zu tun hatte. Dass zwischen gefühlter und gesetzlicher Gerechtigkeit ein kapitaler Unterschied bestehen kann, wollte Linda mit jedem Tag weniger einleuchten. Weil kein Mensch ihn für unmündig erklären mochte, schob sie inzwischen eine Mordswut auf den Staat und sein beschissenes Recht, als lebte man hier in einer Bananenrepublik, womit sie auf einmal mit Joschi einer Meinung war, der das seit eh und je so sah und dem sie deshalb früher den Vogel gezeigt hatte.

Mit dem Gedanken, dass das Haus in Arona nicht mehr zu retten ist, haben sie sich fast schon abgefunden, doch schlimmstenfalls ist nicht nur Arona futsch, sondern alles Hab und Gut. Gäbe es kein Testament, würde das wenigstens bedeuten, dass den Kindern das Haus zustünde, in dem sie aufgewachsen sind, und alles sonst noch vorhandene Vermögen, von dem keiner weiß, ob es sich um ein paar Hunderttausend handelt oder ob so gut wie nichts mehr auf der Bank liegt.

Linda und Fred haben sich bei allerlei Rechtsanwälten und Notaren nach den Möglichkeiten erkundigt, die Vater zur Verfügung gestanden haben könnten, ihnen das Erbe vorzuenthalten. Einerseits sollen die Auskünfte beruhigend geklungen haben, da zumindest der Pflichtanteil gesichert scheint, andererseits hatte man ihnen gesagt, es gebe hierzulande fatale Gesetzeslücken, die immer brutaler ausgenutzt würden. Vaters früherer Hausarzt hatte Linda das Gerücht zugetragen, dass er jene ominöse Person, die hier seit Jahren im Haus herumgeistert, adoptieren wollte, was erbschaftsrechtlich einer Katastrophe gleichkäme. Dass ihr bereits das Haus am Lago gehört, ist schlimm genug, wobei selbst in diesem Fall noch die winzige Hoffnung besteht, dass die Hälfte von seinem geschätzten Wert an die Kinder ausgeschüttet werden muss. Unberechenbar, wie Vater in den letzten Jahren war, ließ er seine Kinder über all das vollkommen im Unklaren, als müssten sie für etwas bestraft werden, von dem sie nicht wissen, worin es besteht.

Früher hatte er sich noch mit geradezu kindlicher Unschuld für Landkarten, Sternbilder und Modelleisenbahnen interessiert. Abends stand er im Garten, rauchte eine, blickte zum Himmel hinauf und erklärte auch denen, die es nicht wissen wollten, welche Sternbilder gerade im Osten zu sehen waren und wohin sie sich im Laufe der Nacht verschieben. An Stelle der Pornoposter hingen in den Fluren alte Karten, auf denen irgendwo zwischen Asien und Afrika der Garten Eden eingezeichnet war, und an den Rändern der Welt, wo die Wildnis begann, stand: *hic sunt leones – hier sind Löwen*. Seit Jahren ist von diesen Karten nichts mehr zu sehen. Hatten ihn früher die Abgründe des Alls angezogen, waren es gegen Ende seines Lebens ganz andere Schlünde.

Gleich beim Heimkommen hatte Jakob unter der Hutablage einen Müllbeutel mit den zusammengeknüllten Pornoplakaten entdeckt, die Linda am Morgen erneut abgerissen hatte und von denen jetzt noch einzelne Fetzen an den Wänden hängen, an Tesaresten klebend. Ein paar von ihnen versuchte er auseinanderzufalten, es müssen an die drei Dutzend gewesen sein, Leiber in allen Stellungen und Lagen, frontal, anal, von vorn und hinten, rasiert, behaart, als Krankenschwestern, Dienstmädchen und Nonnen aufgemacht, in Strings und

Slips und Lack, allein, zu zweit, im Dreierpack, in High Heels, Nylons, Stockings, Strapsen, mit Dildos und Peitschen, das übliche Programm in allen Varianten. Ein wahrer Harem muss hier gehangen haben, der den Vater vermutlich keine einzige Stunde mehr richtig zur Ruhe kommen ließ. Das einzige Kruzifix im Haus hängt im oberen Flur zwischen Elternschlafzimmer und Bad, wo der dornengekrönte Jesus inmitten dieser Nacktheiten seine Arme ausgebreitet hat.

Jetzt oder nie mehr, muss Papa, als Mama tot war, sich gesagt haben. Statt einem gemächlichen Dahinwelken wählte er die ständige Erregung, von morgens bis abends und ganze Nächte hindurch, stets von vorne, mit jedem neuen Aufwachen, das mit einem Blick auf die rundum an die Wände geklebten Mösen und Titten begann.

Er hätte, spottete Linda einmal, stattdessen auch Courbets *Der Ursprung der Welt* aufhängen und sich damit ebenso erregen können, so fotografisch echt und aufreizend wie dort der weibliche Unterleib gemalt ist. Mutter hatte alle Bildbände, die sie nicht für kindertauglich hielt, neben ihrem Bett aufbewahrt, wozu vornehmlich Maler gehörten, bei denen Nacktszenen eine Hauptrolle spielten, von den Bordellfresken aus Pompeji über Degas bis zu Klimt und Schiele, womit sie erreichte, dass die Kinder diese Bände weitaus genauer studierten als alles, was im Wohnzimmer im Regal stand.

Er komme so schnell wie möglich, hatte Max am Telefon versprochen. Spätestens gegen elf will er hier sein, mit allen Unterlagen. Ob Linda allein mit ihm verhandeln wird oder alle dabei sein sollen, steht noch nicht fest. Dass er für Dubioses zu haben ist, hat sich längst herumgesprochen, schließlich nimmt er seit je am liebsten Fälle an, mit denen man im Rampenlicht steht. Das eine Mal verteidigt er Leute von Attac, die von Konzernen überwacht werden, das andere Mal eine Mutter, die ihre Kinder verhungern ließ, ebenso DDR-Grenzsoldaten, die sich wegen Todesschüssen verantworten müssen, aber auch Rechtsradikale, die in einem Dönerimbiss eine Bombe hochgehen ließen. Kaum das Studium hinter sich, wollte er sofort in Stammheim einsteigen, hatte allerdings keine Chance gegen die Schilys und Ströbeles. Lauwarme Fälle interessieren ihn nicht, die üblichen Delikte überlässt er andern. Man könnte ihn für einen Gesinnungstäter halten, würde nur ersichtlicher werden, wofür er steht, ob er für oder gegen das Gesetz kämpft, ihn eine subversiv angehauchte Gerechtigkeitsobsession umtreibt, oder ob es ihm vor allem um Aufsehen geht und er weniger Überzeugungstäter als öffentlichkeitsgieriger Spieler ist. In Talkshows jedenfalls zieht er gegen den Terror der moralisch überhitzten Medien her, die in seinen Augen für eine gleichgeschaltete Gesinnung sorgen, wie man sie nur aus totalitären Regimen kennt, wobei auch hier unklar ist, ob er vor allem provozieren will oder tatsächlich die Freiheit bedroht sieht. Und jetzt soll Schmeler ausgerechnet Linda und ihren Brüdern bei einer Nacht-und-Nebel-Aktion aus einer Not helfen, deren Ausmaß noch völlig unbekannt ist.

Papa sieht friedlich aus. Als Erstes hat Linda ihm heute Morgen die Augen zugedrückt, bevor sie anfing, die Bilder abzureißen und aufzuräumen.

Ihr könnt euch gar nicht vorstellen, wie es hier ausgesehen hat, betont sie immer wieder. Dreckige Teller auf Tischen, Stühlen und Kommoden, einer voller Nudeln mit vertrockneter Tomatensoße, dazu ein Dutzend benutzter Gläser und Tassen, die vermutlich schon seit Wochen herumstanden, überall

Tablettenschachteln, eine halbleere Flasche Schampus neben der Couch und das Radio an, irgendein Schlagersender, wie man das von Papa eigentlich gar nicht kannte. Im Unterhemd sei er dagelegen und mit kurzer Hose, den Mund offen, wie Leute, die schnarchen, die Arme von sich gestreckt, als habe er sich ergeben. Und der Hosenladen war offen, ergänzt Fred, was Linda gar nicht erwähnen wollte. Sie musste ihm, fügt Fred dennoch hinzu, das Ding regelrecht hineinschieben, um nicht zu sagen hineindrücken.

Und jetzt sieht er so friedlich aus, sagt Franziska.

Ja, ganz friedlich, nickt Uli.

Man kann's kaum glauben, wie friedlich, betont auch Fred noch einmal, bevor er mit Kennermiene um die Couch herumschreitet und sich dabei ein paarmal zum Toten hinabbeugt, als komme er vom pathologischen Fach und habe heute noch eine Obduktion vorzunehmen. Wie erschöpft lässt er sich daraufhin in den Sessel fallen und streckt alle viere von sich, als müsse er nach einem harten Tagesgeschäft, das noch lange nicht zu Ende ist, kurz Luft holen. Dabei will die Zeit kaum vergehen. Man kann nichts tun als warten, bis jener Mann eintrifft, dessen Namen man in diesem Haus jahrzehntelang nicht in den Mund nehmen durfte.

Papa wurde von den beiden vorbildlich hergerichtet, sie haben ihm eine schöne Hose angezogen, die Sonntagshose, wie man früher gesagt hätte, und ein weißes Hemd, allerdings eines mit kurzen Ärmeln, was so aussieht, als wollte man ihn heute noch in den Garten setzen. An einem Toten herumzunotteln, war ein komisches Gefühl, sagt Fred nicht ohne Stolz. Franziska versteht nicht, was er mit Notteln meint. Seit gut dreißig Jahren lebt sie schon in dieser Gegend, hat aber mit dem Schwäbischen nach wie vor ihre Schwierigkeiten. Notteln heißt, an etwas herumzerren, erklärt ihr Uli, hin und her machen, ziehen und ruckeln.

Bugsieren?

Ja, irgendwie. Was glaubst du, wie das war, sagt Fred, man will halt mit einem Toten …

Ja, klar, nickt sie.

Ich hab das vorher auch noch nie gemacht.

Ich auch nicht, kann es mir auch gar nicht vorstellen.

Was hätten wir tun sollen?

Ja, klar.

Und das bei diesem Wetter, wo einem sowieso schon der Schweiß herabläuft!

War sicher nicht einfach.

Was?, will Joschi wissen, als habe er nicht zugehört.

So einem Toten die Hose herunterziehen.

Aber jetzt sieht er gut aus, sagt Franziska.

So friedlich.

Ja, so friedlich.

Ich hab früher immer geglaubt, man wird krank und stirbt, wenn man einen Toten küsst, auch wenn's nur auf die Stirn ist, sagt Jakob.

Völliger Blödsinn, sagt Fred.

Ich hab's aber gedacht.

Ammenmärchen.

Ich sag ja nur, dass ich's gedacht hab.

Lange hatte Jakob sich bei der toten Mutter überlegt, ob er sie küssen sollte, bevor ihr Sarg für immer verschlossen wurde. Die anderen warteten draußen auf ihn, er wollte noch eine kleine Weile allein sein mit ihr und zögerte den Abschied wie unter Zwang hinaus. Ein paarmal, als er bereits die Türklinke in der Hand hatte, machte er wieder kehrt, um sie, bevor er endgültig ging, noch schnell auf die Stirn zu küssen, ihr übers Haar zu streicheln, sie nochmals zu küssen, fast sogar auf den Mund, was ihm dann doch ein wenig abstoßend erschien, wenngleich er sich dafür schämte, ausgerechnet die eigene Mutter, die ihm das Leben geschenkt hatte, beim allerletzten Auseinandergehen wie Gift abzuwehren, aus Angst, sie könnte ihn mit ihren Verwesungsviren anstecken.

Diesmal wirken auf ihn die Dinge im Haus weniger verwaist als nach Mamas Tod. Vielleicht kommt dieses Gefühl erst auf, wenn Papa nicht mehr hier liegt und erst danach alles leerer erscheint. Es ist, als sitze man wie zu Schulzeiten im Wohnzimmer, nur dass es damals diese rote Couch, auf der er liegt, noch nicht gab. Doch an den Leuchtern, Gardinen und Stühlen, der braunen, längst speckigen Ledergarnitur mit den karierten, an Schottenröcke erinnernden Decken, dem Teppich mit den bunten Rautenmustern, der ausladenden Lampe auf der Kommode mit ihrem knalligen Flower-Power-Schirm, dem metallenen Zeitschriftenständer und der Vitrine mit Mamas fein säuberlich nach Epochen geordneten Kunstbänden, von Leonardo über Dürer bis zu Monet und Picasso, scheint sich nichts geändert zu haben, außer dass man sich wundern muss, wie furchtbar altmodisch diese ganze Einrichtung mittlerweile aussieht, die in den Siebzigern als durch und durch modern galt. Bei allem Vertrauten ist einem das alles so ferngerückt, dass man sich kaum noch vorstellen kann, hier die ersten zwanzig Lebensjahre verbracht zu haben. Selbst nach Mutters Tod hatte Papa kaum etwas verändert und alles bloß verkommen lassen. Bei Blumen würde man sagen, sie seien verwelkt, was sich von Möbeln, Teppichen und Wänden schwer behaupten lässt, auch wenn einem genau dieses Bild in den Sinn kommt. Abgeschabt, ermüdet, erschöpft wirkt das alles, in einer morbid angehauchten Schönheit, wie man sie aus frühen Schwarzweißfilmen zu kennen meint, obwohl hier alles in Farbe ist.

Die zu Mutters Zeiten stets blütenweißen Gardinen sehen inzwischen graugelb aus, als seien sie seit ihrem Tod kein einziges Mal mehr gewaschen worden. Als Putzhilfe kann dieses Weib, das hier nur die ungarische Hure genannt wird, schlecht gedient haben, so wie es rundum aussieht. Bei Mutter musste immer alles picobello sein. Belebt war hier früher alles, aus Ulis Zimmer strömte ständig Musik, als Gegenprogramm lief bei Mama in der Küche das Radio, die Kaffeemaschine gurgelte, der Wasserkocher pfiff, im Flur telefonierte einer stundenlang, ein anderer lag lesend auf dem Sofa, Nachbars Katzen kamen zu Besuch, draußen dröhnten die Rasenmäher, während Linda sich aufregte, dass man sich in diesem Laden keine zehn Minuten auf etwas konzentrieren könne.

Vielleicht fühlte Papa sich tatsächlich jämmerlich allein, als selbst Mutter nicht mehr da war. Auf Geselligkeit hatte er zwar nie großen Wert gelegt, in sein Bürozimmer hatte er sich aber auch selten zurückgezogen. Das Gewusel um ihn herum störte ihn nicht, solange er selbst in Ruhe gelassen wurde. Doch plötzlich kehrte schiere Totenstille ein.

Selbst Linda hatte keinen einzigen von Mutters Kunstbänden mitgenommen, obwohl niemand sie daran gehindert hätte, am allerwenigsten Papa, der bei den vielen Kirchen- und Museumsbesuchen, die man in den Ferien eisern absolvieren musste, nur schwer verbergen konnte, wie sehr ihn das alles langweilte. Daten, Zahlen, Fakten, daraus bestand Mutters beflissenes Kunstwissen, mit dem sie einen regelrecht erschlagen konnte. In Museen steuerte sie zuerst auf die Schildchen mit Titel, Maler und Entstehungsjahr zu, um sich erst danach das

Gemälde anzuschauen. Zuvor mussten die Eckdaten geklärt sein: Thema, Epoche, Name des Künstlers. Sie brauchte einen Namen für alles, der Name bedeutete Wissen.

Auf dem Mailänder Domplatz hatte Joschi einmal einen Anfall bekommen und sie angeschrien, das sei doch alles ein einziges Scheißwissen, bloß angelesen und auswendig gelernt, um damit angeben zu können. Mutter liefen die Tränen herab, sie verstand die Welt nicht mehr. Von jetzt auf gleich hatte er einen Wutausbruch gekriegt, der nicht nur mit Mutters Bildungsfimmel zu tun haben konnte. Er schrie so laut, dass man mit einem Schlag im Mittelpunkt stand und keiner mehr wusste, wohin schauen. Umgeben von Hunderten glotzender Passanten und Touristen, hätten sie sich am liebsten in die Erde gerammt. Zwischen Zornesanfällen, die weltgerichtliche Dimensionen annehmen konnten, und einem tagelangen Verstummen, das etwas Beleidigtes hatte, schwankten Joschis Stimmungen von da an immer häufiger hin und her. Bis zuletzt war er Mamas Sorgenkind geblieben, der Herr Karl Marx aus Heidelberg, wie Papa ihn gern titulierte, so lange jedenfalls, bis er vor Gericht stand und selbst Papa die Lust verging, noch Witze über ihn zu reißen.

Jakob, der schon während der Schulzeit lieber mit Adorno als mit Lenin argumentierte, musste sich von Joschi vorhalten lassen, sich für nichts anderes als parfümierte Theorien zu interessieren, wohingegen Linda mit ihrem Kunstfimmel, wie er das nannte, Mama nachschlug. Uli hielt er für einen verträumten Spinner, der Hermann Hesse liebt, sich den Verstand aus dem Hirn kifft und statt Gesellschaftsanalyse kindische Indianerverherrlichung betreibt, was er dem dreizehn Jahre Jüngeren so lange nachzusehen bereit war, bis man satisfaktionsfähig zu sein und ein kritisches Bewusstsein zu haben hatte.

Papa wiederum hatte sich, nachdem Joschi auch im zwanzigsten Semester noch ohne Abschluss war, für seinen Ältesten bloß noch geschämt und keinerlei Verständnis dafür, dass Mama ihn nach wie vor bedauerte, als habe er es am schwersten von allen. Ausgerechnet er, der keinen Augenblick ernsthaft daran gedacht hatte, einen ordentlichen Abschluss zu machen, weil ihm *die Bewegung*, von der er unentwegt redete, hundertmal wichtiger war als seine eigene Zukunft, und zwar nicht irgendeine Bewegung, sondern die einzig mögliche, die es nur in der Einzahl gab, auch wenn sie aus lauter Splittergruppen bestand, die sich gegenseitig weit zäher bekämpften als den gemeinsamen Feind. Papa konnte das Wort Bewegung nicht mehr hören, er hatte genug von allen Bewegungen, egal ob sie ein tausendjähriges Reich errichten oder die Welt von aller Ungerechtigkeit befreien wollten. In seinen Augen steckte dahinter stets das Gleiche: Verbohrtheit, Wahn und Unduldsamkeit. Zu Joschi sagte er immer: Du weißt, ich bin nicht sonderlich religiös, aber dass wir aus dem Paradies vertrieben sind, steht nun einmal fest! Was hieß, dass es auch keines mehr geben werde, zumindest nicht auf dieser Welt. Im Übrigen waren in Papas Augen alle, die vom Himmel auf Erden träumten, geborene Versager. Für Joschi war das reaktionäres Geschwätz, hinter dem sich nichts als der Unwille verbarg, etwas verändern zu wollen.

Geändert hätte Papa allerdings gerne seinen eigenen Namen, als Joschi wegen der halben Million, die er veruntreut hatte, vor Gericht stand und man landauf, landab sein Gesicht in den Zeitungen sah. Selbst im Fernsehen war darüber berichtet worden. Papa merkte den Leuten an, wie sie ihn am liebsten gefragt hätten, ob er der Vater von diesem Bärtigen sei, schließlich gibt es den Namen Nido nicht tausendfach, zumindest nicht hier unten im Süden. Manche sprachen ihn unverblümt darauf an, anderen meinte er von weitem anzusehen, was in ihrem Kopf vor sich ging.

Und jetzt sitzt Joschi hier, die Hände gefaltet, ein bisschen schmächtiger geworden im Gesicht, soweit sich das durch seinen Bart hindurch beurteilen lässt. Als merke er gar nicht, wie heiß es ist, behält er seinen zerschlissenen Pullover an, den ihm wahrscheinlich Mutter vor Jahrzehnten gestrickt hat. Sein Äußeres war ihm immer schon egal, obgleich es keineswegs frei von Inszenierung ist, ganz im Gegenteil. In seinen schäbigen Klamotten fühlt er sich bis heute als Kämpfer wider jenen Konsumterror, der den Leuten die Gehirne vernebelt und sie blind für die wahre Wirklichkeit macht. Ginge es nach ihm, so höhnte Linda einmal, dürfte man sich frühestens nach vollendeter Revolution schöne Kleider leisten und die Korken knallen lassen. Dabei hatte er mit seiner Klasse, als er ungefähr vierzehn war, eine Gerichtsverhandlung besucht, in dem ein Dressman wegen Ehebetrugs angeklagt war. Es muss ein Schönling von Südländer gewesen sein, in weißem Anzug, mit schwarzer Lockenpracht und breiten Koteletten, der Joschi so tief beeindruckt hatte, dass er zu Hause verkündete: Ich will Dressman werden! Womit er ein neues Wort ins Haus schleppte, das ein wenig nach Dressurreiter klang, nur dass Papa, nachdem Joschi von seinem neuen Berufsziel gar nicht mehr zu schwärmen aufhören wollte, bemerkte: Muss ja eine ziemliche Schwuchtel gewesen sein! Auch das war ein neues Wort am Tisch daheim. Als Drittes kam noch Casanova hinzu, was Mutters Beitrag war. Am Ende schmollte er, weil die Eltern ihm seinen jüngsten Traumberuf madig gemacht hatten. Er ist als Einziger dem Schmuddellook der Siebziger treu geblieben, den selbst Uli im Laufe der Jahre ein Stück weit abgelegt hatte.

Auch Linda ist sich, was die Mode angeht, treu geblieben, nur auf ganz andere Weise, denn sie trägt bis heute, wie ebenfalls schon zur Schulzeit, Hosenanzüge mit Bügelfalten.

Vollkommen anders, als man ihn früher kannte, hat Joschi sich inzwischen in einer Art Apathie zurückgezogen. Mit seinem Kellerloch ist er im wahrsten Sinne des Wortes so weit unten angekommen, dass nur noch das Männerwohnheim eine Steigerung darstellen könnte. Dass er früher so herrisch, so gnadenlos, so von oben herab auftrat, kann man sich kaum noch vorstellen, auch wenn das Unduldsame und Rechthaberische bei ihm nach wie vor aufblitzen. Seine einst allgegenwärtige Wut hat sich nicht bloß deshalb in Bitternis verwandelt, weil er jahrelang wie ein Hund unter Brücken leben musste, sondern weil der Gang der Geschichte sich nicht im Geringsten so entwickeln wollte, wie er das stur und starr prophezeit hat. Früher konnten selbst Leute, die ihn nicht für voll nahmen, vor seiner Rotzigkeit Angst kriegen, mit der er keinerlei andere Meinung gelten ließ, zumindest nicht, wenn es um die Gesellschaft und den Weltprozess als Ganzes ging. Wer die Dinge nicht sah wie er, stand auf der falschen Seite.

Vielleicht hatte Mutter sogar deshalb Mitleid mit ihm, weil sie hinter seinem sozialkritisch verbrämten Zorn etwas Hilf- und Heilloses zu entdecken meinte, das in ihren Augen damit zu tun haben musste, dass er sich von der Welt nie angenommen und nie in ihr aufgehoben fühlte. Bis zuletzt behandelte sie ihn wie den verlorenen Sohn, um den man sich, wie schon in der Bibel steht, inniger sorgen muss als um die andern. Er hat es am schwersten von allen, hatte sie immer wieder betont, nur dass niemand wusste, warum er es schwerer als die andern gehabt haben soll. Von Linda hatte sie das zwar auch gesagt, was sich bei ihr allerdings leichter behaupten ließ, da sie das einzige Mädchen war neben drei Brüdern. Vielleicht plagten Mutter, was Joschi angeht, wirre Schuldgefühle, von denen sie schwer hätte sagen können, woher sie rührten. Vielleicht weil sie ihm weitere Kinder vor die Nase setzte, die man ebenso lieben musste, und er nicht der Einzige blieb und seiner Besonderheit beraubt war, obwohl die andern keinem gefehlt hatten bis zu seinem sechsten Lebensjahr, zumindest nicht ihm. Bis Joschi siebzehn war oder achtzehn, schien trotzdem alles halbwegs normal zu verlaufen. Doch dann wurde er auf einmal bösartig. Alles war für ihn von da an bloß noch verlogen, allem musste man die Maske herunterreißen, alles entlarven. Was sich in aller Regel als pubertärer Moralismus, juvenile Gerechtigkeitsaufwallung und protestlerisches Potenzgehabe verbuchen lässt, wollte sich bei ihm nie wieder legen. Mit Anfang zwanzig ließ er sich einen Bart wachsen, um wie Marx auszusehen, der selbst etwas von jenen alttestamentarischen Propheten an sich haben wollte, die der Welt mit Untergang drohten, wenn sie sich nicht zu bekehren gedachte. Und nun könnte man, so wie Joschi hier mit gefalteten Händen sitzt, fast meinen, er bete im Stillen und sei vielleicht sogar fromm geworden.

Man könnte ein paar Kerzen anzünden, schlägt Franziska vor, und sie um den Toten herum aufstellen. Leider weiß keiner, wo es Kerzen gibt. In den Schubladen liegt allerlei Gerümpel, Schlüssel, Schraubenzieher, Glühbirnen, Servietten, Mehrfachstecker, Schnurballen und sogar Frauenstrümpfe, bloß keine Kerzen. Ich kann, schlägt Uli vor, zum Bahnhof fahren, etwas essen kaufen und auch Kerzen mitbringen.

Wie soll man jetzt Appetit haben, sagt Linda, als sei es absurd, in dieser Situation an Essen zu denken.

Ich sitze hier seit bald sechs Stunden ohne einen einzigen Bissen, protestiert Joschi, ohne sich in seinem Lehnstuhl zu regen, der für ihn ein wenig zu eng ist und ihn wie eingeklemmt aussehen lässt.

Wir können doch essen gehen, schlägt Jakob vor.

Nein, wir müssen hier sein, wenn er anruft, blafft Linda zurück, ohne noch verbergen zu können, wie ihre Nerven flattern. Jakob fragt sich, wie sie ihn heute Abend wohl anreden wird, wenn sie weder Max noch Schmeler zu ihm sagen will. Am Ende sagt sie noch Sie zu ihm. Man kann sich diese Begegnung überhaupt nicht vorstellen, ganz unabhängig von der Frage, worum genau es eigentlich gehen soll. Zwar sind alle, die hier um Papa herumsitzen, davon überzeugt, dass ihnen das Erbe zusteht, nur weiß keiner wirklich, was zu tun wäre, falls er ihnen tatsächlich nichts gelassen hätte. Sicher ist nur, dass Uli in seiner penetranten Friedfertigkeit wenig Lust zum Kämpfen besitzt, obwohl Franziska und er es mit ihren drei Kindern ganz gut brauchen könnten. Ihr Ältester hat gerade Abitur gemacht und absolviert seit drei Wochen in Australien ein soziales Jahr, was heißt, dass er, um Kängurus pflegen zu dürfen, pro Monat dreihundert Dollar abdrücken muss.

Franziska hält Ulis Hand in ihrem Schoß, Linda steht, die Arme verschränkt, am Fenster und schaut auf den Garten, Joschis Hände sind immer noch gefaltet. Er könnte bereits Rente bekommen, wäre er je einer Arbeit nachgegangen oder Geschäften, mit denen sich etwas verdienen lässt. Was du ererbt von deinen Vätern, erwirb es, um es zu vernichten, hatte Papa gern Goethe parodiert, worauf Joschi ihm immer mit Hans im Glück kam, der nicht vom kapitalistischen Profitwahn angefressen ist, sondern Wichtigeres kennt als Geld und Güter.

Eigentlich hätte Jakob die Bilder gerne noch hängen gesehen. Selbst als Papa in den letzten Zügen lag, muss er auf sie geblickt haben. Vielleicht verschloss er am Ende die Augen vor ihnen, um sie nicht mehr ertragen zu müssen, vielleicht hätte er sie während der letzten Stunden am liebsten selbst abgerissen, vielleicht hat er aber auch in einer Erregung, wie sie ihn in den letzten Jahren vermutlich keinen Tag mehr loslassen wollte, den letzten Schnaufer von sich gegeben. Vielleicht wollte dieses Weib ihn regelrecht zu Tode reiten. Was Linda für durchaus denkbar hält.

Als sie zum ersten Mal vor drei Jahren diese Bilder abgerissen hatte, schrie sie ihn an: Du bist nicht mehr mein Vater! Und er schrie zurück: Und du nicht meine Tochter! Komm bloß nie wieder! Immer wieder erzählt sie diese Szene, immer und immer wieder, und sei es um allen einsichtig zu machen, warum sie ihn entmündigen lassen wollte. Die Bilder hätte sie noch tausendmal abreißen können, zwei Tage später wären neue an den Wänden gehangen, in ihrem Kindheitsreich, das er entweiht, besudelt, beschmutzt hatte. Ein Glück, dass sich wenigstens ein Teil dieser Wunderlichkeiten mit den Tabletten entschuldigen ließ, die er nehmen musste, mit diesen Hämmern, die ihn ganz wild machten, so wild, dass er sich überhaupt nicht mehr im Griff hatte, dabei aber glaubte, jetzt fange erst richtig das Leben an. Gegenüber Mama war bei ihm nie viel von Lust zu spüren, kaum dass sie aber ein paar Jährchen unter der Erde lag, schien er kein bisschen Scham mehr zu kennen.

Papa erklärte ihr: Du hast dich nicht in meine inneren Angelegenheiten einzumischen! So staatsmännisch, wie das klang, hatte er damit sogar einen Rest von Witz bewiesen. Dass er humorlos gewesen wäre, konnte man ihm zwar nicht nachsagen, nur dass bei ihm alles unter einer Hülle begraben lag, die man als Gleichgültigkeit oder Gelangweiltsein empfinden konnte und die ihm dazu diente, die Dinge auf Abstand zu halten. Wie seine Kollegen und Patienten ihn in der Klinik erlebten, weiß keiner, doch immerhin war er dort der Chef, was in gewisser Weise auch zu Hause der Fall war, man davon allerdings angenehm wenig mitbekam. Von seiner Arbeit erzählte er nie viel, außer die Kinder wollten makabre Geschichten von besonders delikaten Fällen hören, die auf seinem OP-Tisch gelandet waren, von Raucherbeinen, die amputiert werden mussten, von Selbstmördern, die noch lebten und deren Knochen er wieder zusammennagelte, von Metzgern, die einen abgehackten Finger mitbrachten, oder Zimmerleuten, die einen abgesägten bei sich hatten, nicht zu vergessen solche Silvesterzündler, die aus dem schlimmsten Krieg zu kommen schienen und zum Teil bloß noch aus Fleischfetzen bestanden. Ja, so etwas gibt's, sagte Vater dann immer. Und manchmal sagte er auch: Man muss im Leben nicht jeden Blödsinn mitmachen!

Erst um die Mittagszeit, kurz bevor auf der Gare de l'Est der Zug einfuhr, hatte Jakob beim Sender angerufen, um seinen Beitrag abzusagen. Seit Wochen ist die Ausstrahlung angekündigt, für nächsten Freitag, zum zigsten Todestag von Pascal. Man war alles andere als begeistert in Baden-Baden, bei allem Bedauern und allem Verständnis. Sie wollten ihm einen Flug besorgen, den Kameramann für morgen früh zwei Stunden eher einbestellen, bereits um sieben, so dass Jakob hätte am späten Nachmittag in Stuttgart landen und eine Stunde später in Ulm sein können. Sie mochten nicht wirklich begreifen, dass er alles stehen und liegen ließ, ohne die geringste Verzögerung, schließlich werde die Beerdigung doch frühestens in drei Tagen stattfinden, redeten sie auf ihn ein. Ihm kam das reichlich frech und sogar gnadenlos vor, selbst wenn es ein Stück weit nachvollziehbar war, doch hatte Linda ihm strikt befohlen, augenblicklich heimzukommen. Er legte sich noch einmal hin und schaute auf die Dächer mit ihren gotisch verzierten Gauben und grotesken Kaminen.

Ich hätte nicht absagen sollen, sagt er sich, Tod hin, Tod her. Die Aufträge werden seit Jahren rarer, längst drängen die Jungen nach, zu denen man sich gestern selbst noch gezählt hat, die Klampfe in der Hand mit *forever young!*, tausendmal gegrölt, die immer gleichen drei, vier Akkorde, *forever young!*, und auf einmal wacht man auf und weiß: Das war es schon, mit Mitte, Ende fünfzig, mit einem Schlag, wie über Nacht, als sei man blind gewesen, so blind, dass man sich ewig für einen jener Jungen hielt, die alles anders machen wollten als die Alten, als diese Schufter und Schaffer, die ständig nur an Aufbau dachten, ans Häuslebauen, Sparen, Zinsenkriegen, während man sich selbst in der Gewissheit wähnte, dass einem, wenn sie tot sind, alles gehören würde, das Haus an der Donau, die Ferienvilla in Arona und möglichst viel Bares, von dem man sich insgeheim seit je erhoffte, es werde allein für sie, die Kinder, angehäuft.

Er hätte diese Fernsehsache zu Ende bringen sollen, alles war bestens vorbereitet, dieser Film über Pascal, den ein Leben lang die Panik umgetrieben hatte, es könnte ihn nach dem Tod die Verdammnis erwarten oder, schlimmer noch, das unendliche Nichts. Für Joschi, der nach wie vor mit gefalteten Händen dasitzt, war immer klar, dass Religion nichts als Opium ist. Doch selbst die hartgesottensten Atheisten, denkt Jakob, muss ein winziger Rest von Angst vor dem umtreiben, was danach kommen könnte. Ob es tatsächlich kein Jüngstes

Gericht gibt und keine Hölle, weiß niemand. Schon so mancher hat im letzten Augenblick das Zittern bekommen und auf dem Sterbebett noch schnell einen Pfarrer rufen lassen, nicht nur Lenin, der sich an Tisch- und Stuhlbeinen festgekrallt und bebend nach Vergebung geschrien haben soll.

Glauben oder nicht glauben, das war nie Papas Frage, doch beichten hätte er am Ende vielleicht trotzdem gewollt, ohne noch Zeit dafür zu haben. Die ganze Familie habe er entehrt, vor allem seine Frau, und zwar noch im Tod, behauptet Fred, was nicht bloß Jakob maßlos vorkommt, zumal er nur der Schwager ist und es sich nicht um seine eigene Mutter handelt, die angeblich noch im Tod entehrt worden ist. Du weißt jetzt auch noch nicht, was aus dir einmal wird im Alter, hatte Jakob ihm beim letzten Zusammensitzen vor einigen Monaten entgegengehalten, während Linda sich sicher ist, das Fred niemals so wird wie Papa, auch nicht im Alter. Dabei hätte es schlimmer kommen, mit ständiger Pflege und weit grausameren Krankheiten. Zuweilen steigt in Jakob durchaus die leise Angst auf, vielleicht einmal so wie er zu enden, wofür es bislang zwar keinerlei Anzeichen gibt, was bei Vater in diesem Alter allerdings auch noch nicht absehbar war. Was ist der Mensch, fragt Pascal und klagt: Ein Schilfrohr im Wind, das denken kann und über sich selbst nachsinnt, was ihm aber, wenn es geschüttelt und gerüttelt wird, rein gar nichts nützt.

Es hätte schlimmer kommen können, sagt Fred auf einmal, als läse er Jakobs Gedanken.

Was redest du denn da, fährt Linda ihn an.

Ich mein's, wie ich's sage.

Was soll das heißen?

Es hätte schlimmer kommen können.

Red keinen Unsinn.

Wir müssen einen Arzt holen, trotz allem, sagt Uli.

Ein paar von euch haben's immer noch nicht kapiert. Er bleibt hier liegen, bis alles geklärt ist, und vorher kommt mir hier kein Arzt ins Haus. Ihr könnt ja alles planen, die Beerdigung, die Totenkärtchen, euch überlegen, wer als Pfarrer in Frage kommt. Genug zu tun, mault Linda zurück.

Wieso Pfarrer?, will Joschi wissen.

Dass Joschi gegen eine kirchliche Beerdigung ist, war klar. Dabei ist Papa nie aus der Kirche ausgetreten, genauso wenig wie Mama. Wenn die Leute einmal überhaupt nichts mehr glauben, hatte Mama manchmal gesagt, dann gute Nacht! Das war ihr ganzer Beitrag zum Thema Religion. Bei ihrem Begräbnis hatte Joschi sich nicht gegen einen Pfarrer gewehrt. Seine Totenrede empfand er als reines Gesülze, was absehbar war.

Er kommt zu Mama ins Grab, und weil das so ist, muss auch ein Pfarrer her, stellt Linda klar. Die Frage ist bloß: Sarg oder Urne?

Zu Mama ins Grab? Das meinst du nicht im Ernst?

Ihr könnt, sagt Fred, ihn auch ewig hier liegen lassen und seine Rente einsacken. In Griechenland gibt's deshalb hundertmal mehr Hundertjährige als sonst auf der Welt, weil die im Keller verfaulen und die Familie jeden Monat vom Staat den Zaster kassiert.

Kurz vor ihrem Tod erklärte Mama zu aller Erstaunen, sie wolle bei ihrer Mutter begraben werden, dort und sonst nirgends. Aus Furcht, man könnte ihrem Willen nicht entsprechen, ließ sie sogar einen Notar rufen, um es testamentarisch festzulegen. Vater versuchte vor den Kindern sein Entsetzen, so gut es ging, zu überspielen, konnte aber nur schwer verbergen, wie sehr er Mutter mit Geheul und Vorwürfen bedrängte, es doch bitte wie alle Welt zu halten und sich ordentlich auf dem hiesigen Friedhof beerdigen zu lassen, in einem Grab für sie beide, allein der Kinder wegen, aber auch um ihn nicht wie einen Hund zurückzulassen, von dem die Leute denken müssten, er habe sich ihr gegenüber wie ein Schwein verhalten. Mutter ließ sich davon keine einzige Sekunde beirren. Sie wollte heim. Heim zu ihrer eigenen Mama, die starb, als sie siebzehn war. Ihren Vater kannte sie nicht. Weil ihre Mutter nie über ihn reden wollte, wäre es ihr als Kind fast wie Verrat vorgekommen, überhaupt nach ihm zu fragen, auch wenn ihr nicht klar war, wen oder was sie damit eigentlich verraten hätte. Sie wusste bloß, dass er eine Hasenscharte hatte und man ihn schwer verstehen konnte. Für ihre Mutter war er nur ein Lump und Lügner, viel mehr gab es dazu nicht zu sagen. Weil er noch vor ihrer Geburt abgehauen war, sollte das Kind vom ersten Tag an alles ersetzen, was der Mutter fehlte und genommen wurde. Es war ihr Ein und Alles, ihr ganzer Lebenssinn, so sehr, dass das Kind im wahrsten Sinne des Wortes keine Luft mehr bekam. Jahrelang musste es wegen Asthma behandelt werden, das nach dem Tod der Mutter schlagartig aufgehört hatte.

Während sie die väterliche Verwandtschaft nie kannte, gab es auf Mutters Seite noch ein paar weitläufige Onkel und Tanten, zu denen der ohnehin bloß lose Kontakt im Lauf der Zeit abbrach. Aufgewachsen war sie in einem Kaff im Hintertaunus, worunter man sich nur abgelegene Waldgegenden vorstellen konnte und verlorene Weiler. Selbst den Namen des Ortes konnte keiner sich richtig merken, er klang wie eine Mischung aus Hannchen und Heintje, der mit seinem *Mama*

Ende der Sechzigerjahre auch die Familie Nido zu Tränen gerührt hatte. Geblieben war ihr aus dieser Gegend nur eine Spur von Dialekt, bei dem Kirche wie Kirsche klang und das schwäbische Mädle zum Mädsche wurde. Richtig Dialekt geredet hatte Mutter nicht mehr, außer zum Spaß, wenn es Siedfleisch mit grie Soß gab oder sie gelegentlich rief: Des Ässe mit de Gedoffel isch fertisch. Ansonsten schien sie froh, mit dieser Welt nichts mehr zu tun zu haben.

Nie hatten sie mit ihr einen Ausflug dorthin gemacht. Man fährt doch nicht wegen ein paar lumpiger Häuser vier Stunden lang in eine Gegend, wo so gut wie kein Mensch wohnt und bloß das Selterswasser herkommt, hatte Mutter jedes Mal gesagt, wenn der Vorschlag aufkam, sich einmal ihr altes Dorf anzuschauen. Allenfalls besichtigen wir den Limes und den Limburger Dom, schlug sie vor, wenn jemand darauf beharrte. Bis wenige Wochen vor ihrem Tod zog sie nicht nur nichts dorthin zurück, man hatte sogar das Gefühl, dass sie ihre Kindheit am liebsten vergessen würde. Dabei hatte sich damals offenbar nichts Schlimmes zugetragen, außer dass sie unehelich war, was vor dreißig, vierzig Jahren in einem Dorf als furchtbare Schande galt, vor allem für die Mütter. Es muss die Enge gewesen sein, vor der sie fliehen wollte, wozu wohl auch die ständigen Beteuerungen ihrer Mutter gehörten, dass sie ihr Ein und Alles sei, was sie als Jugendliche mit jedem Tag weniger als Liebesbekundung empfunden haben muss denn als Drohung.

Doch plötzlich wollte sie wieder heim und im Grab ihrer Mutter beerdigt werden. Es war, von heute auf morgen, so sehr ihr Wunsch und Wille, dass man bloß staunen und nicht das Geringste dagegen ausrichten konnte. Etwas trieb sie mit einer Vehemenz in ihr Dorf zurück, von dem man nicht wusste, was es war und woher es rührte. Fast hätte man meinen können, ihr jahrzehntelanges Leben mit Mann und Kindern sei nur ein Abstecher gewesen, wenn nicht sogar ein Missverständnis, bei dem sie sich das Gefühl des Unheimischseins nie anmerken ließ oder von dem sie sogar die längste Zeit selbst nichts spürte. Ihre Heimat hatten die Kinder zum allerersten Mal bei der Beerdigung gesehen. Außer ihnen, dem Pfarrer, zwei Ministranten, dem Bestatter und einem Organisten war niemand anwesend. Sie bildeten ein jämmerlich kleines Häuflein, das in einer unbekannten Umgebung zwischen Gräbern stand, von denen kein einziger Name ihnen etwas sagte. Da nicht nur Vater es für absurd gehalten hätte, sich dort bloß deshalb in einem Gasthof einzuquartieren, um nicht mehr heimfahren und beim Leichenschmaus nüchtern bleiben zu müssen, stiegen sie nach der Beerdigung und einem kurzen Gang durch die Gassen gleich wieder in die Autos und saßen abends im *Adler*, wo sie Bratwürste mit Kartoffelsalat aßen und Fred nach Mitternacht noch einen Anfall bekam.

Uli und Franziska wollten, dass bei der Beerdigung *Sailing* gespielt würde. Jakob war strikt dagegen und konnte es mit Linda verhindern, die zwar nichts gegen diesen Song hatte, doch der Meinung war, das sei nicht Mutters Musik. Jakob fürchtet, dass derartige Diskussionen erneut auf dem Programm stehen und sie auch bei Vater Rod Stewarts Gekrächze abspielen wollen, wo sich *sea* auf *free* reimt und man ein paar Tränen verdrückt, die weniger dem Toten gelten als der eigenen verlorenen Jugend. So jedenfalls sieht Jakob die Dinge, dem an dieser Musik jenes Drüberhinaus fehlt, das man Transzendenz nennen könnte. Obwohl er sich für keinen Gläubigen, aber auch nicht für einen Ungläubigen hält, widerstrebt ihm ein sentimentales Gesinge, das wenig von einer noch anderen Welt erahnen lässt, wie sie in Werken aufscheint, die nicht bloß aus ein paar simplen Akkorden und billigen Phrasen zusammengezimmert sind. Überhaupt gehen Jakob Konserven auf die Nerven, die bei Beerdigungen auf Knopfdruck Stimmung liefern sollen, egal ob es sich um Mozart handelt oder um Rod Stewart. Auf ihn wirkt das so geschäftsmäßig, als wollte man den Abschied vom Toten möglichst mühelos hinter sich bringen. Weil er mehrfach im Laufe der Jahre erleben musste, wie kläglich Begräbnisse ablaufen, wenn ein kirchlicher Rahmen fehlt und eine liturgische Form, ist er der Meinung, dass es um eines würdigen Abschieds willen gleichgültig sein sollte, ob man sich als Atheist begreift oder als Agnostiker, schließlich geht es in jener Stunde, wo der Sarg der Erde übergeben wird, weit weniger um einen selbst als um den Toten, den man auf seinem letzten Weg begleitet.

Mama hatte sich für ihr Requiem das *Ave verum* gewünscht, bei dem ihr immer die Tränen kamen. Weil sie in ihrem Taunusdorf aber längst keiner mehr kannte, hielt der Pfarrer es dort für ausgeschlossen, den Kirchenchor zu verpflichten, zumal auch noch mitten unter der Woche. Im Übrigen, so ließ er anklingen, wäre es seltsam, wenn der Chor deutlich mehr als das Doppelte der Trauergemeinde ausmachte. Weil Papa es ohnehin absurd fand, dass seine Frau in einem Kaff beerdigt wurde, das in ihrem gemeinsamem Leben nie eine Rolle gespielt hatte, legte er auch keinerlei Wert auf das *Ave verum*, weshalb Jakob ihn fragte: Warum willst du Mama nicht ihren letzten Wunsch erfüllen? Für ihn war das alles nur eine absonderliche Flucht und ein Fluch, worüber er kein einziges Wort mehr verlieren mochte.

Ihren letzten Willen?! Ihr letzter Wille war ein Affront, ein Angriff, eine Attacke. Wofür, das wusste er selbst nicht. Auch die Kinder wissen es bis heute nicht. Mutters Entscheidung schien durch nichts vorbereitet, durch nichts angekündigt, durch nichts verständlich, zumindest nicht durch Dinge, von denen sie etwas mitbekommen hätten. Sollte Vater sich auf all das einen Reim gemacht haben können, ließ er sie davon nicht das Geringste wissen.

Von wo auch immer aus gesehen, von Memmingen oder Ulm, der Schwäbischen Alb oder Paris, der Hintertaunus liegt alles andere als um die Ecke. Allenfalls Joschi kann sich Mutter, rein kilometermäßig gesehen, ein bisschen näher fühlen. Nur hat er weder ein Auto noch Geld, um öfter ihr Grab aufzusuchen. Und doch ist er der Einzige, der jedes Jahr an ihrem Todestag dorthin fährt. Morgens nimmt er den Zug, steigt fünfmal um, von der einen Bimmelbahn in die nächste, noch kleinere, um kurz vor der Ankunft an zwei, drei Haltestellen in freier Pampa herumzustehen, wo bestenfalls einmal pro Stunde ein Bus hält, mit dem es über entlegenste Landstraßen durch Dörfer geht, die wie ausgestorben wirken. Um die Mittagszeit steht er auf dem Friedhof, dann geht er in die Dorfwirtschaft, isst Handkäs mit Musik oder eine Wurst mit Brot und trinkt zwei Bier, geht nochmals ans Grab, bei jedem Wind und Wetter, stellt sich wieder an die Straße und wartet auf den Bus, steigt abermals fünfmal um und ist abends wieder daheim. Auf diese Weise feiert er jedes Jahr am 27. September seine eigene Art von Muttertag.

Nachdem Papa sofort damit einverstanden war, dass es weder Chor noch *Ave verum* gab, schlug der Pfarrer vor, einen pensionierten Organisten zu fragen, ob er gegen ein Trinkgeld einspringen würde, was auch der Fall war, nur dass dieser bucklige, ganz und gar nicht verhandlungsbereite alte Mann ebenfalls nichts von Mozart wissen wollte, sondern sein übliches

Programm durchzog, *Heilig, heilig, heilig, Wohin soll ich mich wenden* und *Großer Gott, wir loben dich*, bei denen außer dem Pfarrer und den Ministranten keiner richtig mitsingen konnte. Seither steht auf diesem Friedhof ein Grabstein mit zwei Frauennamen, von denen einer ziemlich fremd für diese Gegend klingt, zumindest der Nachname Nido, bei dem lediglich das beigefügte geb. Kremer darauf schließen lässt, dass sie von dort stammen kann. Wahrscheinlich gab es in dieser ländlichen Welt bis dahin nie ein Grab, in dem zwei Frauen liegen, deren eine verheiratet war, sofern es sich nicht um Kriegerwitwen handelt. Auch im Schwäbischen wird man bis heute gefragt, wo der Name Nido herkommt. Vater hieß dazuhin noch Jan, was in der Ulmer Gegend vor vierzig, fünfzig Jahren reichlich ungewohnt klang, schließlich taufte man hier die Kinder bis weit in die Siebziger auf Peter und Paul, Josef und Franz, Georg und Hans. Meist dachten die Leute, wenn man ihnen von Vaters sorbischer Herkunft erzählte, er komme aus Jugoslawien und sei vor Tito geflohen. Wo die Sorben leben, wusste in dieser Ecke so gut wie keiner. Doch ebenso wenig, wie man Mutters Dorf im Taunus aufsuchte, fuhren sie je ins Land der Sorben, was gewiss nicht nur daran lag, dass es bis zur Wende unmöglich war, frei in der DDR herumzureisen und sich mir nichts, dir nichts die Gegend von Bautzen anzuschauen, das man bloß mit einem furchtbaren Knast verband, obwohl es so schön ist wie Salzburg.

Nicht einmal darüber, wie sie sich kennengelernt hatten, wollten die beiden viel reden. Im Krankenhaus halt, sagte Papa, wo sonst? Er war Assistenzarzt, sie gerade mit ihrer Krankenschwesternausbildung fertig. Vielleicht war er sogar der allererste Mann in ihrem Leben, zumindest der erste richtige, mit dem man nicht nur knutschte. Mein erster Kuss war schrecklich, sagte Mama einmal, da dachte ich, so etwas muss kein zweites Mal sein.

Ging es um die Frage, was Papa im Krieg gemacht hatte, sagte er bloß: Das ist eine Ewigkeit her und drei Tage! Die letzten Kriegsmonate war er im Erzgebirge, wo gegen Ende offenbar keiner richtig wusste, ob es vorbei war oder nicht, zumal weit und breit weder Russen noch Amerikaner im Anmarsch waren. Mit einem Kameraden, der von einem Hof zwischen Wunsiedel und Bayreuth kam, habe er sich eines Morgens einfach auf den Weg gemacht, um gleich mittags von Gestalten in Sträflingskleidern aus einem Nickerchen gerissen zu werden, denen nicht zum Spaßen gewesen sei und die sie mit Prügeln in den Händen gezwungen hätten, die Klamotten zu tauschen, weshalb sie sich wie Verbrecher in blau-weiß gestreiften Aufzügen bis zum nächsten Weiler hätten durchschlagen müssen, wo man sie bei der Feldarbeit habe brauchen können, und sie nach ein paar Tagen mit normalen Kleidern bis zum Bauernhof seines Kameraden weitergezogen waren.

Das war es auch schon, was er zum Krieg zu erzählen hatte, bei dem er nach einem Notabitur im Hinterland als Flakhelfer eingesetzt wurde. Was sich nach einem nur mäßig spannenden Jugendabenteuer anhörte und keineswegs nach Schützengraben und Gefechtswahnsinn. Vater erzählte so lustlos davon, als habe er das alles gar nicht am eigenen Leib erlebt. Hakte man nach, ob es sich um KZ-Flüchtlinge gehandelt habe, sagte er: Keine Ahnung. Wollte man wissen, ob sie Angst gehabt hätten, zuckte er mit den Schultern. Fragte man, ob es Fahnenflucht gewesen sei, hieß es: Was heißt schon Fahnenflucht, es gab keine Befehle mehr! Ihr stellt euch, sagte er jedes Mal, den Krieg immer so wild vor, aber es war vor allem langweilig, zumindest bei uns, wo man sich allenfalls vor tschechischen Freischärlern fürchten musste. Die meiste Zeit sind wir bloß herumgehockt, und am Ende stand man im wahrsten Sinne des Wortes im Wald, weshalb wir einfach aufgebrochen sind, in der Hoffnung, dass man nicht aufgegriffen oder erschossen wird, von wem auch immer, den eigenen Leuten oder dem Feind. Wunderbares Maiwetter sei es gewesen, das herrlicher hätte kaum sein können, nur dass die Stille ringsum etwas Unheimliches gehabt habe.

Es verhält sich mit dieser Familie wie mit dem Okavango, den ihnen der Vater immer wieder auf der Landkarte gezeigt hatte, die am Treppenaufgang hing und später den Pornos weichen musste. Der Okavango, einer der größten afrikanischen Flüsse, hatte ihn fasziniert, weil er sich in einem Delta verliert, das aus Sümpfen, Sand und Salzebenen besteht. Wie aus dem Nichts entsprungen, bahnt er sich seinen Weg, breitet sich aus, verzweigt sich nach hierhin und dorthin, mit mehreren Armen und allerlei Schleifen, ohne Ziel, ohne Richtung, bis nichts mehr weitergeht. Es ist der einzige Strom der Welt, der sich, noch bevor er das Meer erreicht, im wahrsten Sinne des Wortes so lange verläuft, bis seine Wasser stehenbleiben und bloß noch vor sich hin dümpeln, verschlammen, versickern oder verdunsten. Seine Reste sind noch da, doch es fließt nichts mehr, vom schieren Stillstand bedroht, schwappen die immer flacher werdenden Gewässer nur mehr träge hin und her, ermatten und erlahmen, ohne jede Aussicht auf erneutes Leben, für nichts mehr zu gebrauchen, keine Schifffahrt, keinen Handel, kein gar nichts. So scheint es auch mit dieser Familie zu sein, bei der nur Uli und Franziska mit ihren Kindern dafür sorgen, dass der Name Nido hier in dieser Gegend erhalten bleibt.

Aus Wut, dass Mutter im Tod nicht bei ihm blieb, weigerte

Vater sich sogar, für die Grabpflege aufzukommen. Widerwillig bezahlte er zwei, drei Jahre lang den Gärtner, bis eines Tages Joschi bei Linda anrief und sagte: Das Grab ist nicht gerichtet. Seither sorgt sie dafür, dass der Gärtner sein Geld bekommt und man sich nicht schämen muss für ein verwildertes Grab. An ihrem nächsten Todestag, dem dreizehnten, wollten sie sich alle im Taunus treffen, so jedenfalls hatten sie es letztes Weihnachten ausgemacht, genauer gesagt am Stephanstag. Da hatten sie jedes Jahr Papa besucht und immer versprochen, ab jetzt häufiger zu kommen, worauf er seit einiger Zeit gar keinen Wert mehr legte. Bei den letzten Malen saß man nicht einmal mehr bei ihm daheim, sondern im *Adler* zusammen, so dass sich die Besuche auf ein Mittagessen mit anschließendem Kaffeetrinken beschränkten.

Sollte Linda sich nicht mit ihrem Vorschlag durchsetzen, Vater in Mutters Grab zu bestatten, werden sie nun zwei verschiedene Friedhöfe aufsuchen müssen, vier Autostunden voneinander entfernt in zwei verschiedenen Welten. Mit der einen verbindet sie nichts, während die andere vergiftet wäre, würden sie mitsamt dem Erbe auch noch ihr Kindheitshaus verlieren.

Egal, wo er beerdigt wird, stellt sich die Frage, wo wir den Leichenschmaus machen, sagt Fred.

Wozu ein Leichenschmaus, will Joschi wissen.

Verwandte, Bekannte, das Übliche halt, das gehört sich so, und sei's nur kurz, bei einem Kaffee. Oder Bratwürste mit Kartoffelsalat. Das fände Fred am besten. Zusammensitzen, ein bisschen reden, nicht gleich wieder auseinanderstieben. Drüben im *Adler*, so wie man's auch bei der Hilde gemacht habe. Wäre doch wunderbar.

Damals ging es bis weit nach Mitternacht, Fred war völlig besoffen. Die anderen Gäste waren längst aufgebrochen, rundum standen die Stühle auf den Tischen, gemütlich wirkte es nicht mehr, die Wirtsleute schauten ständig auf die Uhr, doch Fred bestellte Flasche um Flasche, obwohl alle gehen wollten, irgendwann waren es Schnäpse, eine Runde nach der anderen, immer noch eine letzte. Am Ende hatte er nur noch gegen die zwei faulen Eier getobt, die bei Linda und ihm seit Jahren die Bude verstinken, zwei faule Eier, von denen das eine bei ihm im Kulturamt sitzt und das andere bei Linda im Verwaltungsrat, zwei Idioten, die ihnen seit Jahren auf der Nase herumtanzen, aber von nichts eine Ahnung haben, zwei faule Eier, die ihnen die Luft verpesten und meinen, über ihnen zu sitzen, in Wirklichkeit aber nichts zu melden haben, diese Drecksäcke, die mit ihren Fettärschen auf Sesseln hocken, wo sie überhaupt nicht hingehören. Fred konnte gar nicht mehr aufhören und wurde immer wüster, am Ende brüllte er regelrecht und haute wild auf den Tisch, so heftig, dass die Gläser zu springen anfingen und man fast fürchten musste, er werde gleich um sich schlagen und sogar seine Schwäger angreifen, als seien auch sie faule Eier, mitsamt den Wirtsleuten, die nichts mehr zu trinken bringen wollten und hinter ihrem Tresen bloß noch mit den Augen rollten. Und jetzt will Fred wieder in den *Adler*. Dort sind die Bratwürste am besten, sagt er.

Bevor wir den Leichenschmaus planen, sagt Uli, muss wenigstens ein Arzt da gewesen sein. Am Ende ist er noch gar nicht tot.

Als Mama Mitte September nicht mehr das Bett verlassen konnte, war es von heute auf morgen so kalt geworden, als wollte der Spätsommer sofort in den Winter übergehen, doch als sie starb, brachte die Sonne nochmals mit aller Wucht den

Sommer zurück, bis genau zu ihrer Beerdigung und keinen Tag länger. Anfang Oktober lag dann bereits Schnee. Das jetzige Hochsommerwetter Anfang August scheint dagegen zum Tod überhaupt nicht zu passen.

Jetzt ist es vorbei mit seinem Leiden, sagt Fred.

Mit welchem, will Joschi wissen.

Jetzt muss er nicht mehr zittern.

Wenn's bloß das gewesen wäre!

Ja, wenn's bloß das gewesen wäre, hätte er ein Alter gehabt, wie sich das die Kinder gerne gewünscht hätten. Im Alter würden die Leute milder, dachten sie, gelassener und gütiger, zur Freude aller, besonders der Enkel. Kein Druck mehr, kein Drang, kein Beweisenmüssen, eine Spur von Gnade und Gottvertrauen, auch dort, wo Gott keine Rolle spielt, als sei man angekommen, kurz vor dem Ziel, zu mehr Langsamkeit verdammt und zum Innehalten, bevor es endgültig zu Ende geht. So stellt man sich das vor, selbst wenn es tausendmal anders kommt. Ein alter Säufer kann Würde ausstrahlen, ganz anders als einer, der mit achtzig noch Frauen hinterhersabbert, sagte Papa einst, als man sich über den alten Dorfschullehrer lustig machte, dessen glasige Augen immer sanftmütig aus seinem Schwermutsgesicht schauten. Ab Mittag saß er täglich im Wirtshaus, von wo er abends wieder nach Hause wankte. Daraus bestand sein Alter, fast zwanzig Jahre lang, aus einem Leben in Gleichmaß. So hätte es bei Papa auch sein können, nur dass er nie getrunken hat, zumindest nie maßlos. Wieder anders hatte man es bei einem seiner früheren Kollegen erlebt, der wenige Tage vor der Pensionierung im Bett einer jungen Krankenschwester gestorben war, worauf seine Frau für die Todesanzeige den Spruch wählte: In Erfüllung seiner Pflichten ist mein Mann von uns gegangen.

Auch Papa schien sich am Ende noch hier unten auf Erden holen zu wollen, was ihm anscheinend ein Leben lang fehlte. Auf einmal wollte er haltlos sein, so haltlos, wie man sich das bei ihm nie hätte vorstellen können. Jakob hatte beinahe Mitleid mit ihm, als habe sich etwas ihn ihm in ein bizarres Tier wie den tasmanischen Teufel verwandelt, von dem er einmal ein Exemplar in einem Käfig hatte herumrennen sehen, ständig im Kreis, vollkommen manisch und wie verzweifelt über seinen Zwang, nicht aufhören zu können. Obwohl auch Jakob manchmal zum Schreien zumute war, hatte er sich, ganz anders als Linda, nie in eine Empörung hineingesteigert, die sowieso keinem nützte und nur der moralischen Selbsterregung diente, hinter der sich nichts als eigene Interessen verbargen.

Wieso konnte Vater es nicht wie seiner Großmutter ergehen, von der er erzählte, dass sie im Alter nicht mehr bei Sinnen war und alleweil nach Hause wollte, was hieß, dass sie jeden Morgen abhaute und sich selbst bei Schnee und Sturm ins Nachbardorf aufmachte, wo sie daheim zu sein meinte. Weil man sie schlecht einsperren konnte, hatte man ihr aufgetragen, im Hof das Holz zu beugen, was sie dann auch täglich machte, ohne zu merken, dass man die Holzbeugen abends, wenn sie im Bett lag, umkippte, damit sie am nächsten Morgen, sommers wie winters, von vorne anfangen konnte und eine Aufgabe hatte, die sie vergessen ließ, dass sie eigentlich heimwollte.

Auch Jakob versuchte ein paarmal, Papa vorsichtig ins Gewissen zu reden, nicht alles aufs Spiel zu setzen. Mach nicht alles kaputt aufs Ende hin, flehte er ihn an, was Papa sich am Telefon scheinbar ruhig anhörte, dann aber das Gespräch jedes Mal mit dem Satz beendete: Ich habe gedient, mein Leben lang, jetzt bin ich selber dran! Es klang, als sei für ihn die Familie der reinste Militärdienst gewesen, mit ihm als schlichtem Gefreiten und seiner Frau und den Kindern als Offizieren, deren Launen er ausgeliefert war und deren Befehle er zu befolgen hatte, was bedeutete, tagein, tagaus mit dem Wischlappen treppauf, treppab über die Böden und Flure zu robben, den Müll zu entsorgen, die Fenster zu putzen, einzukaufen, zu kochen und nach dem Essen die Küche picobello zu hinterlassen. In Wirklichkeit war er Chefarzt an der Ulmer Uniklinik, ein Spezialist für Knochenbrüche, Sprunggelenke und Unfallopfer. Das war sein Leben. Wenn er abends nach Hause kam, wollte er nicht mehr viel reden, selbst in den Ferien nicht, wo man in der Casa Collina oberhalb des Lago Maggiore herumhockte, die er inzwischen diesem Weib geschenkt hatte, um sich für ihre Mühen erkenntlich zu zeigen, von denen die Kinder bloß vermuten konnten, worin sie bestanden.

Ihretwegen hatte Linda allerlei Ärzte und Juristen angebettelt, endlich einzugreifen, um zu verhindern, dass er dieser Nutte am Ende noch alles in den Rachen schmiss. Warum musste er ausgerechnet in der letzten Kurve diesen Irrsinn veranstalten? Gewiss, man konnte es auf die Tabletten zurückführen, die ihn so unruhig werden ließen, nur dass keiner von den Spezialisten, die Linda konsultiert hatte, ihr bescheinigen mochte, dass man deshalb gleich als unzurechnungsfähig gelten durfte. Doch was heißt schon unzurechnungsfähig? Weder war er zurechnungsfähig noch unzurechnungsfähig, er war beides zugleich. Verrückt jedenfalls war er nicht, zumindest nicht im klinischen Sinn. Mit Sicherheit sagen ließ sich nur, dass er sich in eine Abhängigkeit von dieser Frau hineinmanövriert hatte, aus der es kein Entrinnen mehr gab und der er auch nicht mehr entrinnen wollte. Vielleicht war er ihr sogar hörig, bis hin zur Selbstverleugnung, da sie ihm etwas zu bieten hatte, das er nie wieder missen mochte.

Am liebsten würde Linda ihn noch auf dem Totenbett entmündigen lassen und alles rückgängig machen, nicht nur die Schenkungen an dieses Weib, sondern dieses ganze jämmerliche Leben überhaupt, das er seit ein paar Jahren geführt hat, mit allem Drum und Dran, den nackten Leibern, die überall hingen, die Flure entlang und im Schlafzimmer, an der Decke, den Schränken, den Wänden, rund um das Ehebett, in dem vor ein paar Jahren noch Mama gelegen hatte, die sich dieses Schauspiel schlimmstenfalls vom Jenseits aus anschauen musste, von wo aus man alles sieht, selbst die Gedanken, wie Pfarrer Boshorch sie als Kinder gelehrt hatte.

Traurig ist nur, dass seine letzten Jahre nun alles andere überschatten, schließlich bleiben einem vor allem diese Geschichten hängen, als verschwinde Papas restliches, weit längeres Leben hinter jener Bühne, auf der er zum Schluss plötzlich noch ein ganz anderes Stück meinte spielen zu müssen. Es ist wie bei Selbstmördern, von denen man auch nur noch in erster Linie denkt, dass es Selbstmörder sind, womit jedes frühere Leben, selbst wenn es achtzig Jahre dauerte, zum bloßen Vorlauf für eine Tat verkümmert, die alles verdunkelt.

Was sich für die Kinder wie Irrsinn ausnahm, war in Vaters Augen eine Befreiung. In Jakobs Augen darf das als eine Ironie der Geschichte gelten, immerhin waren früher sie es, die sich von allen Normen und Formen befreien wollten und gar nicht genug Tabus brechen konnten, jetzt aber auf einmal darüber entsetzt waren, dass auch der eigene Vater seine Verklemmtheiten überwinden und der Natur freien Lauf lassen wollte. Vor dreißig Jahren hatte ihre Generation die Kleinfamilie als Hort allen Horrors verdammt, dem jedes andere Übel entspross, unter dem die Welt zu leiden hat, weshalb man sie als Allererstes zu zerschlagen hatte, noch vor jeder anderen Art von Revolution.

Können wir uns nicht einfach an das erinnern, woran man sich gern erinnert?

Schöne Vergangenheit, leere Zukunft, höhnt Linda.

Ich geh für einen solchen Wahnsinn nicht in den Knast, sagt Joschi.

Du mit deinem Knast! Man kommt doch nicht in den Knast, wenn man …

Geldstrafe oder Knast, würde ich mal stark vermuten. Wo kein Geld ist, da wartet der Knast. So einfach ist das.

Vielleicht ist ja alles gut, versucht Uli zu beschwichtigen. Vielleicht spinnen wir nur.

Apropos Geld, um das hier mal ganz klar zu sagen: Mir geht es überhaupt nicht ums Geld, sondern darum, dass nicht alles kaputt gemacht wird. Es geht auch um Mama. Das war ebenso ihr Haus. Das Haus am See hat er sogar nach ihr benannt. Villa Hilda, falls ihr euch erinnert.

Das Haus heißt Casa Collina.

Ich dachte, es heißt Villa Hilda.

Nein, Villa Collina.

Casa Collina heißt es.

Er hat doch kein schlechtes Leben geführt, sagt Uli, und was am Schluss passiert ist, dafür kann er nichts. Oder ziemlich wenig jedenfalls. Sitzt hier alleine rum, hat keinen, muss diese Tabletten schlucken … mein Gott, was verlangt ihr? Wir sind nicht in seiner Haut gesteckt.

Der wollte doch von keinem mehr etwas wissen. Der wollte tun und lassen, was …

Wir waren für ihn doch bloß noch fleischgewordene Vorwürfe, das leibhaftige schlechte Gewissen.

Ich weiß nicht, ob er ein schlechtes Gewissen gehabt hat.

Es hat ihn angekotzt, dass er das Gefühl hatte, eines haben zu müssen.

Vielleicht wollte Papa sich gar nicht vor uns schützen, sondern uns vor ihm. Vielleicht war es Feingefühl. Er wollte uns nicht mit sich belästigen, sagt Uli.

Und deshalb muss man den Kindern auch gleich nehmen, was ihnen zusteht?

Ist doch noch gar nicht sicher. Außerdem war er krank. Parkinson ist nicht zum Lachen.

Hast etwa du dich um ihn gekümmert? Wo wart ihr denn die ganze Zeit, als ich zwischen Memmingen und hier hin und her kutschiert bin? Wo? Sagt mir das! Wo? Bevor er mich rausgeschmissen hat, habe ich jeden zweiten Tag bei ihm angerufen. Nur ist er meistens nicht ans Telefon gegangen oder hat mit irgendeiner Ausrede nach drei Sätzen aufgelegt. Ich hätte ihm den Arsch gewischt, wenn es hätte sein müssen. Ich hätte ihm die Hand mit dem Suppenlöffel zum Maul geführt, und ich hätte vor allem dafür gesorgt, dass er eine richtige Pflege bekommt und sich nicht von so einer Balkanhure …

Linda, er ist tot.

Vorletztes Jahr haben wir noch alle paar Wochenenden bei ihm vorbeigeschaut, sagt Uli.

Eine halbe Stunde zu Kaffee und Kuchen?

Du konntest nicht mit drei Kindern bei ihm übernachten. Das war ihm alles zu viel.

Man wollte, sagt Franziska, ihn auch nicht jedes Mal drängen, vorher die Bilder abzuhängen. Uns wäre das ja egal gewesen, aber zu den Kindern konntest du nicht jedes Mal sagen, jetzt bleibt zuerst noch eine Weile im Auto oder spielt im Garten, und wenn wir euch rufen, könnt ihr reinkommen.

Vielleicht, Linda, hat ihn das einfach zu tief getroffen?

Was?

Na ja, dass du … Es lohnt sich nicht mehr, darüber zu reden.

Jetzt bin auch noch ich die Schuldige! Wird ja immer besser! Dann kann ich ja gehen, auf der Stelle. Im Übrigen, woher hätte ich wissen sollen, dass dieser Arsch von Arzt ihm das sofort brühwarm erzählt, kaum dass ich aus dem Sprechzimmer bin?

Ich habe ihn auch immer wieder angerufen, sagt Jakob. Manchmal war ich auch da.

Du hast nie Tacheles mit ihm geredet.

Woher willst du das wissen?

Weil du der bist, der du bist. Zeit hättet ihr alle gehabt. Vor allem du, Joschi. Massenhaft Zeit!

Der hat mich doch nicht mehr sehen wollen.

Und wieso hat er dir dann immer wieder drei-, vierhundert Euro überwiesen?

Sag jetzt nicht: Das stimmt nicht. Ich hab's gesehen, in den Kontoauszügen, erst heute Morgen. Dabei habe ich bloß die von den letzten paar Jahren überflogen.

Das ist, wenn's hochkommt, zweimal im Jahr passiert.

Zweimal im Jahr? Wir werden's sehen! Schwarz auf weiß!

Fängst du jetzt schon an, ab- und aufzurechnen?

Wegen dir hat Mama ihr ganzes Konto leergeräumt, Papa musste sich die vier Bausparverträge für uns Kinder auszahlen lassen, und du hast ihm sogar vorgeschlagen, Arona zu verkaufen, damit dieser Wahnsinn von einer halben Million …

Wir kennen die Geschichte, Linda, du musst sie nicht immer wieder …

Wenn das nicht gewesen wäre, hätte hier keiner was zu klagen!

Uli kannst du ja auch gleich noch vorrechnen, dass er mit zehn das Akkordeon gekriegt hat.

Linda war die Einzige, die allen jedes Jahr anbot, sich bei ihr in Memmingen zu treffen, eine ganze Woche lang, wie sie immer vorschlug, Platz genug sei vorhanden, niemand müsse sich zu etwas verpflichtet fühlen, Fred werde für Wein und Essen sorgen, alle seien willkommen, auch Papa, und seine Enkel ebenso. Kein einziges Mal war man bei ihr. Manche hielten es für reine Rhetorik, da sie gewusst habe, dass keiner kommt. Man hatte Angst vor ihrer unsentimentalen Klarheit, mit der sie die Familiengeschäfte regeln und von jedem wissen wollte, wie es weiterging. Keiner hatte Lust auf solche Gespräche. Man wäre sich nur wie ein Versager vorgekommen.

Eine Zeitlang wollte sie jedem klarmachen, dass es einen Unterschied gibt zwischen persönlichen und strukturellen Problemen. Das darf man nicht vermischen, erklärte sie ständig. Was so klang, als wollte sie sagen: Ich bin rational, ihr tickt irrational. Man muss von Befindlichkeiten absehen können, sagte sie, was sie auch von Vater verlangt hatte, als er in ihren Augen nicht mehr richtig bei Sinnen war und sie ihm deshalb die Befugnis, frei über den Familienbesitz zu entscheiden, entziehen wollte. Dabei war es nie Familienbesitz gewesen, sondern immer nur sein eigener, was man sich nie wirklich klarmachte. Für Linda hätte Vaters Wunsch und Wille hinter der familiären *volonté générale* zurückstehen müssen und seine Stimme lediglich eine einzige, einzelne im Chor des Ganzen sein dürfen.

Eigentlich wollten wir morgen nach Spanien fahren, sagt Franziska, wie um das Gespräch auf etwas Leichteres zu lenken.

Da wart ihr doch letztes Jahr auch.

Das war was anderes.

Wieso anderes?

Da waren wir bei einem Festival, wo's uns nicht mehr hinzieht. Eigentlich wollten wir immer mal zum Burning Man in die Wüste von Nevada, wo jedes Jahr eine Woche lang die alten Hippiezeiten wiederaufleben, mit psychedelischen Trips, Tantramassagen, schamanischen Atemübungen, auch Orgienzelten und freier Liebe, wenn man will. Dantes neun Höllenkreise nennen sie das.

Hat aber nie geklappt, sagt Uli, mal wegen der Kinder, mal weil kein Geld da war oder was auch immer.

Allerdings haben wir gehört, dass sich dort mittlerweile Leute tummeln, die den Rest des Jahres in Nadelstreifenanzügen stecken oder stinkreiche kalifornische Computerfreaks sind, die sich mit dem Taxi in die Wüste kutschieren lassen und Businessclass fliegen, um sich dann, als Freaks kostümiert, ein paar Nächte lang ihren Dionysischen zu holen und die Sau rauszulassen.

Und deshalb haben wir gedacht, wir fahren bloß nach Spanien, wo es inzwischen so was Ähnliches gibt, nur kleiner und noch irgendwie echter.

Aber, ehrlich gesagt, wir haben uns da so ziemlich wie Opis und Omis gefühlt. Dabei waren wir überhaupt nicht die Ältesten.

Ins Love-Camp haben wir uns jedenfalls nicht mehr getraut, da wären wir uns wie blöde Voyeure vorgekommen, die sich an Frischfleisch aufgeilen und sich den Teenies aufdrängen.

So wie das von diesen Althippies auch einige gemacht haben, bierbäuchige Typen mit Halbglatzen, die ständig von den guten alten Zeiten geschwärmt haben, von Woodstock und Easy Rider, Burroughs und Kerouac, Greatful Dead und Fleetwood Mac, als seien sie da überall dabei gewesen. Vor allem meinten die auch noch, dass die Jungen sie bewundern und beneiden müssten, weil sie damals schon gelebt haben.

Allerdings hat dieses Hippiegetue bei den Zwanzig- und Dreißigjährigen in Spanien auch bloß noch wie Fasching gewirkt, mit diesen buntbemalten Leibern, abziehbaren Tattoos, knalligen Strähnen in den Haaren und all diesem Zeugs. Die wollen ein paar Tage im Jahr einen auf wild machen und sich ein bisschen ausgeflippt fühlen, und nachher sitzen sie wieder brav im Büro oder studieren.

Das hätte ich euch gleich sagen können, meldet Joschi sich aus seinem Lehnstuhl von hinten zu Wort, schließlich hat bereits Karl Marx selig gesagt, dass die Geschichte als Farce wiederkehrt, mit unechten Kostümen und geborgten Parolen. Entschuldigt, dass ich schon wieder mit ihm komme, aber wo er recht hat, hat er recht.

Joschi hatte einmal einen ähnlichen Karneval erlebt, kurz nach seinem Wiederauftauchen. Ein Verleger, der zwischen Sylt und Gibraltar ein halbes Dutzend Villen am Meer besitzt und sein Glück, Millionen geerbt zu haben, mit dem Luxus krönt, den Linken zu spielen, wollte ihn damals überreden, sein Leben aufzuschreiben, wofür er ihm einen Flug nach Nizza buchte. Joschi wurde von einem Fahrer abgeholt, der ihn in die Macchiawälder der Côte d'Azur brachte, wo sich, reichlich versteckt und von hohen Zäunen abgeschirmt, inmitten von Pinien und Rosmaringesträuch die Anwesen der

Superreichen befinden, die man nur auf schmalen, staubigen, von Wurzeln durchfurchten Serpentinenwegen erreicht, die ins Nirgendwo zu führen scheinen. Gleich am zweiten Abend wurde Joschi zu einem Fest mitgeschleppt, das unter dem Motto *Love and Peace and Harmony* stand. Um eingelassen zu werden, musste man als Hippie verkleidet sein, was Joschi strikt ablehnte, jedoch kein Problem darstellte, da er mit seinem abgerissenen Äußeren so überschwänglich wie kaum ein anderer begrüßt wurde, als sei er die Reinkarnation des abgehalfterten Freaks schlechthin. Keiner in dieser edel kostümierten Flower-Power-Gesellschaft wirkte so echt wie er, keinen umgarnte man mehr. Einige zupften ihn sogar am Bart, wie um zu prüfen, ob er echt war, oder fingerten an seinem verlumpten Holzfällerhemd herum, das so manchen an John Fogerty von *Creedence Clearwater* erinnerte und das ihm eine ganz besonders aufgetakelte, schwarz angemalte, mit Afrolookperücke bestückte, als Angela Davis verkleidete, schon reichlich beschickerte Alte sogar aufknöpfen wollte.

Dutzenden von illustren Herrschaften hatte er an diesem Abend die Hand geschüttelt und Küsschen, Küsschen mit ihnen gemacht. Die eine Hälfte kannte man durch Film und Fernsehen, die andere thronte in Chefetagen. Joschi war von Konzern- und Bankenbossen und ihren Gattinnen umringt, alle mit knallbunten Hosen und Hemden und Haaren in grellsten Farben. Einige gingen ihm auch aus dem Weg, als fürchteten sie, er könnte stinken oder sogar beißen, andere gaben sich ungemein jovial, wie etwa ein playboyhafter Typ, ein Herr Felsberg oder Felsfeld, der, noch keine vierzig, im aufgeknöpften Hemd seine affige Brust zur Schau stellte, Joschi kumpelhaft mit dem Ellbogen boxte und sagte: Was machen wir zwei hier jetzt bei diesem Haufen Idioten?

Hätte Joschi nicht auf dem Herflug sein Bild in der Zeitung gesehen, wäre ihm bis heute nicht klar, dass dieser Kerl damals gerade einen seit Jahren angeschlagenen Kaufhauskonzern übernehmen wollte, was nicht nur bei den Gewerkschaften für Unruhe gesorgt hatte, sondern halb Deutschland erregte. Unter dem Bild war von ihm der Satz zu lesen: Die Demokratie mit ihren endlosen Debattierzeremonien ist ein Bremsklotz für die Wirtschaft! Das hatte Joschi sich gemerkt, und er bekam Lust, mit diesem Typen zu diskutieren, nur wurde Herr Felsberg oder Felsfeld oder wie immer er heißen mochte just in dem Augenblick, da Joschi loslegen wollte, von Angela Davis abgeschleppt.

Auf dem Höhepunkt der Fete sollte Joschi den Preis für die beste Maskerade bekommen, nur dass dieser Preis ihm nicht mehr überreicht werden konnte, da er, ohne sich auch nur von seinem Gönner verabschiedet zu haben, die Flucht ergriffen hatte und im Dunkeln durch die Macchia geirrt war, um noch in derselben Nacht zurück Richtung Heidelberg zu trampen. Dabei hätte er, umgeben von Zikadengezirp und Rosmarindüften, den ganzen Sommer über am Meer wohnen und sein Leben niederschreiben können.

Du wirst sehen, es ist paradiesisch dort unten, hatte ihm der Verleger verheißen. Was Joschi in diesen wenigen Stunden erlebte, war für ihn jedoch der Inbegriff der Hölle. Schon tagsüber, als die beiden in dem berühmten Hafencafé mit den roten Stühlen und roten Markisen saßen, das man aus den Louis-de-Funès-Filmen kennt, wäre er am liebsten nach Budapest zu seiner kleinen Schicksalsgemeinschaft aus arbeitslosen Theaterkreaturen, Brückenbewohnern und politischen Wendeopfern zurückgeflohen. Weil der Verleger ihn, bevor es zur Party ging, in Saint-Tropez neu einkleiden wollte, hatte Joschi mit ihm kaum noch ein Wort gewechselt. Im Café saßen sie stumm nebeneinander und starrten auf die Yachten und die braungebrannte Laufsteggesellschaft mit ihren Bermudahöschen und Gigolobrillen. Den Rest der Stunden hockte er, bis man zur *Love and Peace and Harmony*-Fete aufbrach, am Meer. Er hatte es bis dahin nur ein einziges Mal gesehen, und zwar in den letzten Sommerferien vor dem Abitur. Danach hatte er keine Zeit mehr für ein solches Nichtstun, auch wenn er in den Augen der andern immer nur ein Faulenzer war. In der Sonne liegen, wäre für ihn Verrat an der Sache gewesen, solange die Verhältnisse nicht so sind, wie sie sein sollten. Vielleicht schämte er sich aber auch, mit seiner käsigen Haut am Strand zu liegen und seine Wampe in die Sonne zu strecken.

Joschi hätte damals eine letzte Chance gehabt, nochmals das öffentliche Parkett zu betreten, um vor der Welt den halb reumütigen, halb sich treu gebliebenen Rebellen aus jenen wilden Zeiten zu geben, die zu seinem Leidwesen der Geschichte angehörten. Er hätte sich in ein Glied mit Rudi, Dany und Joschka stellen können, von denen der erste rechtzeitig gestorben war, um nicht zum Verräter zu werden. Er hätte sich als der einzige noch existierende Aufrechte präsentieren können, dem das Schicksal schlimm mitgespielt hat, so schlimm wie keinem andern. Er hätte von seiner Flucht in den Osten, vom Schlafen unter Brücken, von seiner Enttäuschung über Václav Havel und von der Heimkehr in ein Land erzählen können, in dem der letzte Rest von linker Solidarität versiegt war. So jedenfalls hatte sich das sein neuer Freund, der Verleger, vorgestellt, und Joschis Geschwister hätten ebenfalls nichts dagegen gehabt, wenn er damit wieder ein wenig auf eigene Füße gekommen wäre.

Doch kaum hatte er in Saint-Tropez seine Zahnbürste ausgepackt, haute er wegen einer Party, bei der die Mächtigen und allerlei anderes Gelichter einen auf Gaga machten, schnurstracks wieder ab, anstatt der Welt direkt aus der Höhle des Löwen kundzutun, was sich bei diesem stinkreichen Gesindel abspielt. Er hätte sie verhöhnen und ihnen die Masken herunterreißen können, so wie es früher immer seine Art gewesen war, schließlich hatte kein einziger Journalist Zutritt zu diesem Spektakel und schon zweimal kein Radikaler, der diese Gesellschaft am liebsten in die Luft sprengen würde. Seine Mutter wäre geplatzt vor Stolz, hätte sie je in diese Welt hineinschnuppern dürfen, in Schlösser und Villen, an deren Wänden man echte Picassos und Braques vermuten durfte. Zwar besaß die Familie Nido das Häuschen am Lago, was jedoch eines unter Hunderten war, die alle ähnlich aussahen und in den Sechzigern für besser verdienende Mittelständler aus dem Boden gestampft worden waren. Der Bodensee mit der Stuttgarter Bootsbesitzerschickeria war ihnen damals zu popelig gewesen, und für die Côte d'Azur hatte es nicht gereicht, was Mutters Traum gewesen wäre, mit einem Haus am Meer, so wie Joschi es einen Sommer lang hätte haben können.

Statt dieses Buch zu schreiben und mit ihm auf Tour zu gehen, um sich noch einmal die Mensen und Hörsäle zurückzuerobern, verkroch er sich in sein Heidelberger Kellerloch, wo er vergammelte Flugblätter und revolutionäre Blättchen aus alten Tagen sammelt, die er mit einer an bürokratischen Wahnsinn grenzenden Akribie archiviert. Vom *Archiv für Soziale Bewegungen* lässt er diese Pamphlete und Fetzen regelmäßig einscannen, auf dass fein säuberlich und systematisch in Datenbanken festgehalten werde, was zu dieser und jener Stunde vor dreißig, vierzig, fünfzig Jahren an Demos, Sit-ins,

Protestmärschen und sonstigen Rebellionszuckungen stattgefunden hatte, damit Historiker sich noch in tausend Jahren in die Myriaden ideologischer Kleinkriege einarbeiten und sich dabei auch ein Bild vom Aufstieg und Fall des Joschi Nido machen können.

Sarg oder Urne, darüber sollten wir wirklich reden, sagt Uli. Muss ja entschieden werden, ziemlich schnell. Ich fände einen Friedwald gut.

Was fändest du …? Joschi versteht nicht.

Einen Friedwald. Ganz schlicht. Ohne Brimborium.

Friedwald? Joschi hat davon noch nie gehört.

Deinetwegen, Joschi, muss doch kein Pfarrer dabei sein, sagt Uli.

Sag ich die ganze Zeit.

Also ein Friedwald, ich glaube, das würde Papa gefallen.

Einfach im Wald?

Ja.

Irgendwo ein Loch, zwischen Baum und Borke?

Machen immer mehr. Einfach in der Natur. Kein Kreuz, bloß ein kleines Schild an einem Baum. Würde doch zu Papa passen.

Und wie findet man ihn dann?

Seit wann bist du ein Friedhofsgänger, der jede Woche den Weihwasserkessel nachfüllt und im Herbst Erika aufs Grab pflanzt?, will Fred von Jakob wissen.

Man will doch wissen, wo er liegt.

Gibt's heute überall. Mit Wegen und Schildern.

Aber wo genau das Grab ist, weiß man dann nicht, schüttelt Jakob den Kopf.

Ein, zwei Schritte um den Baum herum. Ist zwar kein Grab,

aber man findet's trotzdem, versucht Uli ihn zu beruhigen. Papa würde das auch so wollen, da bin ich sicher.

Auch so wollen! Auch so wollen? Woher wisst ihr plötzlich so genau, wie Papa begraben werden wollte? Jeder spinnt hier seine Phantasien zusammen, ganz nach eigenem Gusto und Weltbild, wie es gerade zufällig sein Gefühlsleben bestimmt. Papa hätte das auch so gewollt! Woher wisst ihr das so genau?!

Ist doch schön, in freier Natur.

Er kommt zu Mama, erklärt Linda so entschieden, als gäbe es kein weiteres Wort darüber zu verlieren.

Das geht nicht! Warum sonst hätte Mutter denn …

Nein, das geht nicht!

Ich verstehe nicht, was gegen einen Friedwald spricht.

Was ist, fragt Jakob, wenn der Orkan Lothar kommt und den Wald niedermäht und von Papa nicht einmal ein Schild am Baum mehr bleibt? Im Übrigen war ich erst vor anderthalb Jahren bei einem solchen Beerdigungskrampf dabei. Das war alles nur eine einzige Peinlichkeit. Da standen zehn Leute um irgendeinen Baum herum, irgendwo im Wald, nie wieder im Leben würde ich die Stelle finden, es könnte überall gewesen sein. Alle glotzten auf den Waldboden, in den ein läppisches Löchlein gegraben war, das man erst erkennen konnte, als das Reisig zur Seite geschoben und die Urne reingedrückt wurde. Dann schob einer mit den Füßen ein bisschen Erde drüber, warf ein paar Zweige drauf, und das war's. Kein Gebet, kein Kreuzeszeichen, kein gar nichts. Ein Freund des Toten murmelte etwas Halbverständliches vor sich hin, von wegen, er habe ihn sofort wiedererkannt, als sie sich zum ersten Mal begegnet seien. Nachher wurde gemunkelt, dieser Typ sei eben erst Buddhist geworden. Ein anderer summte in seinen Bart und bewegte sich dabei hin und her wie ein Autist, ein dritter schwankte ebenfalls ein wenig, weil er offensichtlich schon einen geladen hatte, wieder ein anderer warf eine Rose in den Wald, in eine ganz andere Richtung als zur Urne, und so weiter und so fort, nur kein einziges gemeinsames Lied, keine einzige Ansprache, kein richtiger Abschied. Am Ende sagte die Freundin des Toten, irgendwann wolle sie noch ein Abschiedsfest machen, irgendwann, wenn sie wieder besser drauf sei, im Moment habe sie sowieso keine Zeit. Tschüss! Nach einer knappen Viertelstunde Herumgestehe trotteten alle in eine andere Richtung, ich selbst saß danach noch in einem Sportvereinsheim am Waldausgang, irgendwo zwischen Tübingen und Herrenberg. Ich würd's nie wiederfinden.

Ist doch absoluter Humbug, was du da erzählst. In einen Friedwald kann man genauso gehen wie in einen Friedhof. Man muss sich halt merken, wo der Tote liegt, und ein Täfelchen an den Baum nageln, um den herum sich die Urne befindet.

Schnitzeljagd nennt man das, nur dass da die Chancen höher liegen.

Warum soll man den Baum mit der Tafel …

Täfelchen! Winzig!

Warum soll man das Täfelchen mit dem Baum nicht mehr finden? Du kannst dich informieren.

Und was, wenn das Täfelchen abfällt und unterm Herbstlaub vermodert? Oder wenn es jemand abreißt oder der ganze Baum nicht mehr steht?

Nichts von uns bleibt, mit oder ohne Schild. In zweihundert Jahren weiß kein Mensch mehr, dass einer von uns gelebt hat.

Ihr seid doch vor allem deshalb für den Friedwald, weil das so gut wie nichts kostet.

Jetzt werd nicht billig.

Denn alles Fleisch, es ist wie Gras, heißt's in der Bibel.

Joschi, alle Achtung, doch so heißt's in Brahms' Requiem.

Aber das ist doch aus der Bibel!

In der Bibel heißt's: Staub bist du, und zum Staub sollst du zurückkehren.

Staub oder Gras, ist grade egal.

An die Musik müsste man auch mal denken.

Das können wir, wenn man weiß, wo das Ganze stattfindet, sagt Linda.

Auf ein laienhaftes Geklampfe, betont Jakob, habe ich jedenfalls keine Lust. Wenn, dann Musik, die einem eine Ahnung von … Na ja, ich rede hier gegen eine Wand.

Du darfst sie diesmal aussuchen, Jakob, das verspreche ich dir, sagt Linda.

Als ich vor ein paar Jahren mal am Grab stand von Mama, erzählt Joschi, hat mich eine fremde Frau angesprochen, eine wohlhabend wirkende ältere Dame, ziemlich schick, mit Pelzmantel und Schlangenmustertäschchen. Zuerst dachte ich: Was hat die bloß? Was will die von mir?, so wie die um mich und das Grab herumgeschlichen ist. Ich wusste gar nicht mehr, was tun. Die stand einfach da, solange ich Blumen gepflanzt und das Grab gegossen habe. Und auf einmal sagt sie zu mir: Dürfte ich das für Sie machen? Ich hatte keine Ahnung, was sie meint. Schließlich hat sie mich ausgefragt: Wo kommen Sie her? Wo wohnen Sie? Wie oft sind Sie hier? Auf einmal wirkte sie ganz glücklich. Ich bräuchte doch nicht extra hierherfahren, bloß um das Grab zu richten, sie würde das gerne übernehmen, umsonst natürlich. Das beteuerte sie zehn-, zwanzigmal, bevor sie zu heulen anfing und erzählte, dass ihr Mann eine Seebestattung hatte. Sie hätten sich das gegenseitig versprochen, quasi testamentarisch, weil ihnen die Weite auf dem Meer… diese Unendlichkeit… nichts Festes, alles in Bewegung… die Elemente, der Himmel… Ihr könnt euch ja denken, wie das ungefähr geklungen hat… frei und erlöst und so. So jedenfalls hätten sie beide sich das ausgemalt, und so habe sie es dann auch gemacht, nur habe keiner von ihnen je daran gedacht, dass es für den, der zurückbleibt, dann nicht einmal einen Ort mehr gibt, an den man gehen und…

Ja, sag es ruhig: trauern kann.

Ich glaube, für eine Seebestattung muss man Matrose oder so was gewesen sein. Zumindest früher war das so.

Ich sag's noch mal: In einen Friedwald kann man genauso gehen wie auf einen Friedhof.

Warum wollt ihr es unbedingt so formlos?

Weil ich dieses Pfaffengeschwätz nicht ertrage, und weil keiner von uns etwas mit der Kirche zu tun hat, nicht mal du, Jakob, soweit mir bekannt ist.

Ich sage ja nicht, dass ich an Gott glaube, aber ich glaube auch nicht nicht an ihn. Die dogmatischsten Gläubigen sind inzwischen ohnehin solche atheistischen Eiferer, die ganz genau zu wissen meinen, dass alles mit dem Urknall angefangen hat, womit sie meinen, alles erklärt zu haben, nur dass sie sich um die alles entscheidende Frage drücken, die lautet: Warum gibt es überhaupt etwas und nicht vielmehr nichts?

Sollte unser Pfarrer recht gehabt haben, dann müsste Mama jetzt in der Hölle schmoren.

Nein, nicht in der Hölle, sondern im… Wie heißt das noch mal?

Limbus, Uli. Das ist der Limbus. Der Raum zwischen Himmel und Hölle, ein Ort dazwischen, beziehungsweise an den Rändern.

Ganz leer kann's da ja nicht sein.

Da kommen die ungetauften Kinder hin.

Und die Evangelischen.

Dann ist es ja gut, dass Mama und Papa nicht im gleichen Grab liegen.

Er kommt zu Mama, Schluss, aus, amen. Er hätte nie etwas anderes gewollt, erklärt Linda noch einmal, sichtlich genervt, dass ihr jetzt ausgerechnet auch Fred noch dazwischenfunkt.

Könnte man aber auch anders sehen, sagt Jakob.

Was?

Na ja, Fred behauptet doch schon die ganze Zeit, er habe Mama noch im Tod entehrt.

Warum keine Seebestattung, und sei's auf der Donau, gleich nebenan, ein kleiner Bootsausflug mit Papas Asche? Ich mein das ernst, sagt Joschi. Ich sag mal: Papa hätte wahrscheinlich auch das gefallen.

Ist doch überhaupt nicht erlaubt.

Erlaubt, mein Gott, was ist schon erlaubt!?

Hat er doch nicht ernst gemeint.

Doch, doch, meint Joschi.

Warum ihn nicht einfach hier auf dem Friedhof beerdigen? Mit diesen im Licht glitzernden Silberpappeln, ein paar Schritte von der Donau? Was gibt es Schöneres? Ich verstehe nicht, warum es da überhaupt etwas zu diskutieren gibt.

Was haben wir mit diesem Dorf schon zu tun? Seit dreißig Jahren nichts mehr, und davor auch nie viel.

Immerhin sind wir hier aufgewachsen.

Aber das Leben hat in Ulm stattgefunden.

Wir waren weder in Ulm richtig daheim noch hier, das weißt du ganz genau. Und deshalb wollten nach dem Abi auch alle so schnell wie möglich weg.

Und die Heustadel, in denen wir als Kinder gespielt haben? Und das Kartoffelklauben mit den Bauern? Und jeden Abend der Gang mit der Milchkanne in die Molke? Und das Spielen in den Städeln mit den andern Kindern? Wir haben die Leute hier doch gekannt.

Du vielleicht. Ich nicht.

Du hast es vergessen.

Ich hab das nicht vergessen.

Du hast vergessen, dass du die Leute gekannt hast.

Wieso warst du eigentlich bei den Ministranten, Jakob? Nach dieser Geschichte mit Mama?

War doch völlig normal.

Normal war das gar nicht, dass man zu den Ministranten ging.

Du warst doch auch bei denen, Uli.

Nein, bei denen war ich nie.

Und du, Joschi?

Natürlich nicht.

Ihr wart doch bei den Ministranten, das ist so sicher wie das Amen in der Kirche.

Wir waren nicht bei denen.

Ihr habt es vergessen.

So was vergisst man nicht.

Die Asche über der Donau verstreuen, das fände ich wirklich nicht schlecht.

Die Indianer haben ihre Toten in ein Kanu gelegt und es im Fluss versenkt, sagt Franziska.

Genau das hab ich gemeint, nickt Joschi, und es flackert dabei in seinen Augen die alte Hohnsucht auf, als warte er bloß darauf, dass nochmals ein solcher Satz kommt.

Ich sage, er kommt zu Mama ins Grab, und damit basta, erklärt Linda und sagt zu Uli hinüber: Du wolltest doch zum Bahnhof, was zu essen holen.

Wir können auch Pizzen bestellen, frei Haus.

Nein, sagt Linda, hier kommt mir keiner rein.

Kriegt doch keiner mit, was hier ist.

Es reicht, wenn die Leute erfahren, dass hier eine Vollversammlung stattfindet. Das spricht sich rum, in null Komma nichts.

Ich fahr ja schon, sagt Uli.

Hähnchen mit Pommes und Bier, trägt Joschi ihm auf, möglichst eiskaltes bei dieser Hitze, am besten ein Sixpack, das wär jetzt das einzig Wahre, ich bezahl es dir auch.

Quatsch.

Doch.

Du spinnst.

Dann bring zwei mit, morgen ist auch noch ein Tag.

Gibt's da auch Falafel oder so was, fragt Franziska. Falls ja, dann frag doch bitte, ob da Jodsalz drin ist.

Uli und sie essen mal kein Fleisch, dann wieder machen sie eine Ausnahme bei Huhn, manchmal leben sie auch vegan, oder es gibt nur Trennkost, durchsetzt mit ayurvedischen Phasen oder Hildegard-von-Bingen-Wochen, dann wieder gibt es nur Glutenfreies oder es dürfen ausschließlich ungesättigte Fettsäuren verwendet werden. Wenn man schon Fleisch isst, so lautet ihr Credo, muss man die Tiere kennen, ihnen in die Augen geschaut, mit ihnen geredet, sie gestreichelt und sich von ihnen, bevor sie einen Bolzen ins Gehirn geschossen bekommen, verabschiedet haben. Was genau genommen für alle, die nicht wie sie auf dem Land leben und nicht den Bauern kennen, von dem die Viecher stammen, bedeutet, dass ihnen das Glück, ein Tier essen zu dürfen, verwehrt bleiben muss.

Jakob ist zwar immer wieder gern für ein, zwei Tage auf der Alb, doch er hat das Gefühl, dass bei den beiden alles, was auf den Tisch kommt, einer Rechtfertigung bedarf, und sei es, dass Franziska sagt: Wer Jakobsmuscheln auf dem Teller haben will, die aus der Bretagne herangekarrt werden müssen, anstatt den Bärlauch in den Wäldern nebenan zu pflücken, braucht erst gar nicht so zu tun, als sei er gegen Umweltverschmutzung. Und wenn bei ihnen ein Lammbraten im Bräter schmort, betont sie vor dem Anstich: Jesus hat mit seinen Jüngern auch Lamm gegessen! Und von Nachbars Schweinen sagt sie: Sie necken sich, sie nerven sich, sie wälzen sich, sie wärmen sich, sie faulenzen, und wenn sie sterben müssen, geschieht es schmerzlos! In Franziskas Augen sind ihre Feinde längst nicht mehr der Bauer und der Metzger, sondern bloß noch die Mastbetriebe und Schlachtfabriken. Es gab sogar einmal eine Zeit, in der die beiden für ein Tierparlament eintraten. Jakob hatte es damals vorgezogen, mit ihnen über solche Visionen erst gar nicht zu diskutieren. Auch wenn Franziska für ihren geplanten Menschenrechtskatalog für Tiere wirbt, bohrt er nicht nach, was damit gemeint sein könnte. Recht gibt er ihr lediglich, wenn sie behauptet, dass Tiere nie so bestialisch miteinander umgehen würden wie Menschen, zumal sie ihre Opfer nie quälen. Doch um auch hier noch mit einer Ausnahme aufzutrumpfen, verweist Jakob dann gern auf die lieben Katzen, die ihre gefangenen Mäuse gar nicht lange genug in die Luft werfen und mit ihnen Spielchen treiben können, bevor sie ihnen die Gnade gewähren, nicht mehr leiden zu müssen.

Als die zwei noch keine Kinder hatten, wollten sie sich in Frankreich einen verlassenen Bauernhof kaufen, wie man sie vor zwanzig Jahren beinahe geschenkt bekam. Es würde ein ödes Leben geworden sein, in halb ausgestorbenen Dörfern, die meist keinen einzigen Laden und nicht einmal ein Bar-Tabac mehr besitzen. Wie eintönig die französischen Ebenen doch sein können, dachte Jakob wieder einmal, als der Zug durch fast menschenleeres Land fuhr, das in der Sommerhitze noch einsamer wirkte. Lieber an der Donau leben als in diesen flachen Weiten mit ihren schnurgeraden Alleen, wo sich kein Mensch wie Gott in Frankreich fühlen kann, beim besten Willen nicht.

Keiner von ihnen konnte sich bis vor kurzem vorstellen, je wieder zu Hause zu wohnen, außer Joschi vermutlich, für den alles einer Verbesserung gleichkäme. Aber auch Linda und Fred scheinen mittlerweile auf das Haus in Ulm zu spekulieren, ohne das freilich zuzugeben. In spätestens fünf, sechs Tagen stellt sich endgültig die Frage, was aus ihm werden soll. Man könnte es vermieten oder verkaufen, selbst einziehen oder leer stehen lassen, vorausgesetzt, es gehört nicht längst diesem Weib.

Als es kurz nach Mutters Tod bereits einmal um die Erbschaft ging, hatte Linda im Beisein aller zu Uli gesagt: Du hast doch damals das Akkordeon gekriegt! Uli wusste anfangs überhaupt nicht, was das heißen sollte, bis sie es nochmals betonte, drei-, viermal hintereinander, mit immer mehr Ausrufezeichen: Du hast doch damals das Akkordeon gekriegt! Erst hatte er gar nicht reagiert, dann mit den Schultern gezuckt und tief an der Kippe gezogen, einen großen Schwaden Rauch aus sich hinausgeblasen und schließlich fast unhörbar gesagt: Ich wollte diesen Scheiß doch nie haben.

Erstaunlich, dass die beiden schon so lange zusammen sind, Uli und Franziska, zwei Altfreaks, denen man das Freakige kaum mehr ansieht. Wahrscheinlich kiffen sie nach wie vor, sicherlich weniger als früher und trotzdem so oft, dass die Welt ihnen nie zu schwer wird. Früher, als sie noch Kinder waren, machten Papa und Mama Sonntagsausflüge mit ihnen in diese Gegend hinauf, zur Wimsener Höhle, in die man mit einem Boot fährt, mit eingezogenen Köpfen, oder in die Bärenhöhle mit ihren bizarren Tropfsteingebilden, oder in die Nebelhöhle gleich um die Ecke bei Schloss Lichtenstein, das schlank und märchenhaft über einem waldigen Fels aufragt. Mutter hatte dabei immer ihr Geschichtswissen ausgebreitet, obwohl dieses Schloss so gut wie keine Geschichte besitzt und bloß aus einer romantischen Laune heraus erbaut worden ist, um die dortige Wald- und Wieseneinsamkeit mit einem niedlichen Neuschwanstein zu schmücken. Nach solchen Besichtigungen kehrte man vor der Heimfahrt noch in einer jener Dorfwirtschaften ein, wo die Schweineschmalzgerüche seit Ewigkeiten in den Tapeten sitzen und die Leute spätestens abends um sechs essen gehen, damit sie um sieben wieder zu Hause sind. Danach wirken die Dörfer mit ihren verschlossenen Fensterläden und heruntergelassenen Jalousien wie leer gefegt, und zwar bis heute.

Dort oben leben die beiden, zwischen steinigen Äckern und Heidelandschaften, der Welt entrückt, trotz Auto und Internet, in einem Hexenhäuschen mit knarrenden Dielen und abgebeizten Türen, das sie bis in die letzten Winkel ausgebaut haben, mit einem halben Dutzend enger Kammern und einer Küche, in der man das ganze Jahr über Erntedankfest zu feiern scheint, so üppig wie von der Decke herab Zwiebel- und Knoblauchzöpfe hängen und Körbe voller Obst, Gemüse und Kräuter herumstehen, ganz zu schweigen von den zwei Dutzend Gläsern mit Dinkel, Hirse, Nüssen und Korinthen, Haferflocken, Körnern und Gewürzen, bis hin zum Caro- und Kathreiner-Kaffee aus Omas Zeiten, nebst getrockneten Herbstblumen, die hundert Jahre und älter zu sein scheinen und jahrein, jahraus die Wände schmücken, mitsamt einem lachenden Buddha auf dem verschnörkelten Küchenregal, das neben Hesse, Castaneda und Thoreau, die nach wie vor zu Ulis Klassikern gehören, Garten- und Kochbücher beherbergt.

Als genügte diese ländliche Fülle noch nicht, hängt über der Eckbank ein Gemälde von Arcimboldo, das Linda ihnen geschenkt hat, eines dieser üppigen, rustikalen Gesichter mit Rübennase und Zwiebelbacken, einem Kürbis als Brust und Trauben als Haaren. Bis auf den Herd und die Kacheln und die selbstgemachten Tonkrüge und Schalen ist so gut wie alles aus Holz, wodurch diese Gemütlichkeitshöhle selbst am helllichten Tag ein wenig schummerig wirkt und etwas Beklemmendes besitzt, zumindest für Jakob, der sich fast wundert, dass bei ihnen das Besteck aus Metall sein darf. Als Ansichtskartenmotiv eignete sich diese Küche wie kaum eine andere, man müsste die Aufnahmen nicht einmal mit Sepia nachbearbeiten, um ihnen den nötigen Touch von guter alter Zeit zu verleihen.

Die beiden haben sich ein Idyll erschaffen, zu dem eine Wiese gehört mit Apfel- und Birnbäumen, Schaukeln und Hängematten nebst einem halben Dutzend ellenlanger Beete, in denen Salat und Rüben, Gurken und Zwiebeln, Erbsen und Erdbeeren wachsen, was vor allem bedeutet, dass dieses einfache Leben viel Arbeit macht. Morgens werkelt Uli in der Waldorfschule mit den Kindern, nachmittags im Garten. Als sie frisch dort wohnten, hatte Franziska den Leuten im Dorf vorgeschlagen, das alte Backhaus neu einzuweihen, damit die Frauen – oder auch Männer – sich einmal pro Woche austauschen können, solange der Teig im Ofen steckt. Später erfuhr sie, was die Dörfler darüber dachten. Nicht dass sie etwas gegens Schwätzen und Tratschen gehabt hätten, doch was diese hochdeutsch redende Reingeschmeckte vorschlug, klang nach Problemen, die es nicht gab, von ihr aber offensichtlich trotzdem besprochen werden wollten. So etwas ist, dachte man im Dorf, typisch für Leute, die in Häusern groß geworden sind, wo man alles hat, und die dann in Landkommunen ziehen, um auch noch das Echte und Ursprüngliche zu erleben, wogegen Jugendliche, die mit Misthaufengerüchen aufwachsen, so schnell wie möglich abhauen, weil sie bis heute eine ziemlich klare Vorstellung davon haben, was der Satz bedeutet: Stadtluft macht frei.

Inzwischen hält Jakob sich mit seinen Kritteleien an diesem ganzen Öko- und Biokram zurück und denkt sich bloß noch seine Sache, schließlich könnte er auf die beiden bereits in Bälde angewiesen sein, weit mehr, als ihm lieb wäre. Sie würden für ihn, sollte es einmal nötig sein, das Gartenhaus ausbauen und daraus einen lichten Raum mit doppelter Fensterfront, schlichten Dielen, Schreibtisch, Sofa und halboffener Küche zimmern, über dem noch ein kleines Obergeschoss mit Matratze Platz hätte, in das man mit einer Leiter gelangt. Jakob sehnt sich keineswegs nach einem Leben am Ende der Welt, doch es ist beruhigend zu wissen, dass das möglich wäre, wenn nichts anderes mehr ginge. Er wäre die beste aller schlechten Möglichkeiten.

Und darum spielt er, anstatt wie früher über ihre grünen Bibeln zu spotten, seit einiger Zeit den Interessierten und erkundigt sich nach den neuesten Entwicklungen im Biosphärenschutz, den Aktivitäten in der Waldorfschule und der Kultur-AG Schwäbische Alb mit ihren sozialkritischen Laienfreilichtaufführungen. Lass diese Bescheidenen im Geiste ihren lieben Käse leben, der keinem wehtut, sagt er sich mittlerweile. Sollte er allerdings einmal bei ihnen hausen, würde er sich noch in tausend Jahren weigern, beim Pinkeln seine Hose herunterzuziehen und sich auf die Brille zu setzen, trotz dieser Karikatur auf dem Klo, auf dem ein Schwein im Stehen gewaltig neben die Schüssel pisst. Als er zum allerersten Mal bei ihnen übernachtet hatte, lagen neben seiner Matratze ein Dutzend Bücher mit asiatischen Weisheitslehren, bei denen viel vom Weg, vom eigenen Zentrum, vom Licht und von Erleuchtung die Rede war: Der wahre Weltraum befindet sich in deinem Innern, hieß es da, oder: Es gibt nur eine Zeit – das Jetzt!, oder: Wo kein Weg mehr ist, ist der Beginn des Weges! Angesichts dessen kamen Jakob jene biederen Sinnsprüche, die früher in den Fluren der Dörfler hingen – Der Mensch denkt's, Gott lenkt's –, auf einmal weitaus reeller vor.

Für Jakob ist es eine andere Welt, die er ungläubig bestaunt und aus der es ihn schnell wieder wegdrängt. Nur letztes Jahr war er bei ihnen eine ganze Woche geblieben, um dort oben einen Film über ein zerstörtes Dorf zu drehen, von dem auf einer Anhöhe, weithin sichtbar, einzig die Kirche und das Schulhaus geblieben sind, nachdem es die Nazis zwangsgeräumt hatten, um es dem benachbarten Truppenübungsplatz einzuverleiben. Franziska macht Führungen auf diesem Gelände, wo seit dem Abzug der letzten deutschen und französischen Truppen vor sechs, sieben Jahren die Natur die Ruinenreste überwuchert und Vögel brüten und Schlangen daheim sind, die es sonst weit und breit nicht mehr gibt. Sie war es auch, die Jakob auf die Idee gebracht hatte, etwas fürs Fernsehen über diesen Ort zu machen, der einen gespenstisch schönen Frieden ausstrahlt und an Tarkowskijs zeitentrückte Steppenlandschaften erinnert. Da dort aber an allen Ecken und

Enden Schilder mit der Aufschrift *Lebensgefahr!* aufragen, die vor Blindgängern, Bomben und Minen warnen, gestaltete der Dreh sich schwieriger als erhofft. Jakob hatte Franziska einen kleinen Fernsehauftritt verschafft und zu den Konflikten zwischen Naturschützern und jener andern Fraktion befragt, die ihn am liebsten in ein Mountainbikerparadies verwandelt sähe. In ihrer warmen und zugleich bestimmten Art wirkte Franziska erstaunlich souverän, als gehörte so etwas zu ihrem Alltagsgeschäft. Bei der Ausstrahlung saß das halbe Dorf im Wirtshaus, das eigens länger aufhatte. Daheim hätten Uli und Franziska den Beitrag gar nicht sehen können, da sie keinen Fernseher besitzen.

Uli will schauen, ob es in der Bahnhofsgegend Falafel, Sixpacks und Würstchen gibt. Fred könnte sich auch vorstellen zu kochen, falls es erwünscht sein sollte. Allerdings keine Nudeln mit Tomatensoße, das könne er jetzt eine Weile nicht mehr sehen, so ekelhaft habe der Teller ausgesehen, den sie heute Morgen mit dem vielen Müll hätten wegschmeißen müssen. Er wisse nicht, ob ihm je wieder Nudeln mit Tomatensoße schmecken würden, so wie es im Moment aussähe jedenfalls nicht. Hähnchen wäre okay, Pommes müssten nicht sein. Erst kürzlich habe er einen Bericht gesehen, wie die hergestellt würden. Pfui Teufel!

Er sieht jetzt wirklich friedlich aus, sagt Franziska.

Absolut, stimmt Fred zu. Als seien die letzten Jahre wie weggewischt. So ein Tod kann eine Gnade sein. Sag ich schon immer.

Ich meine, sagt Franziska, so schlimm das jetzt alles sein mag, aber wenn man ihn so sieht, so erlöst, dann muss man sich doch eigentlich mit ihm freuen, dass er es geschafft hat.

Man weiß wirklich nicht, was man sagen soll, ob er länger hätte leben sollen oder es gottseidank vorbei ist.

Könnt ihr euch an den Boshorch erinnern, wie er gleich nach ein paar Tagen, als wir hier eingezogen waren, bei uns geklingelt hat, fragt Joschi.

Klar, sagt Jakob. Nur du und ich waren da außer Mama.

Wieso eigentlich bloß ihr zwei, will Linda wissen.

Keine Ahnung, sagt Jakob. Du warst halt nicht da, und Uli war wahrscheinlich noch gar nicht auf der Welt.

Oder er war im Kindergarten.

Nein, es hat ihn noch gar nicht gegeben.

Und wieso wart ihr zwei nicht im Kindergarten oder in der Schule?

Keine Ahnung, ist jetzt doch auch nicht wichtig, ich wollte ja nur erzählen ...

Und du, Jakob, kannst dich daran wirklich erinnern, will Uli wissen.

Ich hab's dir doch schon tausendmal erzählt. Da hat's auf einmal geklingelt und ...

Ich kann euch genau sagen, wie das war. Der hat geklingelt, ich hab aufgemacht, da steht der mit seiner schwarzen Kutte und einem Kreuz auf der Brust und fragt mich, ob meine Frau Mutter da ist. Ich bleib stehen und schau ihn an, von oben bis unten, sag gar nichts, steh einfach da. Ob meine Frau Mutter da sei, fragt er noch einmal.

Wie alt warst du da, will Fred wissen.

Elf, zwölf, vielleicht auch dreizehn. Wenn Jakob fünf war, muss ich dreizehn gewesen sein.

Und wo war Linda?

Ich sag doch, in der Schule wahrscheinlich.

Ich stand da auch, zusammen mit dir, sagt Jakob.

Nein, ich stand da allein.

Stimmt nicht.

Jedenfalls habe ich die Tür aufgemacht.

Mit mir zusammen!

Nein, ich habe allein aufgemacht.

Ich stand da auch. Ich weiß noch ganz genau, wie ich da an der Tür stand.

Mit dreizehn, würde ich mal sagen, hat man bessere Erinnerungen als mit fünf. Oder was würdet ihr meinen?

Ich stand da!

Ist doch egal, sagt Uli.

Ist überhaupt nicht egal.

Erzähl die Geschichte!

Ihr kennt sie doch alle.

Eben, drum muss man sie nicht mehr erzählen.

Erzähl du sie, Jakob.

Ihr kennt sie doch alle.

Trotzdem.

Ein Handy klingelt. Staunen, Schauen. Es klingelt sieben-, acht-, neunmal. Linda rennt in die Küche und ruft: Zu spät! Auf dem Display ist keine Nummer zu sehen. Vielleicht er oder sie, einer von den zweien, die hier im Haus keinen richtigen Namen besitzen. Die ungarische Hure oder das Schwein.

Wir können es bei ihm doch mal versuchen, meint Fred. Vielleicht ist was dazwischengekommen. Oder er ist schon früher da. Mein Gott, Linda, du zitterst ja.

Ich zittere überhaupt nicht.

Die rufen wieder an, egal, wer's war, sagt Uli. Ihr wolltet die Geschichte mit dem Pfarrer erzählen.

Ihr kennt sie doch, winkt Joschi ab.

Bei den Juden müssen die Leichen in vierundzwanzig Stunden unter der Erde sein. Und bei den Moslems auch.

Was soll das jetzt? Meinst du, hier fängt's gleich an zu stinken? Im Übrigen ist es schon deshalb ratsam, einen Toten ein bisschen länger liegen zu lassen, weil er bloß scheintot sein könnte. Und zu riechen fangen Tote nicht gleich nach ein paar Stunden an.

Na ja, bei diesem Wetter. Dreißig Grad waren's heute Mittag im Schatten.

Ihr wolltet doch die Geschichte mit dem Pfarrer erzählen.

Ihr kennt sie doch.

Wie hieß er noch mal?

Boshorch. Pfarrer Boshorch. Nomen est omen. Das sag ich dir.

Mama wusste nicht, ob sie heulen soll oder kichern, sagt Joschi.

Der Mama war's überhaupt nicht zum Kichern, widerspricht Jakob.

Ich hab's doch mit eigenen Augen gesehen. Eigentlich hätte man gleich die Polizei holen müssen.

Die Polizei? Ausgerechnet du! Ausgerechnet du, sagt Linda zu Joschi, rufst nach der Polizei!?

Dem hätte man das Handwerk legen müssen. Heutzutage wäre das ein Skandal. Damals war's ganz normal.

Ist im Moment das Unwichtigste.

Trotzdem darf man's wohl noch sagen.

Aber es ist jetzt nicht wichtig.

Was ist schon wichtig?

Das musst gerade du sagen.

Heute würde man dem das Handwerk legen!

Der lebt längst nicht mehr.

Stimmt doch nicht. Der ist im Altersheim in Söflingen drüben.

Ein Pfarrer wird nicht ins Altersheim gebracht. Der wird im Kloster zu Tode gepflegt.

Was spielt's für eine Rolle? Wir haben ganz andere Sorgen!

Vor zwei Jahren hatte Vater Linda glasklar erklärt: So wie ihr euch benommen habt, bekommt ihr die Rechnung dafür, ihr werdet schon sehen! Auf ihre Frage, was damit gemeint sei, habe er mit erbarmungsloser Ruhe geantwortet: Das wirst du früh genug erfahren.

Vorgestern rief er nach langer Zeit zum ersten Mal wieder bei ihr an. Fred war am Telefon. Die beiden versuchten, Normalität zu spielen. Wie geht's dir? – Na ja. – Und dir? – Na ja.

Vielleicht, so dachten die beiden, will er wieder Kontakt aufnehmen. Vielleicht geht es ihm nicht gut. Vielleicht ist er zur Vernunft gekommen. Trotzdem rief Linda nicht sofort zurück. Es konnte nicht schaden, ihn ein bisschen warten zu lassen. So viel Selbstachtung muss sein, sagte sie sich. Immerhin soll er sich, wie Fred meinte, am Telefon nicht schlecht angehört haben, ein wenig müde vielleicht, aber keinesfalls bedenklich. Als sie dann gestern am späten Abend zurückrief, ging er nicht ans Telefon. Was nichts heißen musste. Als sie es noch ein paarmal probierte und er wieder nicht abnahm, war ihr langsam nicht mehr wohl. Vermutlich schlief er nur, doch man wusste es nicht. Morgens um sechs stiegen die beiden in Freds BMW Coupé, düsten die leere Autobahn nach Ulm hinauf, wohin man normalerweise eine knappe Dreiviertelstunde braucht. Diesmal standen sie bereits nach zwanzig Minuten vor dem verschlossenen Haus. Es war Weltrekord, betont Fred schon zum zwanzigsten Mal, als wollte er nicht nur seinen schnellen Schlitten und Fahrstil rühmen, sondern vor allem hervorheben, dass sie nichts in ihrer Macht Stehende unversucht gelassen haben.

Als Linda sich bei Papas Hausarzt erkundigt hatte, ob man ihn für unmündig erklären könnte, wechselte Vater nicht nur postwendend seinen Arzt, er ließ am Haus auch das Türschloss auswechseln, damit die Kinder nie wieder nach Lust und Laune hereinspazierten. Unverzüglich hatte dieser Hausarzt ihn über das Ansinnen seiner Tochter unterrichtet, womit er seine Loyalität bewies, was Vater nicht daran hinderte, sich sofort einen anderen zu nehmen, dessen Namen die Kinder nie erfuhren.

Und nun standen die beiden vor verschlossener Tür. Rundum schien noch alles zu schlafen. Alles Klingeln nützte nichts. Da niemand mitbekommen sollte, wie dort drinnen die Wände aussehen, riefen sie auch keinen Schlüsseldienst. Fred stellte seinen Wagen mit der Memminger Nummer ein wenig ins Abseits, drüben beim Feldweg, hundert Meter weiter, damit die Nachbarn nicht gleich sehen konnten, dass die Tochter mit dem Schwiegersohn da war. Im Briefkasten steckten zwei Zeitungen, die *Südwest Presse* von heute und vom Vortag, was heißt, dass Vater gestern nicht mehr draußen war, ohne deshalb schon tot gewesen sein zu müssen.

Mit ein paar gar nicht allzu kräftigen Stößen drückte Fred die leicht lotterige, ziemlich dünne, zum größten Teil aus Glas bestehende Terrassentür ein, die zwar reichlich Licht ins Wohnzimmer fluten lässt, gegen Einbrecher jedoch wenig taugt. Zu Bruch ging nichts dabei, nur dass jetzt das Schloss kaputt war. Bereits durch die Gardinen meinten sie Papa auf der doppelbettgroßen Couch liegen zu sehen, die bislang keiner kannte und die wunderlicherweise mitten im Raum steht.

Immer noch hat Papa kräftige, haarige Arme und Hände, die keineswegs wie unwiderruflich erlahmt aussehen, sondern nach wie vor zum Zupacken gemacht scheinen und selbst mit ihren Altersflecken so gesund wirken, dass auch eine viel jüngere Frau sich nicht vor ihnen zu ekeln brauchte. Wer so starke Chirurgenarme besitzt, dem vertraut man, zumindest als Patient. Vater hätte öfter kurzärmelige Hemden tragen sollen, um sie besser zur Wirkung zu bringen. Etwas Welkes jedenfalls besitzt dieser Leib nicht, auch wenn Linda behauptet, Papa habe sich nur noch mit Viagra hochgehalten, was ein weiterer Grund für sie war, seinen Hausarzt aufzusuchen, von dem sie wissen wollte, ob sich so etwas mit den Parkinson-Medikamenten verträgt.

Ich habe gerade etwas gehört bei ihm.

Wo?

Bei ihm. Wie ein Gurgeln oder Rumpeln.

Vielleicht im Bauch?

Tote müssen manchmal noch … Ich meine, da tut sich auch noch was.

Du meinst kacken oder so?

Postmortale Defäkation nennt sich das.

Was du nicht alles weißt.

Die kommt entweder gleich oder gar nicht.

Ihr kennt euch aus!

Habt ihr nichts gehört?

Ehrlich gesagt, nein.

Und wenn es doch erst später kommt?

Dann müssen wir ihn halt sauber machen.

Also mir wäre in diesem Fall, ehrlich gesagt, ein Fachmann lieber.

Wie sich das anhört: ein Fachmann für einen Toten!?

Aber die Fliegen in seinem Gesicht, das ist echt unangenehm.

Er spürt sie nicht mehr. Oder möchtest du mit der Fliegenklatsche auf ihn einhauen, nur um diese Viecher zu verscheuchen oder zu erschlagen?

Manchmal meint man in seinem Gesicht ein winziges Zucken zu sehen.

Ihr seht Gespenster.

Wieso? Kann doch sein! Aber vielleicht sehe ich das auch bloß, weil's unsereinem so gehen würde mit diesen Fliegen.

Selbstmörder sollen ja einen Steifen kriegen, zumindest wenn sie sich erhängen.

Muss das jetzt sein, Fred!?

Wenn man früher bei Bienen- und Fliegengesumm draußen saß, fuchtelte Mama meist wild mit der Fliegenklatsche herum, während Papa rief: Lass es doch, Hilde, lass es, du machst einen ganz wahnsinnig! Doch Mama konnte nicht aufhören, solange diese Viecher sie nicht in Ruhe ließen. Jedes Mal, wenn eine erledigt war, lautete ihr Spruch: Wespen und Fliegen muss man bekriegen, und zwar sofort und notfalls mit Mord! Es war ihr egal, wenn dabei der halbe Kuchen zermatscht wurde oder eine volle Kaffeetasse im Rasen landete, das Wichtigste, die Viecher waren hin.

Durchs verstaubte, verschmierte Terrassenfenster sieht man im Garten Joschi und Uli rauchen. Im Abstand von zwei, drei Schritten stehen sie da, halb wie einander zu-, halb wie voneinander abgewandt, als wüssten sie nichts Richtiges miteinander anzufangen. Seit eh und je zieht Joschi so ausgiebig an der Kippe, dass sie fingerbreit aufglimmt und bereits nach wenigen Zügen aufgeraucht ist. Früher durften es bei ihm nur Gitanes Maisblatt sein, die hierzulande inzwischen verboten und selbst in Frankreich selten geworden sind, wo sie noch vor zwanzig Jahren so gut wie jeder Straßenarbeiter, der mit einem Drucklufthammer die Erde zum Beben brachte, im Mundwinkel stecken hatte. Joschi zieht die Kippen immer noch mit dem Mund aus der Packung und inhaliert so tief, als wollte er seinen ganzen Leib mit Qualm ausfüllen, um ihn erst nach einer Weile in mächtigen Schwaden durch die Nase ausströmen zu lassen, während Uli sich beim Rauchen alle Zeit der Welt lässt und die Fluppen, wie er sie bis heute nennt, nach wie vor selbst dreht, mit Javaanse Jongens, wie schon zur Schulzeit, ohne dabei hinschauen zu müssen, allein mit der rechten Hand auf Hüfthöhe, solange die Linke das Päckchen verschließt, es in der Jacken- oder Hosentasche verstaut und das Feuerzeug zückt. Franziska hat mit Rauchen aufgehört, nimmt aber hin und wieder einen Zug und verdreht beim Einziehen so genüsslich die Augen, als lebten dabei die schönsten alten Zeiten wieder auf. Über Jakobs snobistische Pafferei hatten die andern bloß den Kopf geschüttelt, zumal er die länglicheren, leichteren und edler aussehenden Marken bevorzugte, die er aus einem Lederetui zückte, auf dem Handrücken abklopfte und tief zwischen die Finger steckte, wie man es bei feineren Damen gelegentlich sieht, um dann den Rauch seitlich wegzublasen, als wollte er möglichst wenig davon abbekommen. Joschi fand das affig, wogegen Uli nie begriff, wie man sich dieses parfümierte Zeug antun konnte. Ebenso ließ Jakob sich beim Optiker schon früh eine John-Lennon-Brille anfertigen, eine mit ganz normalen Gläsern, schließlich besaß er hervorragende Augen, dachte aber, dass er damit auf lockere Weise intellektueller aussieht.

Die Eberesche, deren rote Beeren im August einst glühend leuchteten, steht wie eine triste Ruine da und gibt das passende Bild zum gesamten Garten ab, der offenbar seit Jahren nicht mehr gepflegt wurde. Die üppig in die Höhe geschnellten, trotz ihrer Pracht verwilderten Rosen bilden ein regelrechtes Dickicht, an dessen Geäst schwarz gewordene Hagebuttenknospen vom Vorjahr hängen. Unterm Gesträuch liegt das vergammelte Laub vergangener Jahre, samt abgestorbener, abgebrochener Äste, während das Gras so heillos durchwuchert ist von urwaldartig ins Kraut geschossenem Löwenzahn, dass hier der beste Rasenmäher absaufen müsste.

Allmählich lässt die Hitze nach, die bis zum frühen Abend in schier greifbaren Schwaden ins Haus drückte, als wollte sie den Toten nachgerade angreifen und seine Zersetzung vorantreiben. Linda zog zwischenzeitlich sogar den roten Vorhang zur Hälfte zu, was allerdings wenig brachte. Man hätte sich einen Platzregen gewünscht, der alles wieder auffrischt. In den letzten Wochen hatte es, zumindest in dieser Ecke, immer nur geregnet, geregnet und geregnet, drei Wochen lang, vier Wochen lang, immer nur Regen, Regen beim Aufwachen, Regen beim Einschlafen, und wenn es einmal eine kurze Weile nicht geregnet hatte, schüttelten die Bäume ihr gesammeltes Nass in ruckartigen Schauern auf Straßen und Gehsteige herab. Hellte sich abends der Horizont einmal auf, hörte man in der Frühe, noch bei geschlossenen Augen, schon wieder das ewig gleiche Tröpfeln oder Rauschen, als wollte der Sommer in diesem Jahr nicht nochmals zurückkehren, während ausgerechnet heute, wo Vater tot in der hereinströmenden Sonnenflut liegt, der Himmel leuchtet, als sei Auferstehungstag.

Als Mutter beerdigt wurde, glühten die Bäume wie zum Abschied in allen satten Herbstfarben. Auch damals hätte man vor Hitze am liebsten die Jacken von sich gerissen und die Ärmel hochgekrempelt. Joschi sah in Freds schon reichlich ausgebeultem Anzug fast wie ein Fremder aus, der sich zufällig dorthin verirrt hatte und nur an seinem Bart- und Haargesträuch zu erkennen war. Fred wollte diesen Anzug, wie zu vermuten ist, nicht mehr zurück, weil ihm die Vorstellung, in Kleider zu steigen, die sein schmuddelig wirkender Schwager schon einmal getragen hatte, unangenehm war. Von der Statur her ähneln sich die beiden, nur dass Freds Bauch nicht wie der von Joschi zur kugeligen Wampe tendiert, sondern in die Breite geht und bis zur Brust reicht, wodurch er fast flach aussieht und Fred etwas Imposantes verleiht. Hast du den Anzug dabei, fragte Fred ihn vorhin, nachdem Joschi mit einem winzigen Köfferchen hier ankam, das wie vom Trödel aussieht und keineswegs den Eindruck erweckt, es hätten darin mehr als ein paar Habseligkeiten Platz. Als stünde die Beerdigung unmittelbar bevor, erklärte Fred ihm: Diesmal haben wir keine Zeit, nochmals nach Memmingen zu düsen, um dir schon wieder einen neuen zu holen!

Es grenzt an ein Wunder, dass der gleiche Joschi, vor dessen aufbrausender Rechthaberei man sich früher fürchtete, inzwischen nahezu verstummt ist. Mittlerweile macht er alles mit sich selbst aus und ähnelt mit seinem verwilderten Bart immer weniger Karl Marx als einem verlotterten Mönch, der seinen Abscheu vor einer Welt, hinter deren adretten Fassaden für ihn nur Gier und Gaunerei lauern, nicht mehr laut hinausschreit, sondern bloß noch mit innerem Kopfschütteln quittiert. Seit ein paar Jahren hat er keine Lust mehr auf Diskussionen, wie er sie früher, als er alle Welt über deren falsches Bewusstsein meinte aufklären zu müssen, ständig selbst anzettelte. Je gebieterischer Joschi überall Widersprüche diagnostizierte, in der

Gesellschaft, in den Strukturen, im System generell, desto weniger kannte sein eigenes Weltbild welche.

Als die beiden wieder zur Terrassentür hereinkommen, will jeder dem andern den Vortritt lassen, woraus beinahe ein Kabarett entsteht, an dessen Ende Joschi seinem auch an Gestalt deutlich kleineren Bruder den Arm um die Schultern legt, wie man es bei den beiden nie erlebt hat.

Wenigstens hatte er einen kurzen, schmerzlosen Tod, sagt Fred.

Woher weißt du das, will Joschi wissen.

So wie er daliegt. Wahrscheinlich Herzversagen. Vermutlich ist er eingeschlafen und nicht mehr aufgewacht.

Und der Hosenladen?

Ich hab schon öfter gehört, dass Sterbende grauenhaft unruhig werden, wenn sie merken, dass es dem Ende zugeht.

Dann war's doch nicht friedlich.

Er kann trotzdem eingeschlafen und einfach nicht mehr aufgewacht sein.

Bei den Juden, sagt Franziska, sitzen die Angehörigen sieben Tage lang im Haus des Toten zusammen, ohne ein einziges Mal hinauszudürfen.

Was willst du damit sagen, will Linda wissen.

Franziska zuckt mit den Schultern.

Die sitzen da aber erst zusammen, wenn der Tote begraben ist. Was ganz schnell gehen muss, erklärt Fred.

Papa ist aber kein Jude, sagt Linda. Und ein Moslem auch nicht.

Und was ist mit Einkaufen und Essen?

Uli wollte doch was holen.

Nein, ich meine bei den Juden, wenn sie sieben Tage das Haus nicht verlassen dürfen.

Das bringen Gäste.

Und wenn keine Gäste kommen?

Immer kommen Gäste.

Dürfen auch nur die Gäste kochen?

Nur die Gäste.

Ohne Gäste würden die Trauernden also verhungern?!

Man verhungert nicht in sieben Tagen, außerdem kommen mit Sicherheit Gäste. Und die Männer lassen ihre Bärte wachsen.

Bei dir, Joschi, sagt Fred, könnte man immer meinen, es sei gerade einer gestorben.

Wir würden hier, sagt Joschi, längst nicht mehr zusammensitzen, wenn der Tote schon unter der Erde wäre.

Bei den Juden, sagt Franziska, wird aber auch gebetet. Weil sie in dieser Zeit nicht in die Synagoge dürfen, kommt die Synagoge zu ihnen.

Was ihr nicht alles wisst!

Die dürfen nicht einmal hinaus in den Garten.

Sind ja schöne Aussichten.

Gilt doch bloß für die orthodoxen.

Da bin ich mir nicht sicher.

Klingt fast so, als wolltet ihr hier auch sieben Tage sitzen bleiben, sagt Uli.

Dir geht's doch bloß ums Rauchen. Kannst du ja draußen machen, hier drinnen aber nicht, bestimmt Linda.

Früher ist man ein Jahr lang in Schwarz gegangen, wenn einer in der Familie gestorben ist.

Aber doch nicht die Kinder.

Haben wir ja Glück gehabt.

Du musst nicht alles glauben, was dir deine Geschwister erzählen, hatte Vater die letzten Male, als sie sich gesehen oder miteinander telefoniert hatten, zu Jakob gesagt. Womit vor allem Linda gemeint war. Uli hatte sich, wie stets, aus allem herauszuhalten versucht, während Joschi froh sein musste, wenn ihn überhaupt jemand mit einbezog. Doch gleichgültig, was man von Lisas Kampfgeist hielt, mit dem sie bei Papa das Gegenteil dessen bewirkte, was sie erreichen wollte, es konnte, seit Vater sie hinausgeschmissen hatte, keiner mehr davon ausgehen, dass alles sich wieder fügen würde. Zwischenzeitlich hatte man sich damit zu beruhigen versucht, dass Vater nicht wirklich ernst meinen konnte, was er da von sich gab. Der ans Küchenbüfett geklebte Zettel mit dem dick umkreisten Namen Schmeler und seiner Telefonnummer, unter dem mit großspuriger Sauklaue stand: Herzlich, Dein Max, konnte nichts Gutes erahnen lassen. Fred hatte ihn heute Morgen als Allererstes entdeckt und Linda ahnungslos gefragt: Kennst du einen Schmeler? Hintendrauf war eine Einkaufsliste, die von einer anderen Handschrift stammte: Tomaten, Gurken, Zwiebeln, Käse.

Am liebsten hätte Linda den Zettel zerrissen und bloß noch getobt. Eine gute Stunde stakste sie gereizt auf und ab, halb Furie, halb heulendes Elend, von der Küche ins Wohnzimmer, von der Couch die Treppe hinauf, von oben nach unten, derart atemlos, dass Fred sie, nach anfänglichem Zureden und den üblichen Umarmungsversuchen, schließlich anschrie und ihr befahl, endlich die Nummer zu wählen. Doch sie schaffte es nicht, wehrte sich aber auch mit allen Mitteln dagegen, dass Fred anrief, und sei es, um nicht als die Schwache dazustehen, die ihren Mann vorschickt. Uli, der Sanfte, musste dann daran glauben, weil er als Erster der Brüder zu Hause war, Stunden bevor Joschi erst gegen drei eintraf und Jakob erst gegen sechs. Schmeler habe sich, sagt Uli, am Telefon so normal angehört, als sei es das Selbstverständlichste der Welt, dass man wieder Kontakt aufnimmt.

Besäße Uli nur ein klein wenig die Gabe der Sturheit, dann hätte er sich gewiss geweigert. Lässt es sich jedoch nicht anders machen, geht er den Weg des geringsten Widerstands, obwohl es ihm trotz seiner drei Kinder beinahe egal ist, wie viel vom Erbe bleibt, das Wichtigste, man macht sich, wie sein Motto lautet, keinen Stress. Er verdient bei den Anthroposophen nicht viel, und auch Franziska hat nur ein unregelmäßiges Einkommen, doch ihr Garten ist riesig und es wächst dort fast alles, was sie zum Leben brauchen, außer Mehl und Bier und sonst noch ein paar Kleinigkeiten.

Als Linda aus dem Haus geworfen wurde, nahm Jakob sich vor, einmal in Ruhe mit Vater zu reden. So entspannt wie möglich. Als sei überhaupt nichts vorgefallen. Als wollte er ihm einfach einen kleinen Besuch abstatten. Mal wieder vorbeischauen. Er hatte sich eigens zwei, drei Wochen Zeit gelassen, damit es nicht so aussah, als wollte ihm nun die ganze Familie auf den Leib rücken und ihn unter Druck setzen.

Wie geht's?, fragte er Papa am Telefon, als sei die Stimmung stets bestens gewesen zwischen ihnen. – Willst du das wirklich wissen, fragte Papa zurück in einem Ton, der so klang, als wollte er sich nicht verarschen lassen. – Ja, natürlich will ich das wissen. – Natürlich!? – Wie geht es dir? – Du weißt es doch. – Nein. – Es geht, wie es geht. – Verstehe. – Du verstehst gar nichts. – Klar. Aber trotzdem. Ich wollte dir nur sagen, ich komme in nächster Zeit an Ulm vorbei, Richtung München. Dachte, wir könnten uns sehen. – Kommt drauf an. –

Worauf? – Ob ich Zeit habe. – Ich kann's einrichten, wie es dir passt. – Fühl dich zu nichts verpflichtet!

Nie hatte Jakob jemandem erzählt, wie er ein paar Jahre zuvor durch die angelehnte Terrassentür geschlichen war, um Papa unangekündigt zu überraschen. Auf Zehenspitzen tapste er durchs Wohnzimmer und die leicht knarrende Treppe hinauf, wo ihm plötzlich ein Stöhnen entgegenkam, weshalb er, als sei dringend Hilfe angesagt, zwei, drei Stufen auf einmal nahm, auf der obersten jedoch merkte, dass hier kein Arzt gefordert war, zumal er durchs Schlafzimmer einen nackten, runzeligen, zusammengekniffenen Hintern zwischen zwei hochgestreckten Beinen mit gelblichen Fußsohlen auf und nieder wippen sah, mit zunehmendem Röcheln immer schneller. Offenbar hatte man ihn nicht bemerkt, er wollte auch sogleich wieder fliehen, konnte aber, in einer Mischung aus leisem Grusel und verstohlener Lust, die Augen nicht davon lassen und musste, wie unter Zwang, einfach hinstarren, so lange, bis Papa sich mit einer Art Krampf, der etwas halb Verzweifeltes, halb Wütendes besaß, die erlösende Erschöpfung erkämpft hatte und Jakob, bevor Stille einkehrte, die Treppe hinab zum Haus hinauseilte.

Damals war es Jakobs Absicht gewesen, unverhofft bei Papa aufzutauchen, doch nach dem Eklat mit Lisa kam er weder zufällig an Ulm vorbei noch musste er nach München. Er schlich auch nicht mehr durch den Garten, sondern klingelte. Einmal. Zweimal. Fünfmal. Fast fürchtete er, Vater sei gar nicht da und er umsonst hierhergekommen. Doch dann öffnete sich die Tür, Papa stand mit Jacke und Hut vor ihm, sichtlich ausgehbereit, wobei er ihn nicht sonderlich erfreut mit einem reichlich trockenen Hallo begrüßte. – Hallo Papa. – Ja. Hallo. Da bist du also. Ganz zufällig auf dem Weg nach München.

Was führt dich denn dorthin? – Fernsehgeschichten, Radio, das Übliche. – Das Übliche? Ich weiß nicht, was bei dir das Übliche ist. – Ich sage ja, Fernsehgeschichten. – Wann musst du weiter? – Ich habe Zeit. – Du hast keinen Termin? – Doch. – Wann musst du dort sein? – Übermorgen. – Und dann bist du jetzt schon hier? – Ja, ich dachte … – Ich habe doch gesagt: Zeit habe ich keine. – Klar, aber … – Du brauchst gar nicht erst hereinzukommen, wir fahren ein bisschen herum. – Okay, aber jetzt komme ich erst einmal … – Nein, wir fahren herum!

Papa wollte ihn nicht ins Haus lassen. Er sah nicht schlecht aus, trotz einer kleinen Verwilderung, als könnte er wieder einmal einen Frisör brauchen und eine Rasur. Auch ein paar neue Klamotten hätten ihm nicht schaden können. Die fädigen Silberhaare fielen ihm, wie früher nie, bis beinahe zum Nacken hinunter, das Gesicht war ein Stoppelfeld, das zerknitterte Hemd hing ihm aus der schlabberigen Hose, die er mit einem losen Gürtel, der nicht einmal durch die Schlaufen gezogen worden war, festgezurrt hatte. Er schien magerer geworden, was ihm nicht schlecht stand. Kernig sah er aus und sogar ein bisschen verwegen. Etwas an ihm strotzte nur so von störrischer Vitalität. Selten hatte man ihn so entschieden erlebt.

Wir könnten doch, schlug Jakob vor, zuerst einen Kaffee trinken, hier sitzen … – Nein. – Wieso herumfahren? – Weil ich es will. – Okay. Aber dann fahre ich. – Nein, ich fahre. Wär ja noch mal schöner.

Jakob fürchtete Vaters abenteuerliche Fahrkünste, zumindest seit er so unberechenbar geworden war. Früher war Vater weder ein Raser noch allzu leicht reizbar. Er mochte es zwar ganz flott, zumindest auf der Autobahn, doch ohne alles Tollkühne. Inzwischen ist Jakob der Meinung, dass Leute über achtzig nochmals einen Fahrtest machen sollten, vor allem wenn sie Parkinson haben. Trotz Brille schien Vater, wie man bereits bei der Rückfahrt von Mutters Beerdigung bemerkte, die Abstände nicht mehr richtig einschätzen zu können, was jedoch keine Vorsicht zur Folge hatte, sondern nur seine Sturheit steigerte. Seit einiger Zeit hielt er es für die allergrößte Selbstverständlichkeit, dass Entgegenkommende ihm auswichen, wenn er einen halben Meter über der Mittellinie fuhr. Wer Vorfahrt hatte, kümmerte ihn ebenso wenig, und wenn ihm nach Überholen zumute war, sahen sich die größten Lastwagen zur Vollbremsung gezwungen, schließlich meinte Papa getrost davon ausgehen zu dürfen, dass den anderen wenig an einem Unfall liegen konnte und sie ihm bei seinen selbstmörderischen Manövern brav ausweichen würden. Man hätte ihm Lust am Harakiri unterstellen wollen, hätte er nicht ständig den Kopf über die zahllosen Idioten geschüttelt, denen man den Führerschein entziehen müsste, weil sie bloß die Straßen verstopften. Nachdem Jakob das schon ein paarmal erlebt hatte, überlegte er sich sogar, gleich wieder abzureisen, zumal ihm klar war, dass sein Vorschlag, selbst zu fahren, das Gegenteil bewirken und Vater bloß noch geladener machen würde. Doch einen Versuch sollte es wert gewesen sein, was allerdings nur dazu führte, dass Papa richtiggehend Lust bekam, ihn auf dem Beifahrersitz zittern und versteinern zu sehen, als wollte er sagen: Wenn ich draufgehe, erwischt es auch dich, dann bin ich im Tod nicht allein.

Es war ein leuchtender Tag, an dem sie unter einem wolkenlosen Himmel hätten im Garten sitzen können, nur wollte Vater partout nicht zu Hause bleiben. Ich muss wieder einmal raus, hatte er in einem Anfall von Überschwang behauptet, es aber abgelehnt, in einen Biergarten oder ein Café zu gehen. Er wollte fahren, einfach fahren, ohne Ziel, außer dem einen, nicht mit seinem Sohn ruhig an einem Tisch sitzen zu müssen und sich stattdessen bei herrlichstem Wetter durch den Ulmer Verkehr zu schlängeln.

Hier, fing er – mit der Linken das Steuer in der Hand, mit der Rechten herumfuchtelnd – zu schimpfen an, hier stand einmal der Möbel Mutschler, jetzt ist er weg! Und da das Autohaus Brill. Auch nicht mehr da! Und da der Sport Moser. Auch weg! Und da drüben in der Platzgasse die Buchhandlung Bader. Alles nicht mehr da! Wie weggefegt. Aus und vorbei. Kennst du noch das Café Hug? Ich wollte dort letzten Sommer wieder einmal einen Streuselkuchen essen, es war der beste, den du weit und breit kriegen konntest, aber das Café Hug gibt es nicht mehr! Kein Café Hug mehr und kein Streuselkuchen! Und beim Musik Reisser wollte ich mir ein paar CDs kaufen. Auch nicht mehr da! – Den Musik Reisser gibt's noch, sagte Jakob. – Nein, behauptete Vater. – Doch, es gibt ihn noch. – Nein. – Es gibt ihn auf jeden Fall. – Woher willst du das wissen? – Ich weiß es. – Es gibt ihn nicht mehr, verdammt, ich war doch dort. Da ist jetzt ein Schuhladen drin. – Er ist bloß umgezogen, schon vor Jahren. – Der Musik Reisser? – Ja, der Musik Reisser. – Und wohin? – Ich glaub, er ist jetzt in der Nähe von der alten *Lichtburg*, zumindest irgendwo da um die Ecke. Wenn du CDs brauchst, kannst du auch in die Drogerie Müller oder in den Saturn gehen. Die haben das auch. Vielleicht sogar mehr. Oder sag mir, was du brauchst, ich bring sie dir nächstes Mal mit oder schicke sie dir. – Ich brauch keine CDs. – Was? – Ich brauch keine CDs. – Du hast doch gerade gesagt, dass du dir beim Musik Reisser ein paar CDs kaufen wolltest. – Nein. – Was dann? – Ich wollte einfach in den Musik Reisser, schauen, ob's da noch CDs gibt. – Klar gibt's da CDs. – Wieso klar? – Weil es ein Musikgeschäft ist. – Nicht jedes Musikgeschäft hat CDs. – Was dann? – Instrumente. – Stimmt. – Und wenn er umgezogen ist, verkauft er jetzt wahrscheinlich auch keine CDs mehr. – Wieso nicht? – Weil er bloß noch Instrumente verkauft. – Warum soll er bloß noch Instrumente verkaufen? – Warum wäre er sonst umgezogen? – Vielleicht war die Ladenfläche zu klein oder die Pacht zu hoch. – Ich glaube nicht, dass es ihn noch gibt. – Wir können ja schauen. – Ich will doch nichts kaufen. Ich weiß nur, dass von den Geschäften, die es hier vor zwanzig Jahren noch gegeben hat, so gut wie keines mehr da ist. – Der C&A ist noch da, und auch der Abt am Münsterplatz, und auch der Hertie. – Den Hertie gibt's längst nicht mehr. – Aber ich bin doch letztes Mal dran vorbeigelaufen. – Aber nicht am Hertie. – Doch. – Das ist nicht mehr der Hertie, auch wenn er so aussieht wie der Hertie. Da ist Kaufhof drin oder Karstadt oder so was. Den Hertie gibt's nicht mehr. Aus und vorbei. So wie überall. Was du da heute angeboten kriegst, ist reinster Schrott. Schrott vom ersten Tag an. Kaum hast du es gekauft, kannst du es wegschmeißen. Und wenn du einen Handwerker brauchst, lacht der dich aus, weil du den Zauberstab reparieren lassen willst. Einen Zauberstab, der noch keine zwei Jahre alt ist. Früher haben die zwanzig gehalten. Zwanzig und mehr. – Aber wenn du CDs brauchst, sag es mir. CDs gehen nicht so schnell kaputt. – Ich brauch keine CDs.

Vater hatte sich tatsächlich verändert. Früher war er weder so unleidlich gewesen noch so herrisch und stur. Soweit Jakob zurückdenken kann, hatte Papa sich nie sonderlich für den Wandel des Stadtbilds interessiert. Er war selten in die Stadt gegangen, zumindest nicht in die Innenstadt. Morgens fuhr er ins Krankenhaus auf den Safranberg, abends saß er zu Hause herum, außer Mutter schleppte ihn ins Theater. Die Arbeit und das Daheim, etwas anderes gab es nicht, außer an Ostern, Pfingsten und im Sommer die Ferien am Lago, wofür er sich hin und wieder etwas zum Schmökern in der Buchhandlung Bader besorgt haben mag, wo sich vor allem Mama regelmäßig mit Kunstbänden eingedeckt hatte. Dass Vater je beim Musik Reisser ein und aus gegangen wäre, konnte Jakob sich beim besten Willen nicht vorstellen. Seine Fachbücher, die mit allem, nur nicht mit Musik zu tun hatten, bestellte er meist telefonisch und ließ sie sich in die Klinik bringen oder nach Hause schicken. Einem Chefarzt trug man die Dinge damals noch hinterher. Dass er je mit Einkaufstüten durch die Stadt gelaufen wäre, ist schier undenkbar.

Joschi und Jakob dagegen waren Stammgäste im linken Buchladen, wo die Regale von oben bis unten mit den blauen Bänden bestückt waren und ein Dutzend radikaler Blätter auslagen, vom *Informationsdienst zur Verbreitung unterbliebener Nachrichten* über die *Kommunistische Volkszeitung*, die *Rote Fahne*, den *Roten Morgen*, die *Deutsche Volkszeitung* und *Was tun?*, die gesamte Palette der Zentralorgane aller nur erdenklichen Splittergruppen, die sich gegenseitig schlimmer als den Klassenfeind bekriegten, Trotzkisten, Spartakisten, DKPisten, KBWler, KPDler, KPD/MLer, GIMler, Reichianer, Anarchisten und so fort und so weiter, bis eines schönen Tages, gleichsam über Nacht, die blauen Bände bis auf den letzten verschwunden und durch buntere Bücher ersetzt waren, deren Titel lauteten: *Ganz entspannt im Hier und Jetzt*, *Das Klatschen der einen Hand* oder *Vom Sex zum kosmischen Bewusstsein*. Ab diesem Tag stand das Buchhändlerpaar in orangen Gewändern im Laden, wo nur noch die billigen Holzregale, die Ecke mit den Schulbüchern und die Kasse mit dem Klingelton ans Zuvor erinnerten. Mutter mochte es nicht, dass ihre Kinder sich bei diesen beiden herumtrieben, bei Leuten, die einen heute zum Kommunismus bekehren wollten und morgen zum Bhagwan.

Als sie die Neue Straße hinabfuhren, fand Jakob, dass Ulm an vielen Ecken sogar fraglos schöner geworden war, nur dass ihn in diesem Augenblick die städtischen Veränderungen wenig interessierten. Verkrampft hockte er neben Vater, der hier zwar nicht rasen konnte, aber weder auf Fußgänger noch sonst jemanden achtete und unter bösem Gehupe der andern willkürlich die Spuren wechselte, je nachdem, wo sein Blick ihn gerade hinlenkte, weshalb Jakob am liebsten immer wieder ins Lenkrad gegriffen hätte, es aber nicht wagte, aus Angst, ihn sonst fuchsteufelswild zu machen, so wild, dass die Fahrt hätte vollends zur Hölle werden können.

Eigentlich war er früher ein eher langweiliger Vater gewesen. Zu Hause hatte man wenig davon bemerkt, dass er zu den Halbgöttern in Weiß gehörte. Mit seinen Sternbildern und Landkarten konnte er die Kinder nicht gerade in Verzückung versetzen, nicht einmal mit der Modelleisenbahn, die weniger ihr Lieblingsspielzeug war als das seine. Weder eignete er sich zum Vorbild noch zum Tyrannen, wovon es im Dorf durchaus ein paar Exemplare gab. Von beidem besaß er nicht genug oder, um es richtiger zu sagen, so gut wie gar nichts. Unfallchirurg war für ihn wahrscheinlich der passende Beruf. Er hatte vor allem mit Knochen zu tun, die geflickt werden mussten, und nicht mit heiklerem Gewebe, schon gar nicht mit Psycho- und Befindlichkeitskram. Wie bei der Eisenbahn ging es ein gutes Stück weit um Mechanik. Gefühlsgetue gab es für ihn bei der Arbeit vermutlich ebenso wenig wie zu Hause, nur dass er in seinem Beruf mit Sicherheit mehr aufging als im sogenannten Kreis der Familie. In seiner Anwesenheit hatte er oft etwas Abwesendes. Das Zuhause war die

Nebenbaustelle, wo er sich ausruhen wollte. Allenfalls gegen Ende seiner Laufbahn machten ihm die ständigen technischen Neuerungen und Erweiterungen der Chirurgiekonzepte zu schaffen, weshalb er nicht unfroh war, als die Rente in Sicht kam, auch wenn es für ihn keine bloß schöne Vorstellung gewesen sein konnte, nur noch bei seiner Frau zu Hause sitzen zu müssen. Doch kaum war er pensioniert, dauerte es auch nicht mehr lange, bis Joschi dafür sorgte, dass das Alter alles andere wurde als friedlich und heiter.

Als die Kinder längst aus dem Haus waren, soll er sich, wie Mutter erzählte, manchmal in die Dachkammer zurückgezogen haben, wo bis heute die Modelleisenbahn fast den ganzen Raum ausfüllt. Wie ein Schulbub sei er, wenn sie nach Stunden völliger Ruhe nach ihm gesucht habe, vor ihr gesessen und habe jedes Mal wie zur Rechtfertigung erklärt: Ich musste schauen, ob sie noch funktioniert. Meist habe sie sich noch eine Weile zu ihm gesetzt und mit ihm den Dieselloks und Güterzügen zugesehen, wie sie über die Gleise zockelten, in Tunneln verschwanden und hinter den Bergen wieder aus der Kurve gekrochen kamen. Dort oben schien er sich wohlzufühlen, in diesem Dachverlies, wo er die Türme, Brücken und Viadukte, Bahnhöfe, Kirchen, Fabriken und Häuserzeilen immer wieder umbaute und ganze Landschaften veränderte, als wäre er lieber Städteplaner oder Gartenarchitekt geworden als Chirurg. Für die Kinder, und zwar für alle, war die Modelleisenbahn schon früh abgespielt, wogegen Vater nie das Interesse an ihr verlor, und sei es, weil er schwer zu begreifen vermochte, wie einem eine so mühsam zusammengebaute, über Jahre hinweg gewachsene, mit Aberdutzenden von Details ausstaffierte Welt von heute auf morgen nichts mehr bedeuten konnte.

Die einzige Not, die ihr kennt, ist die Not, dass ihr keine Not kennt, war sein Standardsatz. Er war überzeugt davon, dass nichts anderes als diese notlose Not Joschi zum zornigen Möchtegern-Revoluzzer werden ließ, Jakob in die brotlose Welt der Bücher trieb und Uli zu einem Hippie machte, der bis Ende zwanzig noch nichts konnte außer kiffen. Ich hätte mir das, sagte Vater, nicht erlauben können! Was weniger nach einem Vorwurf klang als nach Stolz, so wie es auch bei seinem wiederkehrenden, ins Gegenteil verkehrten Goethe-Satz der Fall war: Was du ererbt von deinen Vätern, erwirb es, um es zu vernichten! Immerhin war er derjenige, der das alles angeschafft und als Einziger etwas zu vererben hatte, ohne dass ihm selbst je etwas in den Schoß gefallen wäre.

Eigentlich hatte er nie richtig Lust, sich aufzuregen, nur ging ihm jenes manische Herumkritisieren an allem und jedem auf die Nerven, womit die Jungen den Eindruck erweckten, als lebte man hier in einem Unrechtsstaat. Mit seinem gesellschaftskritisch sich dünkenden Gemotze war Joschi für ihn nichts anderes als ein Konformist, der sich wie alle, die damals antikapitalistische Phrasen droschen, groteskerweise wahnsinnig nonkonformistisch vorkam. Woher, fragte sich Vater, diese Utopieseligkeit? Und das, nachdem man die Hitlerscheiße erst gerade hinter sich hatte und wie selten zuvor zufrieden sein konnte? Woher diese kindischen Sehnsüchte nach dem Schlaraffenland, obwohl alles da war, was man brauchte? Woher dieser Zorn, der sich als Moral ausgab, dabei aber nur von einer mäkelsüchtigen Unzufriedenheit kündete, die sich aus keiner ersichtlichen Not speisen konnte? Warum musste man alles, was nach dem radikalen Zusammenbruch wieder aufgebaut und erreicht worden war, mit moralisch verkleidetem Geifer miesmachen und damit Verachtung für diejenigen bekunden, die den Kindern diesen Wohlstand beschert hatten?

Später kam bei Vater wohl noch das Gefühl hinzu, mit seiner Nachgiebigkeit den Kindern gegenüber allmählich seinen eigenen Untergang finanziert zu haben. Warum er so lange so großzügig war, weiß kein Mensch, vielleicht sogar, weil an ihm das Gefühl nagte, immer ein ziemlich desinteressierter Vater gewesen zu sein. Fragen kann man ihn jetzt nicht mehr, ganz abgesehen davon, dass er nichts mehr aus dem Weg ging als sogenannten Problemgesprächen. Allein wenn er das Wort Problem hörte, war ihm zum Davonlaufen. Probleme, so etwas gab es in seiner Jugend nicht. Da gab es Krieg und Hunger und Flucht, aber keine Probleme. Probleme konnten nur Leute haben, die keine hatten. Probleme haben, das war für ihn eine Modeerscheinung, und mancher meinte sogar, sie zu seinem Beruf machen zu müssen.

Obwohl ihn solche Dinge durchaus aufregten, konnte er trotzdem nicht richtig loslegen, ganz anders als Max' Vater nebenan, der sich in seiner dicken Gemütlichkeit blitzschnell in einen Brüllaffen verwandeln und derart bestialisch schreien konnte, dass die Wände wackelten und man im Garten selbst dann jedes Wort verstand, wenn drüben die Fenster zu waren. Versuchte dagegen Papa einmal laut zu werden, meinte man ihm eine gewisse Mühe anzumerken. Manchmal glaubte er offenbar, mit ein paar scharfen Sätzen, die nie sonderlich scharf klangen, seinen Vaterpflichten nachkommen zu müssen, nur dass er sich dabei die Rolle des Grollenden selbst kaum abnahm. Den Kindern entging das natürlich nicht, weshalb sich ihre Furcht vor seinen so seltenen wie immer ein bisschen gespielt wirkenden Wutanwandlungen in Grenzen hielt. Fürs cholerische Fach war er schlichtweg nicht gemacht. Meist zog er es vor, bloß den Kopf zu schütteln, womit man sich allerdings blöder vorkommen konnte, als wenn er mit Geschrei übers Ziel hinausgeschossen wäre und sich damit selbst ein Stück weit ins Unrecht gesetzt hätte.

Wenn er einem vorhielt, keine Not zu kennen, klang dabei keineswegs wie bei Max' Vater eine Verherrlichung jener guten alten Zeiten mit, als noch Zucht und Ordnung herrschten, schließlich war Vater der Meinung, dass Notlosigkeit durchaus wünschenswert, pädagogisch indes leider bedenklich ist. Er konnte einfach nicht begreifen, warum als Einzige von allen Kindern nur Linda an ihrem Fortkommen interessiert war. Zwar durfte Kunstgeschichte bloß als Orchideenfach gelten, das man nicht wirklich ernst nehmen konnte, aber immerhin, sie studierte wenigstens richtig. Mit ihrem Ehrgeiz hätte sie ebenso Ärztin, Richterin oder Bankenchefin werden können, doch mit ihrem Drang zur Kunst schlug sie eben Mutter nach, was in Vaters Augen so wenig schadete wie es nützte. Mädchen brauchten nicht hoch hinaus, sie konnten heiraten, und der Rest würde sich von selbst ergeben. Dass Jakob, wie sich früh abzeichnete, auf einen brotlosen Philosophen zusteuern würde und Joschi sich bereits beim Abitur als der berühmteste Studentenführer nach Dutschke zu sehen meinte, während Uli mit Hermann Hesse in buddhistische Traumwelten abdriftete, passte Papa zwar nicht, doch anders als Max' Vater, für den Politik, Philosophie und Soziologie eine höhere Form von linker Faulenzerei waren, drohte er seinen Kindern nie damit, sie würden keinen müden Pfennig von ihm bekommen, falls sie nicht Jura oder Medizin studierten. Allenfalls zitierte er gelegentlich einen Satz von Bismarck, der lautet: Die erste Generation schafft Vermögen, die zweite verwaltet Vermögen, die dritte studiert Kunstgeschichte und die vierte verkommt.

Vater war das, zumindest unterm Strich, freilich alles nicht so wichtig. Zwar hielt auch er bloße Bildung um der Bildung willen, bei der nichts herauskommt, für L'art pour l'art, was sich nur Leute leisten konnten, die kein Geld verdienen mussten, nur wehrte er sich nicht lauthals dagegen, dass seine Kinder L'art pour l'art betrieben. Vielleicht nahm er sie nicht ganz für voll, oder er sagte sich, dass sie mit ihren Fächern bestenfalls sogar Professor werden konnten. Sie würden schon durchkommen, dachte er wahrscheinlich, welche Flausen auch immer sie im Kopf haben mochten. Bis dann eines Tages alles zu spät war, und zwar nicht erst seit Joschis Spekulationskatastrophe. Schlimmstenfalls wollte Vater, wie unbewusst auch immer, vielleicht gar nicht, dass seine Kinder es so weit brachten wie er, als würden sie ihn sonst entthronen. Weil er nicht wie Max' Vater mit der Faust auf den Tisch geschlagen hat, müssten sie am Ende ihm selbst noch die Schuld an ihrem Schicksal geben. Dabei war man froh, keinen Despoten im Haus zu haben.

Was Mutter angeht, so konnte er, wenn es abends bereits zum zweiten Mal in der Woche Saitenwürstchen mit Brot gab, ihr gegenüber bemerken: Beim Kochen hast du die Stufen der Kunst noch nicht erklommen!, was – abgesehen davon, dass es den Tatsachen entsprach – lustig klingen sollte, jedoch eine Unzufriedenheit zum Vorschein brachte, die nicht nur mit den Saitenwürstchen zu tun haben konnte. Richtig gestritten hatten die beiden nie, zumindest können die Kinder sich nicht daran erinnern. Laut jedenfalls ging es zwischen ihnen nie zu, sonderlich munter allerdings auch nicht. Richtig ausgelassen hatte man Vater nie erlebt. Alles an ihm wirkte undramatisch, was er auf Dauer womöglich selbst schwer erträglich fand. Vielleicht hatte er über all die Jahre hinweg etwas mit sich herumgetragen oder vor sich selbst versteckt, das nach Mutters Tod nicht mehr zu bändigen war, als habe er an einer Feigheit vor dem Leben gelitten, die ihm nicht auch noch das Alter vergällen sollte.

Er konnte, was gar nicht selten war, reichlich debil aussehen. So etwa, wenn er stundenlang den Kiefer hin und her bewegte, weil seine Ohren zu waren, ohne dass er Schnupfen gehabt hätte, was keineswegs unkomisch wirkte, einem beim Essen jedoch auf die Nerven gehen konnte. Beim letzten gemeinsam angeschauten Film in der *Lichtburg* bogen sie sich vor Lachen, als Jack Lemmon mit seinen Ohrenöffnungsgrimassen ein ganzes Restaurant in den Wahnsinn trieb. Es war weit weniger Jack Lemmon, weswegen sie sich nicht mehr einkriegten, als der zwischen ihnen sitzende Vater. Noch auffälliger an ihm war die Zunge, auf der er ständig herumkaute, immer im rechten Mundwinkel, so dass sich die Backe ausbeulte, was ihn zum Behinderten machte.

Dass es heimlich Frauen gab, war allein deshalb unwahrscheinlich, weil er außer zum Arbeiten kaum einmal das Haus verließ. Dass es im Bett wild zwischen ihm und Mutter zugegangen wäre, konnte man sich schwer vorstellen. Geküsst haben sie sich nie und umarmt auch nicht, zumindest nicht vor den Kindern. Ihr Verhältnis war, so könnte man sagen, sachlich, nüchtern und ein bisschen müde. Fachmännisch ausgedrückt, hätte Vater diesen Zustand vermutlich als erotische Asthenie bezeichnet. Aus Furcht vor Turbulenzen, die ihn nicht mehr ruhig hätten schlafen lassen, traute er sich vielleicht auch kein Abenteuer zu. Bis er auf einmal im Alter meinte, sich noch in einen späten Sturm begeben zu müssen, der ihn am Ende seiner Tage für alles, was er verpasst hatte, entschädigen sollte. Anders als Linda behauptet, hatte das mit einem Doppelleben à la Dr. Jekyll und Mr. Hyde allerdings reichlich wenig zu tun. Es handelte sich um eine Abspaltung von der Familie, um einen Abschied, Aufbruch in eine Welt, in der seine Kinder nichts mehr zu suchen hatten.

Inzwischen mag ich sogar Oper, sagte Papa während der Autofahrt plötzlich. War ja nicht immer so. Das heißt, ich hatte nie etwas gegen Oper, aber gepackt hat sie mich auch nie. Doch jetzt, im Alter, würde ich sogar noch in die Oper gehen. – Kannst du ja machen, sagte Jakob. – Könnte ich machen, tu's aber nicht. – Und warum nicht? – Wenn man nichts zu tun hat, hat man abends das Gefühl, dass der Tag trotzdem ziemlich lang war, sogar ermüdender als früher, wo ich nach einem Zehnstundentag von der Arbeit heimkam. Da kannst du nicht mehr in die Oper, war ja schon früher anstrengend genug. – Die Arbeit? – Nein, die Oper. – Dann leg dich vorher ein, zwei Stündchen hin oder auch länger. – Wieso? – Dann bist du abends wach. – Wozu? – Für die Oper. – Ich hab dir doch gesagt, ich geh nicht in die Oper. Hab das oft genug gemacht mit der Hilde zusammen. – Aber damals mochtest du Opern nicht, jetzt magst du sie. – Sie sind zu lang. – Was? – Opern sind zu lang. Eine Stunde würde vollkommen reichen, mehr nicht. Auf keinen Fall drei. Wenn man's nicht mag, ist's ohnehin unerträglich, und wenn es einen packt, nimmt's einen zu arg mit. Eine Stunde wäre genau das Richtige. Nicht mehr und nicht weniger. – Es gibt auch Opern, die bloß eine einzige Stunde dauern, sagte Jakob. – Die spielen sie hier nie, behauptete Papa. – Kennst du sie? – Die spielen sie hier nie, glaub's mir. – Du könntest, wenn sie länger dauern, auch in der Pause gehen. – Und wenn die zweite Hälfte besser ist? – Dann kommst du erst in der Pause. – Man weiß es vorher aber nicht. – Wenn du dir die Oper vorher zu Hause anhörst, weißt du es. – Ich hör zu Hause keine Opern. – Dann geh doch das eine Mal einfach in die erste, das andre Mal in die zweite Hälfte. – Und wenn dann einer auf meinem Platz sitzt? – Wenn du eine Karte hast, gehört der Platz dir, auch wenn in der ersten Hälfte jemand auf deinem Platz gesessen ist, der dafür keine Karte gehabt hat. Ist nicht wie im Zug, wo die Reservierung nach zwanzig Minuten verfällt. – Ich will nicht in die Oper. – Du hast doch gerade gesagt … – Ich habe gesagt, wenn sie eine Stunde dauern würde!

Bei allem Bockigen, das er inzwischen an sich hatte, bekam Jakob zunehmend Lust, sich mit ihm zu unterhalten. Irgendwann standen sie auf einem Parkplatz an der Donau, wo Vater zwar den Motor nicht ausschaltete, man aber wenigstens nicht mehr um sein Leben bangen musste. Vater war ihm fremder und zugleich näher denn je. Solange man die heiklen Themen aussparte, das Haus, die Hure, die Entmündigungs- und die Schlüsselgeschichte, konnte man das Gefühl haben, mit einem Sonderling zu reden, der einen immer mehr zu interessieren begann. Man musste ihm einfach das Recht zugestehen, auf seine alten Tage noch einmal ein eigenes Leben zu führen. Vielleicht hatte ihm das tatsächlich immer gefehlt, selbst wenn er nicht wusste, was ihm genau fehlte, und es allenfalls ahnte, sich jedoch bis zu Mutters Tod im Griff haben wollte. Mit Parkinson war er gestraft genug, man durfte ihm nicht noch moralisch kommen und dabei nur panisch an seinen Eigennutz denken. Wer von ihnen hatte sich je wirklich um ihn gekümmert? Zwar hatten die Kinder ihn immer wieder angerufen: Wie geht's, wie steht's? Alles in Ordnung? Hast du genug zu essen? Doch damit hatte es sich auch fast schon. Es waren die immer gleichen Fragen, es kamen die immer gleichen Antworten. Nach Mutters Tod hatten sie ihn gedrängt, sich eine Putzhilfe zu nehmen, ohne ahnen zu können, dass sich auf solche Anzeigen auch Damen mit deutlich weiterreichenden Absichten melden.

Anders als Ulm, das Jakob gar nicht mehr so farblos fand wie früher, waren die Dörfer, durch die sie kamen, keineswegs schöner geworden. Auf den Straßen lagen kaum noch Dreckklumpen von Traktorreifen und schon gar keine Kuhfladen, auch dampfende Misthaufen und Mähdrescher waren nicht mehr zu sehen, sowenig es nach Gülle roch und nach Silo. So gut wie alle Läden hatten längst dichtgemacht, wie auch in Geigingen daheim, wo es bei damals knapp zweitausend Einwohnern sieben Wirtshäuser, vier Lebensmittelgeschäfte, zwei Brauereien, zwei Bäcker, zwei Metzger, ein Flaschner-, ein Sattler- und ein Schuhgeschäft, eine Schneiderei und sogar eine Uhrmacherwerkstatt gab, in deren Fenster von morgens bis abends der Herr Sättele mit seiner ins rechte Auge geklemmten Lupe saß und vollkommen versunken mit seinen klitzekleinen Schräubchen und Rädchen beschäftigt war. Als Kinder stapften sie jeden Abend mit der zerdellten Milchkanne zur Molkerei und tranken auf dem Rückweg gleich die Hälfte der kuhwarmen Milch. Heute erinnern nicht einmal mehr Schilder an diese Läden, sieht man einmal ab von der Metzgerei Dosch, die zwar geschlossen ist, deren Name aber in altdeutschen Buchstaben noch über den ehemaligen Schaufenstern prangt.

Damals lagen Felder und Wiesen zwischen ihnen und der Stadt, die inzwischen alle verschwunden sind. Neubau reiht sich an Neubau, mit Garten- und Supermärkten, Möbel- und Autohäusern, wo früher ein paar alte, halbzerfallene Lagerhallen standen und ein Schrottplatz aufragte. Ebenso gab es dort einen Schuppen mit verrosteten Eggen und Pflügen, in dem sie als Kinder gespielt hatten, was wegen Einsturzgefahr verboten war, den Reiz aber nur erhöhte. Und nun lässt sich kein einziges Muh und Mäh mehr vernehmen und auch kein Kikeriki und kein Gegrunze und keine Häcksler- und Gebläsegeräusche, sowenig dort noch wie früher Enten am Bach entlangwackeln. Nur die Kirchenglocken sind geblieben mit ihrem Angelusläuten und ihren viertelstündlichen Schlägen.

Mindestens ein Mal im Jahr ratterten damals, vor allem nachts, Hunderte von Jeeps und Panzern durchs Dorf, so dass die Häuser bebten, lauter Amerikaner, die aus ihrer Neu-Ulmer Kaserne zu Truppenübungen in die Wälder, Felder und Wiesen hinauszogen und zwei Wochen später, bei ihrer Rückkehr, eine verwüstete Flur hinterließen. Manchmal rannten sie dann mit einem über den Schlafanzug geworfenen Mantel zur Hauptstraße hinüber, um sich dieses Schauspiel, das eine gruselige Größe besaß, anzusehen. Auch jagten täglich Düsenjäger mit höllischem Krach übers Dorf, manchmal so tief, als wollten sie den Kirchturm schleifen. Zu Weihnachten startete die Post Paketaktionen für die Brüder und Schwestern in der Ostzone, von denen man wusste, dass sie nicht einmal Bananen zu essen kriegen. Selbst Italien hielten die Kinder damals für ein armes Land, schließlich kamen von dort zahllose Gastarbeiter, die genauso ärmlich wie jene Griechen aussahen, die in Geigingen eines Tages die Schotterwege aufrissen und Rohre legten, um das Dorf an die Kanalisation anzuschließen. Sie schliefen in Bauwagen, wo man sie sonntags bei Brettspielen und beim Briefeschreiben beobachten konnte, und so unversehens, wie sie aufgetaucht waren, waren sie mitsamt ihren Planierraupen, Zementmaschinen und Loren auch wieder verschwunden. Inzwischen ist Geigingen eingemeindet und ein Ulmer Stadtteil geworden, in dem es, von einer Imbissbude im Industriegebiet abgesehen, außer dem *Adler* keinen einzigen Gasthof mehr gibt.

Vater fuhr donauaufwärts Richtung Öpfinger See, wo sie früher öfter spazieren gegangen waren und die Kinder sich ein bisschen wie Huckleberry Finn und Tom Sawyer fühlten. In den von Gebüsch und Bäumen versteckten Buchten lagen damals meist lecke, herrenlose Boote, an den Hängen standen Wochenendhäuschen aus Holz mit Veranden, die nicht mehr die neuesten waren und sich mühelos aufbrechen ließen. Der See war mit Hunderten von Schwänen bevölkert und besaß in seiner Mitte eine von Kot überzogene winzige Insel, auf der nur eine einzige Trauerweide Platz fand, um die sich massenweise Wasservögel drängten, Enten, Haubentaucher und Blässhühner, die in die ländliche Stille hineinschnatterten und -fiepsten, bis eines Tages alles Wasser abgelassen wurde und die Vögel verschwanden. Gleichsam über Nacht überwucherten Sumpfpflanzen das Gelände, denen man beim Wachsen regelrecht zuschauen konnte und dabei fast fürchten musste, dass sie sich endlos ausbreiten und nirgends mehr haltmachen würden. Papa hatte bei diesem Anblick zu den Kindern gesagt: Hier könnt ihr sehen, dass man der Natur Einhalt gebieten muss, sonst frisst sie einen auf!

Ebenso lag dort draußen einmal gegen Herbstende über Wochen hinweg ein totes Reh, das die Heerscharen wuseliger Maden jedes Mal, wenn sie dort vorbeikamen, zerfressener zurückgelassen hatten, als steckten in ihnen unersättliche Raubtiere, deren Saugwerkzeuge einem Angst und Schrecken einjagten, würde man sie mit Augen sehen. Am Ende war von dem Reh außer ein paar Fell- und fein polierten Knochenresten nicht mehr das Geringste zu sehen.

Wie um nochmals in die Kindheit zurückzukehren, waren sie am Tag nach Mutters Beerdigung mit Papa nach langer Zeit wieder einmal an diesen See gefahren, und alles war da wie früher: die verschissene Insel mit der Trauerweide, die Schwäne, Enten und Blässhühner. Jakob hatte in einem der Holzhäuschen, von denen inzwischen nur noch ein einziges an den niederen Hängen steht, zum ersten Mal mit einem Mädchen geschlafen. Sie waren allenfalls zwei, drei Wochen zusammen, kannten sich kaum, hatten sich auch gar nicht richtig ausgezogen und bloß die Hosen offen, als wollten sie es hurtig hinter sich bringen und in aller Eile auf dem Bretterboden ausprobieren, ob es überhaupt geht, was ein reichlich krampfiges Hin und Her ergab, bei dem von Lust nicht viel zu spüren war. Sie waren in die Hütte eingebrochen, es muss nach einem Dorffest gewesen sein, im Alter von sechzehn oder siebzehn. Auf dem Tisch lagen ein Nagelknipser, ein Vierfarbkuli und ein Kreuzworträtsel, in das sie, bevor sie wieder abhauten, noch ein paar Begriffe eingesetzt hatten, woran Jakob sich deutlicher erinnert als an das, was davor geschehen war. Muffig hatte es gerochen, nach Schimmel und feuchtem Holz.

Danach schlief Jakob wochenlang miserabel, aus panischer Angst, sie könnte schwanger sein, ohne dass er sich bei ihr traute nachzufragen, in schlaflosen Stunden jedoch am liebsten zu Mama geschlichen wäre, um sie anzuflehen, ihm beizustehen. Vielleicht wollte er es ihr, wie um sich loszusprechen, auch nur beichten. Es war geschehen und nicht mehr rückgängig zu machen, nur dass er meinte, diese Last allein kaum tragen zu können. Bald darauf hatten er und das Mädchen sich auch nicht mehr gesehen, geredet hatten sie ohnehin nie darüber. Ihre Wege sollten sich nie wieder kreuzen. Es hatte sich wie von selbst erledigt. An Sehnsuchtsgefühle kann Jakob sich nicht erinnern.

Am See fließt die Donau vorbei, die in ihrem bisherigen Verlauf am Rand der Alb entlang lediglich ein paar Bäche verschluckt hat und hier längst noch kein Strom ist, sondern bloß ein Flüsschen, das erst kurz vor Ulm an Breite gewinnt, wenn sich die vom Allgäu herabschlängelnde, an Memmingen vorbeifließende Iller in sie ergießt. Doch davor, in der Nähe der einstigen Geiginger Müllhalde, über der früher meist ein Hauch von Rauch zu schweben schien, hinterließ sie im Laufe der Jahrtausende von Schilf und Gestrüpp eingefasste Altwasser, die müde vor sich hin dümpeln. In diesen stillstehenden, sumpfigen, vermoosten Tümpeln, aus denen gelegentlich glupschige Froschaugen schauen, leben vereinzelt Schwanenpaare, die entsetzlich fauchen, wenn man sich ihnen durchs Gesträuch nähert. An sonnigen Tagen glänzen dort Spinnweben, die aussehen, als seien sie tausend Jahre alt. Ohne je in den Mississippisümpfen gewesen zu sein, meint man sie hier ein wenig kennenzulernen, wenn auch nur auf kleinstem Raum und in Miniatur. Im Sommer, wenn man sich in diesem lianenartigen Geschlinge mit seinem abgestorbenen, zersplitterten, verflochtenen Geäst kaum retten kann vor Stechmücken, wirkt dieser Frieden ein wenig unheimlich, als befinde man sich in einer vorzeitlichen Welt, die von Menschen nichts wusste.

Jeder Vogellaut und jedes Knacken, selbst wenn sie aus greifbarer Nähe kommen, klingen in diesem Abseits, als verlören sie sich in endlosen, einsamen Fernen, die, kaum verklungen, jedes Mal aufs Neue die Stille hörbar werden lassen. Bei der alten Pappelallee, deren Laub mit sich selbst zu spielen scheint und zitterig im Licht flirrt, sieht man zuweilen den einen oder anderen Angler, der wie aus der Zeit gefallen scheint. Einst führte diese Allee die Donau entlang bis fast in die Stadt, doch als nach dem Krieg, weiter drinnen im Land, die Bundesstraße gebaut wurde, fing sie an zuzuwachsen. Davor hatte sie als Landstraße gedient, auf der, wie man sich im Dorf erzählte, ein Mal in der Woche ein berühmter Ulmer Doktor mit seinem DKW in den damals noch existierenden *Löwen* gefahren kam, wo sich die besseren Herrschaften zum Speisen trafen. Nach Mitternacht soll er jedes Mal sturzbetrunken nach Hause zurückgefahren sein, wo neben seinem Bett, wie es hieß, der Sarg gestanden habe, in dem er begraben werden wollte.

Die Donau besitzt hier noch nichts von einem bedeutenden Fluss, und auch in ihrem weiteren Verlauf lässt sie sich nirgends mythisch überfrachten wie der Rhein mit seiner Loreley und seinem dunkel dräuenden Nibelungen- und Wagnerzauber. Ihr fehlt alles Teutonische, Urgewaltige und schwerblütig Romantische, was allein die Tatsache beweist, dass man sie vor allem mit einem Johann-Strauß-Walzer in Verbindung bringt, in dem behauptet wird, sie sei blau, was überhaupt nicht stimmt. Weder reimt sie sich wie der Rhein auf Wein noch ist sie alle paar Meter von sagenumwobenen Ruinen umsäumt, sondern von Klöstern und Burgen, deren Kaisergelb vom Glück im Winkel der Habsburgerzeit kündet. Gleich nach ihrem Ursprung verschwindet sie wieder und scheint sogar zu versickern, bis sie dann erneut auftaucht, um sofort nochmals zu verschwinden. Zwischen Oktober und Ostern sorgt sie für dichte, tagelange Nebel, die von der Terrasse aus kaum etwas vom Gartenzaun erahnen lassen, weshalb man an den Wochenenden oft auf die Alb fuhr, wo man sich einen blauen Himmel erhoffte, während im Tal manchmal über Wochen hinweg kein einziges Mal die Sonne zu sehen war. In eine so schwermütig dösende Welt möchte man nicht zurück, denkt Jakob. Was sollte er hier tun, zumindest im Spätherbst und Winter? Sich vergraben, das Bett kaum verlassen, die Tage mit Geschlurfe und Herumsitzen totschlagen und nur auf den Abend warten, bis man sich wieder in die Nacht hinein trinken kann?

Mit Leib und Seele war Papa bei Ausflügen nie dabei. Gewiss sagte er sich, dass Ausflüge eben zum Familienleben gehören. Zumindest meinte das Mama. In den Kirchen und Museen konnte ihn ein nur schwer zu unterdrückendes Gähnen überkommen, in dem sich eine Müdigkeit von kosmischen Ausmaßen kundzutun schien, bei der sein Mund, wie sehr er ihn auch zuhalten mochte, zum regelrechten Schlund wurde. Besichtigte man am Wochenende das Donaueschinger Schloss oder die Birnau am Bodensee, schaute er sich das alles mit einem bemüht wirkenden Interesse an, redete nicht viel und war froh, wenn es wieder Richtung Ulm ging. Erst wenn er im Auto das Steuer wieder in der Hand hatte, kehrte für ihn das Leben zurück.

Schlurfte er bei diesen Ausflügen, seine Zunge im Mundwinkel kauend, neben Frau und Kindern her, malte Jakob sich manchmal aus, wie es wäre, wenn man ihn unterwegs einfach verlöre. Obwohl er Vater keineswegs loswerden wollte, empfand er bei diesem Gedanken auch nichts Schmerzliches, sondern allenfalls einen Hauch von linder Trauer, die das Leben intensiver machte. Jakob stellte sich vor, dass es schlichtweg passierte, gleichsam nebenbei, ohne jedes Aufheben. Er wäre einfach weg gewesen, von jetzt auf gleich, wäre fälschlicherweise in eine Gasse abgebogen, aus der es kein Zurück mehr gab. Man hätte noch eine Weile seiner gedacht, so lange, bis sein Bild selbst im Gedächtnis erloschen wäre.

Auf der Wiese standen Pferde, die sich nicht vom Fleck rührten, als schliefen sie mit offenen Augen, während ihr Schweif hin und wieder Fliegen vertrieb und ihre Haut von Zuckungen durchwellt wurde. Manchmal stampften sie auch auf und schnaubten, um dann wieder reglos dazustehen. Am Himmel kreuzten sich Kondensstreifen, die im Blau verschwammen, während Jakob mit seinem Vater bei offenem Dach im Auto saß, auf einem Feldweg, wenige Schritte vom Öpfinger See entfernt, bei laufendem Motor.

Du könntest doch mit dieser Frau in die Oper gehen, versuchte Jakob ihn aufzumuntern. – Mit welcher Frau? – Mit der Frau, mit der du … – Meine Krankenhelferin? – Ja. – Man geht doch nicht mit der Krankenhelferin in die Oper. – Ich dachte, ihr kennt euch besser. – Jetzt fängst du auch noch an! – Ich dachte nur … – Ich weiß, was ihr denkt. – Ich weiß nicht, was du denkst, dass ich denke. Ich wollte ja nur … – Hört auf, mir Ratschläge zu geben! – Ich dachte ja nur, weil du von der Oper geredet hast. – Ich geh nicht in die Oper. – Dann ist ja alles gut.

Mutter wäre gerne öfter mit ihm ins Theater gegangen, vor allem in die Oper, was er, so gut es ging, abwehrte, und sei es aus Furcht, dabei einzuschlafen und in der Pause, falls Kollegen mit ihren Gattinnen im Foyer bei einem Glas Sekt herumstanden, kluges Zeugs von sich geben zu müssen. Wenn er einmal mitging, trank er davor zwei Gläser Wein, was ihn noch müder machte, ihn aber nicht daran hinderte, in der Pause zwei weitere zu kippen, um sich wenigstens ein bisschen benebelt zu fühlen. Mama wäre auch gerne einmal nach Bayreuth gepilgert, und zwar weniger wegen Wagner, dessen endlosem Gewalle und Gewoge sie Verdis Schlagerparaden entschieden vorzog, als um es wenigstens ein einziges Mal erlebt zu haben. Nur musste man damals die Karten noch Jahre im Voraus bestellen oder Beziehungen besitzen. Weil aber Vater, der durchaus Beziehungen hätte spielen lassen können, auf diese Beziehungen keinen Wert legte, gab es für Bayreuth auch nie Karten.

Keines der Kinder hätte einen jener Väter aus dem Dorf zum Vater haben wollen, die ihre Kinder jeden zweiten Tag anschrien: Solange du deine Füße unter meinem Tisch hast, wird getan, was ich sage! Auch hätten sie nicht in Häusern wohnen wollen, wo in den Fluren geschnitzte Holztäfelchen mit Sinnsprüchen wie *Sparsamkeit hat immer Brot, auf Verschwendung folget Not!* hingen und die Schmalz- und Griebengerüche und manchmal sogar ätzender Abortgestank selbst nach wochenlangem Lüften nicht mehr wegzubekommen waren. Sie waren froh, am Dorfrand zu wohnen, wenige Schritte von der Donau, im Abseits unter den Zugezogenen, die selbst nach vierzig und fünfzig Jahren noch nicht dazugehörten oder auch nicht dazugehören wollten. Sie waren froh, dass ihr Vater nicht am Stammtisch saß und Sprüche klopfte, bei denen einem die Haare zu Berge standen, und dass man nicht wie die Dorfkinder jeden Sonntag in die Kirche gehen und spätestens mit zehn oder elf in den Musikverein oder den BDKJ eintreten musste. Vor all dem waren sie verschont geblieben, und noch vor viel mehr.

Plötzlich sagte er auf dem Feldweg am See: Ihr seid nicht meine Eltern, die mir zu sagen haben, was ich machen darf und was nicht. Sag das mal deiner Schwester. Und dir sage ich es auch, damit du erst gar nicht mit dem ganzen Wahnsinn anfängst.

Wahnsinn?

Ja, Wahnsinn!

Jakob wagte Papa nicht ins Gesicht zu sagen, dass der Wahnsinn ganz auf seiner Seite lag. Er war sich auf einmal auch gar nicht mehr sicher, ob es sich tatsächlich so verhielt.

Mein Leben lang habe ich gedient, jetzt bin ich dran, sagte Papa auch diesmal wieder. Jakob schaute ihn an, als verstehe er nicht, obwohl er ganz genau verstand. Er verstand und verstand nicht.

Ja klar, pflichtete er ihm bei, was immer Papa damit gemeint haben mochte. Vielleicht wollte er es den Kindern heimzahlen, dass sie ihn jahrzehntelang gehindert hatten, seine Unruhen auszuleben. Vielleicht befand man sich zu Hause immer schon kurz vor einem Krieg, der bis zu Mutters Tod nur nie ausgebrochen war. Vielleicht wusste Vater aber auch gar nicht, was alles in ihm rumorte. Vielleicht kaute er ständig wie nicht ganz bei Sinnen auf seiner Zunge herum und versuchte seine Ohren freizukriegen, weil es der einzige Weg war, mit diesem langweiligen Leben, bei dem nur die Kinder für Sorgen sorgten, halbwegs fertig zu werden.

Mein Leben lang habe ich gedient! Nie hatte man früher einen solchen Satz aus seinem Mund gehört. Erst als Joschi Schande über den Namen Nido brachte, konnte er manchmal kaum noch an sich halten und fing bei den seltenen Zusammenkünften an zu jammern: Womit habe ich das verdient!? Womit? Ihr habt alles gekriegt und nichts dafür getan! Womit habe ich das verdient?! Im Alter allerdings war von Weinerlichkeit nichts mehr zu spüren, als habe er sich vorgenommen, ab jetzt selbstbestimmt zu leben, was wiederum den Kindern nicht gefallen wollte, zumindest nicht in der Weise, wie Vater das machte.

Auf dem Rückweg war er sichtlich ruhiger und fuhr auch nicht mehr wie ein Berserker, als habe es ihm gutgetan, ein paar Ding klipp und klar zu sagen. Als sie daheim vor der Tür standen und Vater ihm lange die Hand drückte, fragte Jakob: Willst du mich nicht reinlassen? – Ich dachte, du musst nach München. – Ja, aber erst übermorgen. – Was machst du noch mal in München? – Termine, Radio, Fernsehen. – Läuft's gut? – Na ja. – Sag jetzt bloß nicht, du brauchst wieder … – Nein, nein. – Ich muss mich jetzt hinlegen. – Ich wollte eigentlich hier übernachten. – Das geht heute nicht. – Warum? – Weil es nicht geht. – Ich bin hier daheim. – Ihr schaut jahrelang nicht vorbei, keiner von euch, außer um an Weihnachten eure Kuverts mit einem Tausender abzuholen, und dann, wenn es euch gerade mal passt, weiß Gott warum, steht ihr von jetzt auf gleich vor der Tür und sagt: Ich bin hier daheim. – Papa, du bist so komisch geworden. – Ich weiß nicht, was an mir komisch sein soll, bloß weil ihr noch nicht erwachsen seid, aber meint, ihr müsstet mir die Leviten lesen wie einem ungezogenen Kind. Und wenn es nicht spurt, droht man ihm mit Entmündigung. Das ist doch, was ihr im Schilde führt, ihr alle zusammen. – Ich nicht. – Lüg nicht. – Ich lüge nicht. – Dann tu, was du willst, ich will jetzt meine Ruhe haben. – Ich lass dich in Ruhe, ich will hier nur schlafen. – Und ich will, dass ich heute allein bin. – Weil du dein Leben lang gedient hast und jetzt Ruhe brauchst? – Genau. – Was meinst du mit gedient? – Was ich damit meine? – Ja. – Das, was ich sage. Nicht mehr und nicht weniger. – Klingt nach mehr als genug. – Wenn du meinst. – Sag mir doch, was du damit meinst? – Ist das so schwer? – Nein, ja, irgendwie … – Stell dich nicht dumm!

Fast hatte er jetzt etwas an sich von einem seltsam souveränen King Lear, der ebenfalls, bevor es zu Ende ging, glaubte, sich in einen späten Sturm stürzen zu müssen, und dabei vom Wahnsinn gepackt wurde, während dieser King Lear hier sich gar nicht erst mit seinen Kindern ins Benehmen setzen und die Erbschaftsfragen gütlich regeln wollte, als habe er von Shakespeare gelernt, dass es überhaupt nichts bringt, von den Kindern geliebt und respektiert zu werden, und man besser jede Hoffnung, von der man sich ohnehin nichts kaufen kann, fahren lässt. Immerhin war sein Eindruck nicht völlig unberechtigt, dass die Kinder ihn nach Mutters Tod fast nur anriefen oder zu ihm kamen, wenn es um eine Anschaffung ging oder schlichtweg um Bares.

Ja, ja, sagte Vater wie selbstvergessen auf der obersten Treppenstufe und fing an, Jakob nachzuwinken, der immer noch unten im Kies stand. Ja, ja, sagte er nochmals, so wie man es früher von ihm kannte, ohne dass man wusste, was er damit sagen wollte. Es konnte Zustimmung bedeuten oder Ergebenheit ins Schicksal oder beides zugleich. Er sagte es einfach vor sich hin, als eine Art Summe, wofür auch immer: Ja, ja. Es konnte alles bedeuten und nichts, aber auch heißen: Jetzt reicht's, es ist alles gesagt.

Dort oben auf der Treppe stand King Lear als ganz und gar nicht grandiose Bühnenfigur, ein alter Mann, der seinen Weg alleine geht und sich selbst aussucht, wen er in seinen letzten Jahren noch um sich haben will und wen nicht, als habe sein eigenes Erwachsenwerden auch erst mit dem Tod der Mutter begonnen.

Und dann, bevor er den Schlüssel umdrehte und hinter der Tür verschwand, sagte er, nur mehr halb seinem Sohn zugewandt, noch den Satz: Alles Weitere wird Max regeln.

Jakob gingen diese Worte noch eine Weile durch den Kopf, doch er kam nicht im Geringsten auf den Gedanken, dass damit Max Schmeler gemeint sein könnte. An eine absurdere Verbindung als diese ließ sich nicht denken. Vielleicht hatte er auch nicht richtig verstanden, und Vater sagte: Alles Weitere wird man regeln.

Weil er daheim in Geigingen buchstäblich auf der Straße stand, hatte Jakob Linda angerufen, ob er noch kommen könne. Höchste Zeit, sagte sie zu ihm, endlich kapierst auch du, was Sache ist. Lieber hätte er die Nacht bei Uli und Franziska verbracht, doch um diese Tageszeit wäre er nur mit Mühe dorthin gelangt, in eine Gegend, wo abends gegen acht der letzte Bus verkehrt und man an gottverlassenen Haltestellen herumsteht, wo alle halbe Stunde einmal ein Auto vorbeirauscht. Und deshalb entschied er sich für Memmingen.

Man muss Vater recht geben, dachte er auf dem Weg zum Bahnhof. So manches hier ist, verglichen mit früher, durchaus hässlicher geworden. Wer durch die Olgastraße geht, muss den Eindruck gewinnen, Ulm sei ein versifftes Drecksloch. Trister kann eine Fußgängerzone kaum sein. Wer von Ulm nur diese Ecke kennt, möchte sofort fliehen und nie wieder zurückkehren. Während seiner Schulzeit hatte Jakob in der Kegelbahn, die im Keller des alten Bahnhofsbüfetts lag, für einen Honoratiorenverein eine Zeitlang jeden Montagabend als Kegeljunge gearbeitet und dafür zwei Weizenbier und zehn Mark gekriegt. Es war eine wie schon nicht mehr ganz zur Gegenwart gehörende Gesellschaft, die da im Dämmerlicht, mit Zigarren bewehrt, Männergespräche mit entsprechenden Witzen führte und ihn, den Langhaarigen, der zwanzig Meter entfernt am anderen Ende stand, kaum wahrgenommen oder ihm hin und wieder halb herrisch, halb jovial ein paar Sprüche zugerufen hatte, deren Sinn ihm meist entging.

Längst wurde das Bahnhofsbüfett mit seinem anheimelnden Getäfer abgerissen und in eine kalte, offene Halle mit eng an eng stehenden, knallig beleuchteten Imbisstheken verwandelt, die mit ihren Chromtischen und Barhockern Spielkasinoatmosphäre ausstrahlen. Als sei es erst gestern gewesen, kommt Jakob jedes Mal, wenn er in Ulm am Bahnhof steht, in den Sinn, wie er hier morgens gegen vier nach dem Münchner Pink-Floyd-Konzert mit Uli stand und sie auf den ersten Bus nach Geigingen gewartet hatten, als ein Betrunkener auf sie zuschlurfte, von dem man schon deshalb nichts Böses dachte, weil auch er lange Haare hatte, nur dass er Uli mir nichts, dir nichts ins Gesicht schlug, ohne jeden Grund, ohne jede Vorgeschichte, ohne alles, bloß weil ihm vielleicht sein liebes Lächeln nicht passte. Die Schalter bestanden damals noch aus warmem Holz und einem Glas, das eine Durchreiche für die Billette besaß und auf Augenhöhe eine Sprechscheibe, die sich lediglich von innen öffnen ließ. Er war viel schöner, dieser Bahnhof, tausendmal schöner, fast so schön, wie Bahnhöfe in alten Filmen sind, zumindest in Jakobs Erinnerung.

Fred und Linda betonen gern, dass ihr Haus, das sie sich in Memmingen vor zehn Jahren gebaut haben, noch lange nicht abbezahlt ist. Es wirkt so groß, als müssten in ihm noch ein Dutzend Kinder unterkommen. Weil es aber kein einziges richtiges Zimmer besitzt, sondern ausschließlich aus offenen Räumen besteht, die sich mit milchigen Glasschiebetüren halbieren lassen, leidet Jakob dort immer unter dem Gefühl, sich nirgends zurückziehen zu können. Das loungegroße, von oben bis unten sandsteinfarbene und mit passenden Sesseln,

Stühlen und Tischen ausstaffierte Wohngeschoss erweckt den Eindruck, als schreite man durch eine wüstenhafte Säulenhalle mit antiken Ruinen. Es wurde von einer Konzeptkünstlerin nach Fotovorlagen aus dem Negev entworfen, die Linda auch bei der Gestaltung der anderen Räume und des Gartens beraten hatte, in dem ein weißer Pavillon im Pagodenstil aufragt, hinter ihm ein Teich mit Kois, die immer wieder von Fischreihern geraubt wurden, weshalb ihn seit einiger Zeit ein Netz überspannt.

Für Fred ist dieses Haus eine Installation. Was immer, wenn er das hervorhebt, so klingt, als äffte er Lindas ästhetisches Vokabular nach. Nur dass es ernst gemeint ist, und zwar vollkommen. Jakob empfindet dieses Interieur weniger als Kunst denn als Edelkitsch, während es für Linda aus vielfachen Zitaten besteht. Die meisten Besucher, gibt Fred offen zu, wissen nicht, ob sie lachen oder staunen sollen. Er ist stolz darauf, sich mit Linda zu dieser Kühnheit durchgerungen zu haben, obwohl ihn anfangs, wie er nicht weniger gerne betont, ein durchaus mulmiges Gefühl beschlichen hatte, da man in einem solchen Haus ja nicht bloß drei Monate lebe und danach alles wieder ummodeln könne. In Oberammergau gibt's die Lüftlmalerei, bei uns Sand und Oase, erklärt er jedem, der zum ersten Mal sein Haus betritt, und Linda spaßt dann zurück: Seit er mit mir zusammen ist, hat Fred sich aus einem Dritte-Welt-Land in eine Kulturnation verwandelt.

Immer wenn Jakob die beiden besucht, was selten vorkommt, nimmt Fred mit ihm als Erstes einen Drink, egal zu welcher Tageszeit. Es ist, als ahmten die beiden dabei Männerriten aus alten amerikanischen Filmen nach, und zwar in allen Kleinigkeiten, vom einander Gegenüberstehen am offenen Kamin übers nur angedeutete, unterspielte Zuprosten bis hin zu einem kurzen Schweigen, knappen Kopfnicken und kennerischen Riechen, bevor man den ersten Schluck nimmt. Nur um etwas zu sagen, hatte Jakob an diesem Abend Fred gefragt: Hattet ihr eigentlich einmal an Kinder gedacht? Ihm war entfallen, dass Linda schon um die Mitte vierzig war, als die beiden sich kennenlernten. Beinahe entrüstet hatte Fred geantwortet: Ich will doch keine Mutter, ich will eine Geliebte!

Für Jakob ist sein Schwager nichts anderes als ein Volkshochschulphilosoph, der sich in Memmingen als Geistesgröße fühlen darf. In Freds Augen wiederum bildet Jakob sich weiß Gott was auf sein klägliches Bohemien-Dasein ein, das an ihm ebenfalls bloß noch wie ein Zitat wirkt. Der eine hält den andern für einen faulen Hund, der von Schaumschlägereien lebt. Dabei ist jeder von ihnen nicht unfroh, bei den Familientreffen wenigstens auf einen einzigen Debattierkollegen zu treffen, mit dem er über die Differenz zwischen Sein und Seiendem parlieren kann, auch wenn Jakob das Gefühl hat, sich mit diesem Provinzimpresario auf ein niedrigeres Niveau begeben zu müssen, als ihm zustünde. Schlimmstenfalls könnte Jakob jedoch bald schon auf Freds Wohlwollen angewiesen sein, obwohl er nicht die geringste Lust verspürt, sich bei ihm als philosophischer Volkshochschulclown zu verdingen. In anderthalb Jahren geht Fred in Rente, wodurch eine Stelle frei wird, die er niemals annehmen möchte, nur dass ihm vielleicht gar keine andere Wahl bleibt, vorausgesetzt, man würde ihn dort überhaupt nehmen.

Freds ganzer Stolz besteht seit jüngstem darin, in den Rotary-Club aufgenommen worden zu sein, über den er früher bloß Hohn und Spott vergoss. Als Vater das angetragen bekam, lehnte er dankend ab. Er wollte nicht jede Woche mit diesen Leuten essen gehen müssen und einen ganzen Abend verbringen. Fred dagegen fühlt sich geadelt und als Mann von Stand, was er zwar schon immer war, nur dass es ihm jetzt offiziell bestätigt wurde. Seither glaubt er sogar noch mehr als bisher, dass man ihn in Memmingen für unabkömmlich hält. Mit seinen vierundsechzig fühlt er sich so jung wie eh und je, weshalb für ihn der Gedanke, in Pension zu müssen, einer Beleidigung gleichkommt, die an Rufmord grenzt. Wer soll das alles einmal machen, fragt er gern schallend in die Runde, wenn das Thema auf die Zukunft seiner Volkshochschule kommt. Dass die halb klagende, halb triumphale Frage keine Frage ist, weiß die ganze Welt. Niemand außer ihm wird diesen Laden je wieder schmeißen und das Memminger Geistesleben befruchten können wie er, weshalb die Memminger es sich in seinen Augen gut überlegen sollten, ob nicht eine Lex Oberholzer diesen Missstand beheben und ihn bis zu seiner freiwilligen Abdankung oder gar bis zu seinem Ableben in Amt und Würden lassen könnte, und zwar keineswegs seinetwegen, sondern um des Notstands willen, unter dem andernfalls das gesamte Allgäu leiden müsste.

Linda leitet in Memmingen das vor knapp fünfzehn Jahren eröffnete *Art-Haus*, für das eine ehemalige Fabrikhalle umgebaut wurde. Im Unterschied zum zentral gelegenen, im schönsten Rokokogebäude der Stadt untergebrachten Heimatmuseum besteht es nur aus ihr, einer Halbtagssekretariatsstelle und drei, vier freien Mitarbeitern, die an der Kasse sitzen oder für Ausstellungsaufbauten, Bestuhlung und Ähnliches eingesetzt werden. Anders als das Heimatmuseum, in dem man Barockporträts lokaler Potentaten und Keramik aus der Region bewundern kann, steht das *Art-Haus* für Gegenwart, was heißt, für Konzept und Objekte, Digitales und Multimediales, Video und Performance. Wenn Linda darüber klagt, wie schwer sie es damit in dieser Gegend hat, bestätigt Fred ihr sofort, dass sie das alles ganz toll macht und es gerade in dieser Ecke unheimlich mutig ist, die Leute mit Dingen zu konfrontieren, die sie irritieren. Du musst die Leute knacken, feuert Fred seine Frau in öffentlicher Runde ostentativ an: Du musst sie knacken, und das braucht Zeit, doch am Ende lohnt es sich! Auch Linda findet, dass man die Leute immer ein bisschen überfordern muss und sich nicht unterkriegen lassen darf, selbst wenn an manchen Tagen nur zwei Besucher den Weg ins *Art-Haus* finden.

Fred scheint stolz auf Linda zu sein, auch wenn man nie wirklich den Eindruck loswird, dass ihn die Kuriositäten nur bedingt interessieren, die man dort von allerlei Projektemachern zu sehen bekommt, und er vor allem aus Gründen, die man politisch nennen könnte, betont, wie wichtig es gerade in dieser Gegend ist, ein Bewusstsein fürs Verstörende zu entwickeln. Jakob dagegen muss sich die Ohren zuhalten, wenn Linda mit gewichtigem Ernst erklärt: Man muss die Leute dort abholen, wo sie stehen, um ihnen Mut aufs Unbequeme zu machen. Ihn stößt dieser pädagogische Erhabenheitsgestus mit seinem Offenheitsschwindel regelrecht ab. Wenn sie dann auch noch über das Spannungsverhältnis zwischen Herkunftshorizont und Grenzüberschreitung doziert und erklärt, dass die Leute ihre Wahrnehmungsmuster in Frage stellen und sich selbst reflektieren müssen, kommt sie ihm vor wie einer jener theatralisch aufgeweckten Pastoren, die ihre schwindenden Glaubensgewissheiten nicht nur einer immer gleichgültiger werdenden Welt, sondern vor allem sich selbst verzweifelt einzubläuen versuchen.

Lindas Lieblingsbegriff ist neben dem der Irritation das Wort spannend. Sie findet unheimlich viele Dinge unheimlich spannend. Ein Gemälde von Hieronymus Bosch findet sie genauso spannend wie eine Hüpfburg, die den Ausstellungsbesuchern als körperlich erlebbare Selbsterfahrung verkauft wird. Picasso findet sie nicht weniger spannend als einen stinkenden Kleintierzoo mit Igeln und Schnepfen, der für hundert Tage in einem Museum Platz findet und den Zuschauer zum Nachdenken über die Grenzen zwischen Kunst und Natur, Ästhetik und Ethik, Performanz und Kompetenz zwingen soll. Jakob ist vollauf einverstanden, wenn sie behauptet, dass zur Kunst auch das Nachdenken über Kunst gehören muss, doch in ihm sträubt sich alles, wenn ein kruder Wortsalat sich als Reflexion ausgibt und wirres Gerede die sinnliche Wucht von Werken ersetzt, bei denen einem die Augen überlaufen und das Herz aufgeht und die keiner geschraubten Erklärungen bedürfen, um als Kunst erkannt zu werden. Womit Jakob seiner Schwester allerdings nur den Beweis liefert, dass er einer Zeit nachtrauert, die ihre Zeit gehabt hat.

Linda hält ihren Bruder, was die neueste Kunst angeht, für schlichtweg reaktionär. Nur kann sie nicht verstehen, dass jemand wie er trotzdem den halben Baudelaire auswendig kennt und früher in jedem zweiten Satz Adorno zitiert hat. Für Jakob jedoch passt das bestens zusammen, da diese beiden nur Werke, in denen Geist und handwerkliche Meisterschaft stecken, als Kunst gerühmt und nie einem Irr- und Wirrsinn gehuldigt haben, der sich als Avantgarde anpreist und sich nicht selten in einem zeitgeistigen Mainstream erschöpft, der mit Hilfe eines klügelnden Begriffsgeklingels zu Kunst hochgeredet wird. Linda betet die angesagte Terminologie immerzu beflissen nach, von der Implosion über die Intermedialität bis zum diskursiven Raum, nicht zu vergessen die Rede von der Simulation, der Ökonomie des Sichtbaren und dem Ende des Narrativen, wobei sie, wie Jakob findet, nicht einmal merken will, dass dieses hochgestochene Vokabular in dem Augenblick, wo sie es in ihren eigenen Wortschatz einzurammen schafft, meist schon etwas reichlich Ranziges besitzt.

Geht es dir um Offenheit oder um Kunst?, wollte Jakob einmal von Linda wissen. Sie schien überlegen zu müssen, worin überhaupt der Unterschied bestehen könnte, und antwortete beinahe erbost: Um beides natürlich! Und worum geht es mehr?, hakte Jakob nach. Sie wusste nicht, was er wollte, außer provozieren. Sticheln, kritteln und sich in seinen Vorurteilen suhlen, das ist alles, was er in ihren Augen kann, wenn es um ihr Geschäft geht. Dabei würde sie, ohne es zuzugeben, tausendmal lieber an der Spitze der Stuttgarter Staatsgalerie stehen als an der Spitze des Memminger *Art-Hauses*, wo sie, wie ihre zweischneidige Klage lautet, über einen Etat verfügt, der unter ihrem eigenen Jahresgehalt liegt. Doch sie weiß, dass Memmingen ihre Endstation ist und danach nichts mehr kommt. Seit ihr das klar ist, spottet sie über die starren Museumstanker mit ihren absurden Hierarchien, die einem nicht den geringsten Raum für Selbstverwirklichung lassen. Immer schon habe sie unabhängig sein wollen, wofür Memmingen der ideale Ort sei, um den sie jeder nur beneiden könne, auch wenn man es ihr hier, wie gesagt, keineswegs leicht mache. Was wiederum auch das Spannende ist, sagt sie. Und manchmal sagt sie auch: Man wächst am Widerstand. Was fast so klingt, als seien zwei Besucher pro Tag ein Qualitätsausweis.

Vor ein paar Jahren wollte sie Jakob noch anstacheln, dass er seine Fernsehleute überredete, über ihre Vernissagen zu berichten, in der Hoffnung, dass er nicht selbst mit einem Kamerateam angereist käme. Doch Jakob musste für jeden Auftrag, den er selbst bekam, dankbar sein und durfte nicht noch mit

Vorschlägen auftrumpfen, die nach Vetterleswirtschaft hätten riechen können.

Während Fred und Jakob mit einem Drink in der Hand im Wohnzimmer standen, war Linda noch nicht zu Hause. Als sie beim zweiten oder dritten Glas waren, hörte man, wie mit derart energischer Wucht ein Schlüssel umgedreht und gleich darauf eine Tür zugeschlagen wurde, dass man hätte aus dem Tiefschlaf fallen können. So ist sie seit der Schulzeit. Unter Tausenden würde er seine Schwester erkennen und hätte mit diesen Geräuschen sogar bei *Wetten, dass…?* mühelos gewonnen. Ebenso typisch ist ihr flinker Schritt, in dem eine Willenskraft steckt, vor der man Angst kriegen kann. Rums, eilte sie zur Tür herein, das Laptop-Lederetui unter den Arm geklemmt, zackzack, auf der gläsernen Kommode abgestellt, und zwar rechtwinklig korrekt, als vertrage sie keinerlei Unregelmäßigkeit, auch rein geometrisch nicht, worauf die Umhängetasche von der Schulter gezerrt und, wusch, neben die Couch fallen gelassen wurde, bevor sie auf Fred zurauschte, Küsschen links, Küsschen rechts, sich in einen Sessel warf, erleichtert stöhnte, die Beine übereinanderschlug und Jakob befahl: Erzähl!

Das ist Linda, denkt Jakob bei solchen Auftritten jedes Mal: Das ist sie! Und er weiß nie, wie viel er daran bewundern und wie viel unangenehm finden soll. Stets ist es beides, nur dass selbst der Bewunderungsanteil weniger aus Bewunderung besteht als aus ungläubigem Staunen, wie man bloß so sein kann und alles immer im Griff haben will.

Heute indes, wo sie alle um den toten Vater herumsitzen und auf Schmeler warten, wirkt Linda bei aller Entschiedenheit, die sie nach wie vor auszustrahlen versucht, unsicher wie nie. Was Jakob beinahe gefällt, obwohl sie ihn durchaus dauert, schließlich möchte kein Mensch eine solche Situation erleben, die vor allem ihr, aber auch den andern heute noch bevorsteht. Es wird für sie die schlimmste Begegnung ihres Lebens sein, und das im eigenen Zuhause, das vielleicht schon gar nicht mehr das eigene Zuhause ist, falls Max bestätigen sollte, was alle befürchten.

Sollte ihnen tatsächlich nicht mehr viel vom Erbe bleiben, so besitzt Linda im Unterschied zu allen anderen immerhin ein Konto, auf das seit über dreißig Jahren jeden Monat eine Summe überwiesen wird, von der sich leben lässt. Kinder hat sie keine, Fred kann ebenfalls über keinerlei Not klagen, fürs Alter ist vorgesorgt, mit Riester und sonstiger Rente, und trotzdem nagt an ihr das Gefühl, ständig benachteiligt zu werden und am allerwenigsten zu bekommen, zumindest gemessen daran, was sie zu leisten glaubt, vor allem für die Familie. Ohne sie hätte es seit Mutters Tod vielleicht wirklich kein einziges gemeinsames Weihnachten mehr gegeben und vielleicht nicht einmal einen gemeinsamen achtzigsten Geburtstag mit Papa. Zwar hatte nie einer etwas dagegen, dass man sich wieder einmal trifft, ganz im Gegenteil, doch wenn es um einen konkreten Termin ging, ließ sich immer nur mit Mühe ein einziger gemeinsamer Tag finden, an dem alle konnten, und das ausgerechnet bei Leuten, die noch nie in ihrem Leben von Termin zu Termin hetzen mussten. Bei Papas fünfundachtzigstem Geburtstag, den er mit der ungarischen Hure feierte, stellte sich dieses Problem nicht, und einen neunzigsten wird es nun nicht mehr geben.

Sollten sie wirklich leer ausgehen, würde es am schlimmsten Joschi treffen, der dann für immer in seinem Heidelberger Loch dahindarben müsste, während er sich hier wie ein Fürst fühlen könnte, mit Haus und Garten, zwei Stockwerken, Keller und ausgebautem Speicher. Weil er im Grunde seit seiner Studentenzeit nur in Löchern gehaust hat, müsste er sich in diesen vielen Räumen sogar verloren fühlen. Auch Jakob lebt, seit er denken kann, von der Hand in den Mund, nur dass er eine Bodenlosigkeit bevorzugt, bei der man sich als Freigeist fühlen und die man mit Baudelaire-Versen metaphysisch überhöhen kann: *Homme libre, la mer est ton miroir, tu contemples ton âme dans le déroulement infini de sa lame – freier Mensch, das Meer ist dein Spiegel, im endlosen Wellengewoge erkennst du deine Seele wieder!*, wohl wissend, dass Verse nur Verse sind, die aber auch zu Gebeten werden können, mit denen man sich über Wasser hält. Jakob wollte sich nie an etwas verkaufen müssen, auch wenn ihm seit jeher klar war, dass das unsäglich naiv ist, er jedoch blind darauf vertraute, dass in größter Not von irgendwoher Hilfe kommen wird. Man muss nur seinen Weg gehen, sagte er sich immer, ohne zu wissen, welcher Weg damit eigentlich gemeint sein sollte.

Wirklich gelassen in die Zukunft blickt seit jeher nur Uli, der selbst jetzt, am heutigen Tag, noch meint, dass man zwar ein bisschen Geld brauchen könnte, Papa aber auch von vornherein das Recht zugestand, auf seine alten Tage hin noch so leben zu dürfen, wie es ihm gefällt. Was habt ihr denn, sagte er erst vorhin, es kommt, wie es kommt. Worauf Linda ihn anfuhr: Das sagt einer, der bis Mitte dreißig den Hippie gespielt hat! Worauf sogar Joschi, der Ulis Kifferei und Lebensstil immer für furchtbar unpolitisch hielt, murmelte: Lieber Hippie als Salafist, wie es heutzutage der Fall ist.

Was ist mit Essen, will Jakob wissen.

Stimmt, was ist mit Essen?

Wir machen ein paar Dosen warm, schlägt Linda vor.

Zuerst schauen wir, wie alt die sind, meint Jakob.

Wieso alt? Papa hat sie doch auch gegessen. Die Regale in der Speisekammer sind voll damit. Offenbar hat Vater sich bloß noch von Dosen ernährt, Eintöpfe, Linsen, Suppen, Ravioli.

Vielleicht ist er daran gestorben. Ich esse keinen Dosenfraß, sagt Jakob.

Was das Kulinarische angeht, scheint sich dieses Weib nicht sonderlich um ihn gekümmert zu haben.

Als gäbe es jetzt nichts Wichtigeres als Essen, sagt Linda genervt.

Was heißt da Wichtigeres? Es würde uns vielleicht guttun, kurz mal raus aus diesem Haus zu kommen.

Einmal im Leben wirst du wohl noch Ravioli aus der Büchse vertragen.

Entschuldigung, aber wir sitzen hier seit Stunden …

Fred und ich sind hier seit heute Morgen um halb sieben!

Wahrscheinlich sind wir hier noch mindestens drei, vier Tage, da kann man doch ein einziges Mal aus dem Haus gehen, den Kopf durchlüften, kurz mal ein paar andre Wände um sich haben.

Da könnte man aber ausnahmsweise auch einmal bis morgen durchhalten, ohne gleich wieder in die Kneipe zu müssen.

Dann geh ich alleine essen.

Vergiss nicht, dass wir einen Termin haben!

Klingt ja, als müssten wir noch auf ein Amt oder seien bei der Polizei vorgeladen.

Ist ja auch ein bisschen so.

Red keinen Schwachsinn!

Uli sitzt da und knackt mit den Fingern. Es ist das Einzige, was Jakob an seinem jüngeren Bruder auf die Nerven geht, ohne genau sagen zu können, warum. Vielleicht weil es ihm wie eine geheime Aggression vorkommt, die Uli, ohne es wahrscheinlich zu merken, nicht nur gegen sich selbst richtet, sondern auch gegen die andern. Er macht das schon seit der Schulzeit, wo man sich mit solchen Dingen noch ein wenig hervortun wollte. Wer damit jedoch nie wieder aufhört, ist für Jakob ein Prolet. Er soll es tun, wann und wo er will, nur nicht hier und jetzt, wo ohnehin rundum die Nerven glühen. Jakob mag ihn aber auch nicht zurechtweisen. Doch es stört ihn, sogar gewaltig, wobei ihn gleichzeitig stört, dass ihn solche Kleinigkeiten so leicht aufregen und er sich zwingen muss, Uli nicht anzumaulen.

Er hat gesagt, er kommt frühestens um zehn, vielleicht erst um elf. Da sind wir längst zurück.

Ich geh hier nicht weg, sagt Linda.

Ein, zwei Stunden, nicht mehr.

Dann geh doch, geh!

Wenn wir jetzt gehen, dann …

Geh doch, wenn es dich nicht interessiert, was mit uns von jetzt an passiert. Mit uns allen! Es geht ja nicht bloß um deine Zukunft, aber um deine vor allem auch! Oder hast du inzwischen einen Mäzen gefunden, der dich finanziert. Dann nenn ihn uns, mit Namen und Adresse, vielleicht kriegen wir auch was ab.

Ihr wisst, was dieser Max Schmeler einmal öffentlich verkündet hat, fährt Fred dazwischen: Mein Prinzip ist, keine Prinzipien zu haben! Vertrauenswürdig ist dieser Typ nicht, das ist doch klar. Vielleicht ist das in diesem Fall aber gar nicht das Schlechteste. Man muss ihn nur rumkriegen. Skrupel kennt der keine. Und denk dran, Linda, er ist dir noch was schuldig.

Na ja, der hat schon vieles gesagt, winkt Joschi ab. Am Anfang wollte er die RAF verteidigen, später waren es die Nazis.

Liegt manchmal nah beieinander. Ich sage nur Horst Mahler.

Der war doch kein Nazi, als er bei der RAF war. Das ist er erst später geworden, meint Joschi richtigstellen zu müssen.

Na ja …

Jedenfalls hat er diesen Satz gesagt: Mein Prinzip ist …

Dass er ein Arschloch ist, muss man hier in diesem Haus ja wohl nicht betonen.

Wir können uns jetzt natürlich noch zwei Stunden lang gegen ihn einschießen …

Eben: zwei Stunden! Wenn wir sofort aufbrechen, sind wir bis dahin locker zurück.

Hör endlich mit deinem Scheißessen auf!

Jedenfalls bringt es nichts, wenn wir uns gegen ihn einschießen, betont Linda noch mal.

Er ist dir etwas schuldig!

Ihr könnt doch nicht einfach das Testament verbrennen, falls es nicht in unserem Sinn ausfällt. Vielleicht ist ja alles in Ordnung.

In Ordnung ist längst nichts mehr. Spätestens seit Arona.

Ich geh in keinen Knast, sagt Joschi.

Du mit deinem Knast!? Man kommt nicht gleich in den Knast!

Du warst nie im Knast, du warst in Budapest, sagt Fred, da fahren andere in den Urlaub hin. Oder gehörst du jetzt auch zu diesen deutschen Revolutionären, von denen Lenin behauptet, sie würden sich zuerst eine Fahrkarte kaufen, bevor sie den Bahnhof stürmen?

Entschuldige, Fred, sagt Joschi, aber was geht das eigentlich dich an? Haben wir uns damals schon gekannt? Heißt du etwa Nido und nicht Oberholzer?

Vielleicht muss man hier nochmals laut und deutlich daran erinnern, sagt Linda, dass es kein anderer war als du, mein lieber Joschi, der einen Großteil von unserem Hab und Gut längst im Orkus versenkt hat! *Unser* Geld! Ich möchte gar nicht wissen, wie viel dir Mama noch nach Budapest geschickt hat. Du hattest doch keinen Pfennig da drüben.

Er hat Stadtführungen gemacht, sagt Uli.

Klar, als Clochard! Die waren schwer gefragt!

Hört auf, sagt Uli. Ich hätte den von mir aus gar nicht angerufen.

Du hast von dir aus noch nie einen Finger gerührt.

Hört auf zu streiten.

Wir streiten nicht. Aber eines, Joschi, sagt Linda auf einmal bedrohlich leise mit erhobenem Zeigefinger, eines müsstest du doch selber wissen: Du wärst der glücklichste Mensch der Welt, wenn du hier in Bälde ein ganzes Stockwerk, ach was, das ganze Haus bewohnen könntest. Nur müssen wir dafür sorgen, dass das Selbstverständliche auch selbstverständlich wird. Und sollte das zufällig nicht ganz mit den Gesetzen übereinstimmen, so wie sie im Moment sind, dann liegt das nicht an uns, sondern an den Gesetzen. Glaubst du etwa, wir hätten uns nicht informiert? In München sitzt ein Experte, ein guter Freund von Fred, der spezialisiert ist auf solche Fälle. Ein Professor, der schon lange fordert, dass sich an der Gesetzeslage etwas ändern muss, und zwar schnell, damit die Erbschleicherei von solchen Balkannutten bald ein Ende hat. Dieser Professor sagt, das ist ein Riesenproblem. Doch solange die Gesetze noch so sind, wie sie sind, ist es mir, ehrlich gesagt, scheißegal, ob da ... Fred, erzähl mal diese Geschichte!

Welche Geschichte?

Mit dieser alten Frau, die sich gerade in der Nähe von Memmingen abgespielt hat.

Ja genau, da wurde erst letzte Woche ein Fall vor Gericht verhandelt, wo ebenfalls so eine Pflegekraft, die irgendwo aus dem Osten kam, angeklagt war, weil sie eine alte Frau um ihr gesamtes Vermögen gebracht hat. Mit unglaublicher krimineller Energie hat sie diese Rentnerin vollkommen von sich abhängig gemacht und sogar dazu gebracht, dass sie sich von ihrem Mann scheiden ließ, obwohl die beiden sich in ihrer fünfzigjährigen Ehe offenbar weidlich vertragen haben. Doch sie hat ihr eingeflüstert, dass dieser Mann ihr nichts Gutes will und es ihr tausendmal besser ginge, würde sie ihn zum Teufel jagen.

Warum habt ihr dann nicht gleich diesen Professor eingeschaltet, wenn er schon Freds bester Freund ist?

Ein guter Freund, habe ich gesagt.

Immerhin! Warum ist er nicht hier?

Weil er der Meinung ist, dass sich da wenig machen lässt, solange in Deutschland die Gesetze so beschissen sind. Hier wird Unrecht unterstützt, weil man den allernächsten Familienangehörigen verbietet, einen Unzurechnungsfähigen für unzurechnungsfähig erklären zu lassen. So einfach ist das.

Auch wenn's dir nicht gefällt, Linda, ich schlage vor, dass diejenigen, die etwas essen wollen, jetzt essen gehen und …

Ich hab gedacht, du hast nie Geld. Irgendwo muss es da aber eine Quelle geben. Nenn sie mir und ich bin dabei. Papa kannst du jetzt nicht mehr anpumpen.

Donaudampfschifffahrtsgesellschaft, murmelt Uli vor sich hin.

Was sagst du da, will Linda wissen.

Donaudampfschifffahrtsgesellschaft.

Donaudampfschifffahrtsgesellschaftskapitän, ergänzt Joschi.

Donaudampfschifffahrtsgesellschaftskapitänsverein, sagt Uli.

Nein, das hat man nie gesagt.

Aber man könnte es.

Spinnt ihr jetzt!

In Ulm und um Ulm und um Ulm herum.

's leit a Kletzle Blei glei bei Blaubeira glei bei Blaubeira leit a Kletzle Blei.

Schwäbisch klingt bei dir immer wie Parodie.

Brigach und Brägele führet d'Donau uf em Wägele!

Spinnt ihr jetzt total?

Gehen wir jetzt essen, oder gehen wir nicht essen?

Man lässt Vater nicht hier allein liegen.

Er merkt nicht mehr, dass er allein ist.

Dauert doch nicht lange.

Trotzdem.

In der Kneipe kann man nicht laut reden.

Muss man ja auch nicht.

Trotzdem.

Ist aber so gut wie nichts im Haus. Ein bisschen Milch, paar Eier, viel mehr nicht. Marmelade gibt's en masse, bloß kaum Brot.

Und im Gefrierfach?

Fischstäbchen und Eis.

Sollen wir etwa hier um ihn herum sitzen und vespern?

Wir bleiben hier, sage ich.

Was Warmes würde nicht schaden, ich hab seit heut Morgen in Paris nichts mehr gegessen, und da auch so gut wie nichts.

Warum nicht Rühreier?

Reicht doch nicht für alle.

Sind die überhaupt noch frisch.

Ich geh ja schon, sagt Uli, hole irgendwas am Bahnhof.

Neben einem Toten kann ich nichts essen.

Wir bleiben hier!

Ich sage doch, der kommt nicht vor zehn. Hat er selber gesagt.

Er hat gesagt: Wahrscheinlich wird es zehn, vielleicht auch später.

Er hat gesagt, spätestens um elf ist er da.

Wenn wir jetzt sofort gehen, sind wir um neun wieder daheim, spätestens um halb zehn. Muss ja nichts Großes sein.

Aber Uli sagt doch, er holt was. Sagt einfach, was ihr wollt.

Ich sag ja: Ein Sixpack und eine Wurst. Ich zahl's dir auch.

Nie wird Jakob vergessen, wie Joschi sich eines Morgens beim Frühstück das Marmeladenglas griff, es anschaute, herumdrehte, zur Nase führte, daran roch, es ein wenig von sich weg hielt, den Kopf zu ihm hinabneigte und aus seinem aufstehenden Maul einen krachenden Rülpser erbrach. Monatelang wollte Jakob keine einzige Marmelade mehr schmecken. Er dachte, mit Marmelade sei es für ihn auf immer vorbei. Aus den spärlichen Erinnerungen an die stets eiligen Frühstücke, bei denen Jakob oft bloß im Stehen ein paar Schluck Kaffee schlürfte, um flugs auf den Bus zu hetzen, sticht Joschis wüster Rülpser, der aus widerlichsten Tiefen hochzusteigen schien, wie nichts anderes heraus. Joschi und dieser Rülpser, das war für ihn lange eins, nicht bloß während der Schulzeit, auch später wieder, als er sich mit seinem Barrikadengeschrei jahrelang auskotzte gegen den Staat, die Gesellschaft, das Kapital, die Konzerne, Amerika und Springer und was sonst noch alles dazugehörte.

Selbst wenn du noch zehnmal widersprichst, Linda, bittet Jakob sie fast flehentlich, ich finde einfach, es täte uns gut, mal für ein paar Augenblicke ein bisschen frische Luft in den Kopf zu kriegen und auch etwas halbwegs Gescheites zu essen. Wenn wir uns sofort entscheiden, sind wir auch gleich wieder daheim. Es kann doch nicht guttun, ständig auf dem gleichen Fleck zu hocken, gerade jetzt in dieser Situation nicht. Da muss man doch mal raus, und sei's nur kurz.

In eine Imbissbude willst du aber sicher nicht. Mit Hunger hat das bei dir wenig zu tun.

Was heißt da Hunger?! Ich will einfach mal raus, verdammt! Und wenn wir uns jetzt schnell entscheiden …

Ich sage noch einmal, ich bleibe hier, und wer wie ich ebenfalls der Meinung ist, dass es jetzt in diesen Stunden um etwas Wichtigeres geht, den würde ich bitten, ebenfalls hierzubleiben. Jakob kann ja gehen. Wir halten dich nicht zurück. Geh essen! Bitte! Lass es dir schmecken! Wir wollen nicht, dass du verhungerst. Irgendwo wird es schon ein paar Austern geben und einen Chablis.

Jakob hatte kein einziges Wort über sein kleines Pariser Mittagsmahl verloren und eigens behauptet, seit heute Morgen nichts mehr gegessen zu haben. Tatsächlich war er, bevor der Zug abfuhr, noch in der Bofinger-Filiale *Terminus Nord* unweit der Gare de l'Est eingekehrt, wo ihn der Garçon wie einen alten Bekannten begrüßte: Bonjour, Monsieur, auch wieder hier! Wie geht es Ihnen? Jakob überlegte noch, ob er ein trauriges Gesicht machen sollte und sagen: Mein Vater ist gestorben, um dann gleich abzuwinken, als sei es kaum der Rede wert und als gäbe es Schlimmeres. Er grüßte aber nur schlicht zurück und ließ sich an einen Tisch geleiten. Sicherlich hatte er diesen Kellner schon einmal gesehen, was freilich nicht hieß, dass man ihn hier tatsächlich kannte. Doch ihm gefiel diese familiäre Art, selbst wenn sie nur zum Begrüßungsritual gehörte. Lieber in der Fremde weilen, als sich in der Kindheitswelt fremd fühlen, wo man nach zwei Stunden Asthma zu kriegen fürchtet. Natürlich kannte er den Namen dieses Kellners nicht, und dieser Kellner kannte gewiss auch nicht den seinen. Doch Jakob fühlte sich so rundum willkommen, dass ihn das Gefühl überkam, dort vermisst zu werden, würde er längere Zeit ausbleiben. Wie um sich erkenntlich zu zeigen, bestellte er, anders als beabsichtigt, nicht nur einen Salat, sondern ein Dutzend Austern mit einer Halbliterkaraffe Chablis, als gäbe es etwas zu feiern. Auf Papa!, sagte er stumm vor sich hin und stieß damit auf sich selbst und jenes Unbekannte an, das ihn nun erwarten würde. Auf jeden Fall würde dazu gehören, dass er jetzt nicht mehr Papa anrufen und ihn, wenn der Bankomat wieder nichts hergeben will, um eine kleine Überweisung bitten konnte, weshalb er sich sagte: Wer weiß, wie oft du im Leben noch Austern mit Chablis bestellen und diesen kalten, salzigen, mit Wein vermengten Meeresgeschmack genießen darfst, bei dem man niemals an die Donau fahren möchte, sondern an den Atlantik, und statt niedlichen Spatzen, die im Garten unter den Bäumen ihr Sandbad nehmen, Seemöwen zuschauen, wie sie in weiten Bögen kreischend zum Meer hinaus fliegen.

Jakob meint Joschis böse flirrenden Blicken anzusehen, dass er bloß auf ein Stichwort wartet, um wieder einmal über die Cappuccino- und Pinot-Grigio-Generation herziehen zu können, mit der alle gemeint sind, die einen Affentanz ums Kulinarische veranstalten, sich bei jeder Gelegenheit als Weinkenner aufspielen und auf Leute herabschauen, die Bier aus der Flasche saufen. Bereits Anfang der Achtziger hatte er über einstige Mitkämpen den Kopf geschüttelt, die bei den Grünen ein Pöstchen ergattert hatten und sich plötzlich nicht mehr beim Griechen blicken ließen, sondern nur noch beim Italiener ein und aus gingen, wo etwas Besseres als harziger Retsina und kopfwehträchtiger Mavrodaphne aus der Zweiliterflasche kredenzt wurde.

Als man sich zu Mutters siebtem Todestag traf, hatte Jakob im Gault Millau ein Lokal in Neu-Ulm ausfindig gemacht, keinen Sterneschuppen, sondern eben einen besseren Italiener, in dem Joschi die Karte gleich nach dem Aufschlagen wieder zuschlug, ein Weizenbier mit Brot bestellte und den andern unter unablässigem Gemaule nur zuschaute, wie sie an den Weingläsern rochen, die bunte Kapuzinerkresse aus dem Salat pflückten und sich gegenseitig von den Trüffelspaghetti probieren ließen. Anfangs tat Linda so, als säße er gar nicht am Tisch, und fing an, gegen alles zu wettern, was sich gehen lässt und keine Selbstdisziplin kennt. In den USA, behauptete sie, könne niemand, der Erfolg haben wolle, sich eine Wampe leisten, weil er damit auf nur allzu sichtbare Weise seinen haltlosen Charakter verriet. Drahtig müsse man dort sein, drahtig und schlank, um als Kollege oder Geschäftspartner ernst genommen zu werden. Warum dann ausgerechnet in Amerika so viele Leute so fett seien, wollte Joschi wissen, was sie zu überhören versuchte, worauf er mit seinen antiimperialistischen Tiraden anfing und wie schon tausendmal betonte, dass er wegen all der Schweinereien, von Vietnam angefangen über den Irakkrieg bis zu Afghanistan und Abu Ghraib, niemals im

Leben auf amerikanischen Boden einen Fuß setzen werde, von wo aus es wieder zum Gemotze über dieses Edelpuff von Italiener ging, in dem es rein gar nichts gab, an dem er nicht herumgestänkert hätte, von den Tischdecken über die Designerteller bis hin zu den Kellnern, Leuchtern und allen diesen Idioten, die meinen, dass man sich so etwas antun muss. Von dem, was ihr hier heute Abend liegen lasst, könnte ich ein halbes Jahr leben, betonte er ständig, so lange, bis es selbst Papa zu dumm wurde, er ihm ein Glas Wasser ins Gesicht schüttete und schrie: Vor zwei Wochen habe ich dir fünfhundert Euro überwiesen, die dafür gedacht waren, dass du dich in den Zug setzt und dir eine anständige Hose kaufst und ein Hemd, anstatt uns hier als Schweine zu beschimpfen. Womit der Abend endgültig gelaufen war, sie aber noch zwanzig Minuten stumm und qualvoll herumsitzen mussten, bis man zahlen und sich hinausschleichen konnte.

Ein wirklich gemeinsames Essen scheint in dieser Familie auch deshalb kaum möglich, weil Franziska im Restaurant inzwischen noch vor der Begrüßung fragt, ob mit Jodsalz gekocht wird, was sie nicht nur nicht zu vertragen meint, sondern für eine Plage der Menschheit hält, während Linda nicht das Geringste mehr anrührt, wo nur ein winziges bisschen Butter im Spiel ist, wogegen Fred, nachdem er jahrzehntelang auf Olivenöl geschworen hat, jüngst in einer Studie lesen musste, dass es wie nichts anderes Krebs erzeugt, ganz zu schweigen von den jeweiligen Trennkosttrips, auf denen dieser oder jener gerade ist, oder auf sonstigen Diätmoden, mit denen alle halbe Jahre neue Heilswege beschritten werden, auch gar nicht zu reden von der Wahl des Weins, wo Uli ausschließlich biodynamischen zu trinken bereit ist, während Jakob bloß den Kopf darüber zu schütteln vermag, dass die gleichen

Leute, die immer nur gesund leben wollen, keinen Bordeaux von einem Burgunder unterscheiden können. Im Grunde ist Jakob die Lust, mit diesem Irrenhaus essen zu gehen, längst vergangen, weil er sich im Restaurant sofort zu schämen anfängt, wenn Franziska die Kellner als Allererstes mit ihrem Jodsalz belästigt, Linda ihnen mit ihrer Butter kommt und Fred mit seiner Olivenölphobie und Uli mit seinem biodynamischen Wahn und seiner Sparsamkeit dafür sorgt, dass ein elendes Gesöff auf dem Tisch steht.

Natürlich weiß Jakob genau, was die andern von ihm halten, wenn er mit fataler Regelmäßigkeit meint, den letzten verfügbaren Hunderter in einem Gourmetschuppen liegen lassen zu müssen. Doch so hat er seit je gelebt, und irgendwie ging es trotzdem immer weiter. Als er dieses Leben anfing, kostete ein alter VW-Käfer zwei billige Monatsmieten, ein Liter Benzin keine fünfzig Pfennig und ein schlichtes Hotelzimmer in Saint-Michel, fünfhundert Meter von Notre-Dame, nicht mehr als ein Abendessen zu zweit in einem Steak-Frites-Bistro. So stellte er sich auch sein weiteres Leben vor, nur noch besser, und zwar mit jedem Jahr mehr, wonach es sogar eine Weile aussah, mit allen Aufschwüngen und Einbrüchen, die er für aufreibende Gesetzmäßigkeiten hielt, zu denen Panikanflüge ebenso wie Selbstverdammungsanwandlungen gehörten, mit denen man zurechtkommen musste und für die er, wenn sie wieder vorübergingen, fast dankbar war, als ließe sich ohne das Haltlose auch nichts Intensives erleben.

Just zu der Zeit, da er in den Schulferien regelmäßig nach Paris zu fahren begann, kam auch jenes penetrante Gerede auf vom Cholesterin und vom Blutdruck, von Verkalkung und Stress, Entschlackung und Durchblutung, Vitaminmangel und Gehirnzellenkuren, das bis heute die Leute verrückt macht.

Auf einmal waren Gestalten wie Ludwig Erhard nicht mehr angesagt, weder in ästhetischer Hinsicht noch in gesundheitlicher, was hieß, dass sich nicht nur die Illustrierten plötzlich mit immer neuen Diätprogrammen überschlugen. Selbst Mama und Papa ließen sich anstecken, die das gar nicht nötig gehabt hätten, sich jetzt aber manchmal an Wochenenden mit einer Weißweinkur kasteiten, bei der jeder von ihnen pro Tag eine Flasche Weißen trinken durfte, das erste Glas morgens mit einem gekochten Ei, mittags das zweite mit einem weiteren gekochten Ei und abends den Rest der Flasche mit einem Steak ohne Beilagen, zwei Tage hintereinander, Samstag und Sonntag, bevor man am Montag wieder ganz normal essen durfte und das Frühstück nicht mehr mit einem Müller-Thurgau anfing.

Es war die Zeit, als jeder den Namen Onassis kannte und es nur drei Sender gab, das Erste, Zweite und Dritte, man in Ulm aber auch die Schweiz hereinbekam und eine halbe Stunde nach Mitternacht das Programm mit Geflimmer beendet wurde, man in wild besprühten Blechkisten voller Anti-AKW-Aufkleber und tausend anderer Widerstandsbepper herumfuhr, sich samstagabends in Inge Aicher-Scholls Volkshochschule traf, wo jeder nach Lust und Laune mit seiner Band oder auch alleine auftreten konnte, Uli das Schullandheim in Südtirol schwänzte, um Pink Floyd im Münchner Olympiastadion nicht zu verpassen, die Kopfhörer noch riesig waren und auch die Boxen immer klobiger wurden, in der Schule Camus' *Mythos von Sisyphos* gelesen und in den Hobbykellern Feten mit Lichtorgeln geschmissen wurden, bei denen es immer Nudelsalat gab, Beuys' Badewanne von einer Putzfrau gereinigt und Yoga und Meditation Mode wurden, Palästinensertücher, Alpaka und Latzhosen in waren, die Jeans gleich nach dem

Kauf in der Badewanne auf gebraucht geschrubbt wurden, in den Wirtshäusern die Salatbars aufkamen und in den Städten die Dritte-Welt-Läden und Hausbesetzungen, Uli in seinem Zimmer ständig Räucherstäbchen brennen hatte, die Schule abbrechen und nach Amsterdam ziehen wollte, wo man straffrei kiffen und auf Hausbooten leben konnte, Mutter kein anderes Gedicht so liebte wie *Wer jetzt kein Haus hat, baut sich keines mehr* und sich nicht nur für Jakob, sondern vor allem für sie jeden Sommer von neuem die Frage stellte: Trampen oder Interrail, zumal mit schöner Regelmäßigkeit vor den großen Ferien in *Aktenzeichen XY* Fälle ausgestrahlt wurden, in denen Tramper von Autofahrern und Autofahrer von Trampern ermordet wurden, während Joschi sich längst in ganz anderen Welten bewegte, wo viel vom Kampf die Rede war und von Sit-ins und vom Plenum und sogar aufs Ulmer Rathaus der Spruch gesprüht war: Macht kaputt was euch kaputt macht!

Als Jakob das Abi in der Tasche hatte, konnte man gegen zehn Westmark einen Tag in Ost-Berlin verbringen, was Jakob sogleich ausnützte, wo er, anstatt brav an der Ampel zu warten, schnurstracks über eine vierspurige Straße lief und von einem fetten Bauarbeiter angeschrien wurde: Spinnst du, du Idiot von drüben, willst du dich überfahren lassen!?, obwohl weit und breit kein Auto zu sehen war, und er abends beim BE um die Ecke in drei Restaurants, die so gut wie leer waren, mit der Begründung abgewiesen wurde, es gäbe keine freien Plätze, dann aber doch noch eines fand, wo er eingelassen wurde, nur dass man dort sein Trinkgeld ablehnte, und zwar mit einem Blick, als hätte er sich vollkommen danebenbenommen, während er auf dem Rückweg nach Kreuzberg im *Neuen Deutschland* las, dass Westdeutschland seine Botschaft in Windhuk schließen ließ, tief unten in Afrika, aus Gründen, die Jakob gleich wieder vergessen hatte, nur dass er von da an immer einmal nach Windhuk wollte, genau genommen bis heute, es aber nie dazu kam.

Was hast du eigentlich in Paris gemacht, will Franziska von Jakob wissen.

Meinen Job verloren.

Den Job verloren?

Ich hätte morgen drehen müssen.

Drehen?

Draußen vor Paris in den Feldern, in Port-Royal-des-Champs.

Und was gibt's da?

Da gab's einmal ein Kloster, das im 17. Jahrhundert zu einem Treffpunkt von Leuten wurde, die man heute als Philosophen, Pädagogen und Schriftsteller bezeichnen würde. Man nannte sie die Solitäre. Es waren, könnte man sagen, religiöse Freigeister. Pascal gehörte auch dazu. Über ihn sollte ich ein kleines Porträt machen, einen dieser Sieben-Minuten-Beiträge fürs Fernsehen, die sich kaum noch unterbringen lassen und für die man früher eine ganze Stunde bekam.

Was hast du mit Pascal am Hut, fragt Fred in einem Ton, als sei das sein Gebiet.

Ich hab ihn schon immer gelesen.

Hab ich wenig von gemerkt.

Ich rede ja nicht jeden Tag darüber.

Ich dachte, du hättest immer bloß Baudelaire gelesen. Und wenn's um Theorie ging Adorno.

Das war vor dreißig Jahren, zumindest was Adorno angeht.

Du zitierst ihn noch immer.

Bloß wenn's gegen die Popscheiße geht.

Und wieso jetzt Pascal?

In einer Woche ist sein 350. Todestag.

Und dafür gibt's einen Fernsehbeitrag?

Es gibt ihn nicht mehr.

Wen?

Den Fernsehbeitrag. Gäbe es ihn, würde ich jetzt nicht hier sitzen. Konnte ja nicht schnell genug gehen heute Morgen, als Linda anrief. Es wäre sowieso mein letzter Beitrag gewesen. Aller Wahrscheinlichkeit nach jedenfalls. Ende des Monats geht mein Redakteur in Rente. Schluss, aus. So alte Säcke wie ich, die immer noch Adorno zitieren, gehen den jetzigen Redakteuren auf den Wecker. Mittlerweile sitzen die Dreißigjährigen an den Hebeln und beschäftigen ihre eigenen Leute. Wie soll's auch anders sein!? Vor zwanzig Jahren habe ich ein Dutzend Beiträge im Jahr abgeliefert, inzwischen sind es bestenfalls noch drei, und die Themen werden so gut wie immer vorgegeben: Götz-von-Berlichingen-Festspiele in Jagsthausen, Till Eulenspiegel beim Bruchsaler Theatersommer, die Entdeckung von Amphorenscherben in einer Kiesgrube am Rhein.

Du kannst bei mir Seminare geben. Sage ich dir schon lange!

Es grenzt für Jakob an Frechheit, wenn ausgerechnet Fred, dieser Volkshochschul-Einstein, ihm gönnerhaft Seminare anbietet, für die man zwanzig Euro pro Stunde kriegt und in denen hoffnungslose Fälle sitzen, die sonst keinen haben, den sie mit ihren selbstgebastelten Weltanschauungen belästigen können. Lieber Selbstmord, als bei Fred in Memmingen Seminare geben, die den Titel tragen: Der Sinn des Lebens aus philosophischer Sicht; Weihnachtsgeschichten, kritisch betrachtet; Herz und Hirn – sind das Gegensätze? Genau genommen macht Jakob beim Radio und im Fernsehen zwar das Gleiche, verdient dabei allerdings deutlich besser, nur dass die Sender seine Vorschläge inzwischen meist dankend ablehnen. Weil er sich nie an der Uni hocharbeiten und bloß den Freigeist spielen wollte, musste er sich mit Sendungen durchschlagen, bei denen mit jedem Jahr mehr die mätzchensüchtigen Kameraleute bestimmten, was in die Kiste kommt, gar nicht zu reden davon, dass die Redakteure am Ende noch die übliche Musiksoße drunterlegen, damit bloß keine Stille entsteht.

Einerseits fühlt Jakob sich, seit er unverrichteter Dinge aus Paris abgereist ist, seltsam befreit, andererseits hat er damit sein Ende beim Sender besiegelt und sich ins schiere Nichts hinauskatapultiert. Während des Studiums dachte er, es müsste herrlich sein, für Funk und Fernsehen arbeiten zu dürfen, als werde man dadurch Teil einer auratisch angehauchten Welt. Doch glücklich geworden ist er dort nie. Am liebsten wäre er Privatgelehrter geworden, allerdings nicht wie man sich solche Gestalten als graue Grübelwesen aus dem 19. Jahrhundert vorstellt, sondern als eine Art Nomade, der außer Büchern und einer Mansarde nicht viel braucht. Für Linda ist er ein Kaffeehausliterat, der nicht einmal Ambitionen zum Schreiben besitzt, während für Jakob nach wie vor feststeht, dass das wahre Leben darin besteht, Dinge um ihrer selbst willen zu tun: Einer Musik lauschen, die einen in andere Sphären entrückt; durch die Straßen ziehen und dabei ein Gedicht auswendig lernen; in einem Bistro zum Fenster hinausschauen und sich wie ein weltlicher Mönch über die Schöpfung wundern, über das Licht, den Tag, die Nacht und die Übergänge vom einen zum andern. Alles andere, sagt er sich schon lange, wird zur Genüge von den andern bewerkstelligt, die bei allem, was sie anpacken, zuerst überlegen, wohin es führt und was es bringt.

Er dagegen wollte für das Zwecklose zuständig sein und nicht kalkulieren müssen, was dieses bringt und was jenes nicht. Noch nie in seinem Leben hat er ein langfristiges Ziel vor Augen gehabt. Heute liest er Pascal, gestern las er Baudelaire und zwischendurch die Zeitung, und oft wartet er nur darauf, dass es Abend wird und man ein erstes Glas trinken oder essen gehen kann. So verstrichen seine Tage über Jahre und Jahrzehnte. Manchmal bedrängt ihn zwar der Gedanke, dafür beim Jüngsten Gericht büßen zu müssen, den er dann aber mit dem Gegengedanken bekämpft, dass Gott vielleicht gerade jene zur Rechenschaft zieht, die sich vor lauter Schaffen und Raffen nie Zeit fürs bloße In-den-Tag-hinein-Leben nehmen wollten, aus lauter Angst, dabei in Abgründe blicken zu müssen.

Seit er ihn im Religionsunterricht zum ersten Mal gehört hat, ließ ihn Pascals Satz nie wieder los: Alles Übel der Menschheit rührt daher, dass der Mensch es nicht mit sich allein in einem leeren Zimmer aushält! Auf seine Weise hielt Jakob es meist mühelos in irgendwelchen Zimmern aus, in Zimmern, die zwar selten leer, jedoch für nichts anderes da waren als fürs Lesen, Herumsitzen und Schlafen. Nur hat er sich damit über die Jahre in eine Lage hineinmanövriert, die Joschis immer ähnlicher wird. Dabei hätte er, was das Geldverdienen beim Fernsehen anbelangt, durchaus noch Ideen gehabt: ein Film über Voltaires Rückzug in sein Schloss oberhalb von Genf, wo er mit einem verarmten Jesuiten, der bei ihm wohnen durfte, jeden Abend Schach spielte und jedes Mal durchdrehte, wenn der Pater gewann, für den dann bloß noch die Flucht in den Schrank blieb, aus dem er erst wieder hevorkroch, wenn Voltaire ihm versprach, ihn nicht zu schlagen; oder ein Film über Madame de Sévigné, deren Leben aus Briefeschreiben bestand, in denen sie ihrer Tochter alle paar Tage schilderte, was ihr an

Begebenheiten untergekommen war, und in denen es einmal heißt: Ich hätte gerne, dass man hundert Jahre in Sicherheit zubringt und den Rest in Ungewissheit; ebenso hatte er schon den Vorschlag gemacht, einmal pro Woche oder wenigstens einmal pro Monat oder auch nur dann und wann ein Gedicht im Fernsehen vorzustellen, kurze sieben Minuten lang, mit Vorlesen und einem kurzen Gespräch. Jedes Mal meinte er am anderen Ende des Hörers das augenrollende Kopfschütteln der Redakteure zu sehen, die ihm etwas von Formaten und Quoten erzählten, was heißen sollte: Vergiss es und belästige uns nicht länger mit einem solchen Schwachsinn!

Doch es nützt nichts, sich den Kopf über den endgültigen Sieg von Hipness und Fun zu zerbrechen, sagt Jakob sich immer wieder, man igelt sich sonst nur in miesen Gefühlen ein, die einem selbst nicht guttun. Trotzdem könnte er wie ein wild gewordener Adornit auf alles einschlagen, was mit dem immer gleichen, allgegenwärtigen Gewummer und Gebummer zu tun hat, das vierundzwanzig Stunden am Tag weltweit aus allen Röhren tönt und dröhnt. Doch es bringt nichts, gegen den Gang der Dinge zu wüten. Reg dich nicht auf, sagt er sich täglich, les jeux sont faits! Vor einigen Wochen hatte er eine jener sogenannten Kultursendungen gesehen, bei denen das notorisch überdrehte Moderatorenpärchen meinte vorführen zu müssen, dass klassische Musik, so sie noch eine Überlebenschance haben soll, sich in Zukunft nur noch an die Leute bringen lässt, wenn die Musiker mit knalligen Kostümen auftreten und zu discodoofem Hüftgewackel Vivaldis *Winter* aus den *Vier Jahreszeiten* herunterschrubben, während von der Decke aus einem Rupfensack Theaterschnee rieselt. Anders, erklärten die beiden mit halb hämisch, halb hochmütig besorgten Gesichtern, lasse sich eine solche Musik bald nicht mehr vermitteln. Wofür ausgerechnet der simple Vivaldi herhalten musste mit seinen abgenutzten Gassenhauern, die jedes Kind nachpfeifen kann!

Vor Wut packte Jakob den Fernseher, trug ihn die acht Stockwerke zu den Abfalleimern hinab, holte aus dem Keller einen Hammer und schlug ihn zusammen. Bereut hat er es bis heute nicht, keinen einzigen Augenblick. Wozu weiterhin vor der Glotze hocken, wo es nur noch um schnelle Schnitte, knallige Sprüche und optische Kinkerlitzchen geht, egal, worum es sich handelt? Einen Tag zuvor hatte er einen Bericht über die Salzburger Festspiele gesehen, bei dem zwischen ein paar Takten Strauss und Verdi jedes Mal Hardrockgebumse eingespielt wurde, wenn der vor Eitelkeit platzende, ständig übertheatralische, zeitgeistig überkorrekte Moderator mit seiner affigen Ahnungslosigkeit dem Fernsehvolk kundtat, dass der Dirigent tagelang probte, es sich um Salzburg pur handelte und man sich auf einen echten Ohrenschmaus einstellen durfte. Mein Gott, was waren das für Zeiten, als im Fernsehen sich noch Leute, die wussten, wovon sie redeten, rauchend in schlichten Stühlen gegenübersaßen und anderthalb Stunden lang ohne allen Schnickschnack und ständige Kamerafahrten über Gott und die Welt unterhielten!

Zieh dich zurück, verbringe deine letzten Jahre wie Candide im Garten und versuche den Rest, der dir bleibt, ohne Groll hinter dich zu bringen, sagt Jakob sich immer wieder. Sollen sie doch in ihren Seichtigkeiten ersaufen, nach mir die Sintflut! Wozu weiter mitmachen, wenn selbst in den Kulturministerien längst Leute das Sagen haben, die Oper für ein muffiges Relikt aus dem vorvorigen Jahrhundert halten und meinen, wenn die Natur gerettet sei, sei alles gerettet, solange sie selbst in prächtigen Altbauwohnungen mit Stuck und hohen Decken wohnen und stolze Besitzer jener Gründerzeitpaläste sind, die sie anno dazumal besetzt haben, nur dass sie mit den Bibliotheken ihrer Eltern nach wie vor nichts anfangen können und den Namen Boulez allenfalls mit einem französischen Kugelspiel in Verbindung bringen, während sie jenes Gewerkel von Leuten, das unter der Marke Soziokultur firmiert, üppig mit Geldern subventionieren, die sie den zerschlagenen Orchestern entwendet haben.

Jakob könnte toben, stundenlang, endlos, doch er sollte den Mund halten und dankbar sein, wenn man ihn noch ein bisschen mitmischen lässt. Nur hat er keine Lust mehr, bis an sein Lebensende den Toleranten zu spielen, was er viel zu lange gemacht hat. Jetzt, wo es nichts mehr zu verlieren gibt, kann man sich auch mit Karacho selbst ins Abseits hinausschleudern. Hip und Hop und Pop, das war nie seine Sache, auch wenn er die Beatles liebt und die Stones, die ihm im Vergleich mit dem jetzigen Gelärm wie klassische Musik vorkommen. Allein im Zug könnte er zum Mörder werden, wenn zehn Meter entfernt einer mit Kopfhörern sitzt, deren monotones Gezisch ihn rasend macht. Wozu noch einen netten Menschen mimen? Wozu weitere Jahre sinnlos lavieren, jonglieren, taktieren und charmieren? Wozu noch Rücksichten nehmen? Er ist jetzt frei, auch wenn er mit dieser Freiheit nur seinem eigenen Niedergang entgegenschlittert.

Ein wenig fürchtet er aber auch, dass man durch diesen Widerwillen gegen fast alles, was inzwischen das Leben ausmacht, sich selbst eines Tages widerlich wird, spätestens dann, wenn dieser Widerwille sich als letzter und einziger Lebensmotor erweist. Zuweilen versucht er die Dinge lockerer zu sehen, nur dass ihn dann sofort wieder die Lockerheit all jener Leute anwidert, die immer alles bloß locker sehen. Dabei lebt man mit Fitness und Fun sicherlich gesünder, als wenn man ergriffen der Waldstein-Sonate lauscht und der einzige Sport im Flanieren besteht. Doch lebt man nur, um gut drauf zu sein? Vermutlich würde ihn all dieser Kram weit weniger jucken, wenn er ein dickes Konto besäße und keine maßlose Angst vor dem, was noch kommen wird.

Heikel ist nur, dass er noch dreißig Jahre vor sich haben könnte oder sogar mehr. Vater ist neunundachtzig geworden, selbst hundert sind heutzutage nichts Seltenes mehr, man muss nur an Johannes Heesters, Ernst Jünger und Gadamer denken, den er mit Mitte neunzig noch zu Hause in Heidelberg interviewen durfte, in dessen Schreibtischfach eine Flasche Cognac stand, von dem sie sich schon morgens um zehn zwei, drei Gläschen genehmigt hatten. Würde Jakob so alt wie Heesters werden, hätte er erst wenig mehr als die Hälfte hinter sich.

In seinen hinteren inneren Winkeln klopfen auch Selbstvorwürfe an, und zwar nicht erst jetzt, wo alles zu spät ist, sondern schon immer. Warum, fragt er sich dann, bin ich nicht wie Vater geworden, der jeden Morgen zur Arbeit ging und abends so müde nach Hause kam, dass er mit den Kindern nicht mehr viel anfangen konnte, und den dann zum Leidwesen von Mutter auch keine zehn Gäule mehr in die Oper hätten bringen können? Ob das, was er macht, sinnvoll ist, diese Frage hatte sich ihm vermutlich nie gestellt. Es war sinnvoll durch den Zwang, Geld verdienen zu müssen, und vor allem durch dass Wissen, gebraucht zu werden. Vielleicht war ich, fragt Jakob sich in solchen Momenten, einfach immer nur faul.

Als er heute Morgen in Paris auf die Seine blickte, schaute er einem Blatt hinterher, das sich im Strom drehte und von ihm fortgezogen wurde. Es hätte sich nicht ans Ufer retten können und musste sich seinem Schicksal überlassen, ohne zu wissen, ob es von einem Strudel in die Tiefe gerissen, irgendwo an Land gespült oder eines Tages ins Meer gespült wird.

Erst vor drei Tagen klingelte abends um halb acht sein Handy, eine ihm unbekannte Nummer aus Deutschland, am anderen Ende eine ausgesprochen muntere Stimme: Hallo, Herr Nido, guten Abend, wir haben schon lange nicht mehr miteinander gesprochen! Jakob wusste nicht, wer da so vertraulich zu ihm sprach, hatte den Namen dieser überaus aufgeweckten Frau auch gar nicht verstanden. Es war, wie sich nach zweimaligem Nachfragen herausstellte, Frau Sunner von der Sparkasse, die er noch nie gesehen, noch nie gesprochen, noch nie getroffen hatte. Weil er vor Schreck und Staunen schwieg, rief sie nochmals: Hallo, Herr Nido, sind Sie noch da?, was schon nicht mehr ganz so munter klang, ja sogar einen leichten Einschlag ins beinahe Verzweifelte, zumindest Verunsicherte besaß, worauf er bestätigte: Ja, ich bin noch da, aber ich glaube … ich weiß nicht, ob ich Sie kenne? – Ich bin Frau Sunner von der Sparkasse, sprudelte sie dann schon wieder etwas beschwingter weiter, ich bin Ihre Ansprechpartnerin, wir haben uns schon lange nicht mehr unterhalten! – Ich glaube, sagte Jakob zögerlich, wir haben uns, soweit ich weiß, noch nie … – Doch da hörte sie schon nicht mehr hin und wollte sofort einen Termin vereinbaren, einen möglichst zeitnahen, wie sie sich ausdrückte.

Zeitnah, dachte Jakob, ist auch eines dieser Wörter, die gestern noch von keinem benutzt und plötzlich über Nacht epidemisch wurden, so wie Zeitfenster, das inzwischen auch jeder Idiot im Munde führt. Zeitnah, Zeitfenster, da musste er sogar Joschi recht geben: Das ist der Geist des Kapitals bis in den letzten Zipfel der Sprache hinein, da eilt alles und muss jede Sekunde ausgenützt werden, da hat man keine Zeit für Zeitverschwendung, bei diesem checkenden, rechnenden, verwaltenden Denken, worüber er jedoch in diesem Augenblick nicht nachdenken konnte, weil Frau Sunner von der Sparkasse einen Termin vereinbaren wollte, und zwar zeitnah, wie sie schon zum zweiten oder dritten Mal betonte. Er war gerade einem U-Bahn-Schacht entstiegen, stand an der Place de la Bastille und schaute zu dem geflügelten Freiheitsjüngling hinauf, der auf der Spitze der Julisäule mit einer Fackel in der Hand auf der Weltkugel tanzt, während Jakob das Herz zu pochen anfing und er bei schönstem Wetter unter wolkenlosem Himmel Schweißausbrüche bekam, weil eine Frau Sunner, die er nicht kannte, meinte, ihn wie aus dem Nichts überfallen zu müssen. Am liebsten hätte er sofort aufgelegt und hatte sie auch mit der Behauptung, es sei gerade äußerst ungünstig, abzuwimmeln versucht, nur dass sie, nahezu begeistert, rief: Aber wann wäre es Ihnen denn günstig, ich kann auch morgen anrufen?!

Es war für ihn, insofern es sich um die Sparkasse handelte, überhaupt nie günstig, nicht heute, nicht morgen und auch nicht in drei Wochen, es gab in diesem Fall kein passendes Zeitfenster, weder ein zeitnahes noch ein zeitfernes, es war für ihn schlimmer, als wenn sich die Polizei gemeldet hätte, weshalb er Frau Sunner mit der Antwort beschied: Ich bin zur Zeit viel unterwegs, es ist im Moment wirklich nicht günstig, vielleicht könnten Sie es in zwei Monaten … – Herr Nido, grätschte sie sich, diesmal gar nicht mehr freundlich, sondern erstaunlich schnittig dazwischen, Herr Nido, wenn Sie nicht mit mir reden und nicht einen zeitnahen Termin mit mir ausmachen wollen, dann kann ich bald schon nichts mehr für

Sie tun, dann geht die Angelegenheit an meinen Vorgesetzten, was nicht in Ihrem Sinne sein kann! – Worum geht es denn? Das Handy zitterte ihm in der Hand, ihm war schlecht, er hätte schreien, davonlaufen, sich übergeben können, hätte das Handy am liebsten weggeworfen, drüben in die Tiefen der Seine hinab, ins Meer, ins Klo, überallhin, wo es nie wieder klingeln würde. Worum geht es denn? Seine Stimme saß nicht mehr fest, er musste sich anstrengen, es Frau Sunner nicht anmerken zu lassen, doch sie bebte bereits leise, als habe er ein Verbrechen begangen, bei dem ihm die Gendarmerie tausendmal willkommener als Frau Sunner gewesen wäre, die ihm mit einem ominösen Vorgesetzten drohte, ohne zu verraten, worum es eigentlich ging. Worum geht es?, fragte Jakob nochmals. – Das möchte ich mit Ihnen eben unter vier Augen besprechen. – Können Sie es mir nicht gleich sagen? Wenigstens andeuten? – Sie stehen seit zwei Jahren ununterbrochen am Anschlag Ihres Dispos, Herr Nido. Ein Dispokredit ist aber nicht dazu da, ständig bis obenhin ausgeschöpft zu werden, er soll nur in Notfällen Abhilfe schaffen, für einen überschaubaren Zeitraum, für ein pausenloses Überziehen bis zum Äußersten ist er nicht gemacht und nicht gedacht, Sie stehen unablässig bei Fünftausend am Anschlag, und das, wie gesagt, seit geschlagenen zwei Jahren!

Frau Sunner konnte also auch anders. Sie hatte mehrere Stimmen und Stimmungen parat. Es tut mir leid, sagte er, im Moment bin ich nicht zu Hause. – Aber wir müssen miteinander reden, wenn Sie nicht möglichst schnell mit mir reden wollen, kann ich nichts mehr für Sie tun, und dann haben Sie bald gar keine Gelegenheit mehr, das Konto zu überziehen, um keinen einzigen Cent, es tut mir leid, dass ich Ihnen das so deutlich sagen muss. – Ja sicher, ich meine… selbstverständlich … – Haben Sie denn noch irgendwo Vermögen? Ein Sparkonto, das nicht bei uns auf der Bank ist, einen Bausparvertrag, was auch immer? – Frau Sunner, ich will gerne mit Ihnen reden, nur bin ich im Moment, wie gesagt, viel unterwegs … – Herr Nido, ich kann Ihnen nur sagen, was ich Ihnen gerade eben schon gesagt habe! – Natürlich, natürlich! – Und deshalb müssen wir reden. – Aber worüber, Frau Sunner? Worüber wollen Sie denn reden? Meine Situation ist im Moment nicht rosig … – Ich kann nur wiederholen, was ich Ihnen … – Ja sicher, aber im Moment lässt sich wenig daran ändern. – Das steht nicht allein in Ihrer Entscheidung, Herr Nido! Wie gesagt, mein Vorgesetzter … – Ja, selbstverständlich … – Könnten Sie denn nicht wenigstens monatlich zweihundert Euro abtragen, damit das Konto in, sagen wir einmal, zwei Jahren langsam wieder auf null wäre. – Alles kann sich ständig bei mir ändern. Mal läuft's gut, dann wieder weniger. – Gut lief es bei Ihnen, wie der Kontoverlauf aufzeigt, schon lange nicht mehr. – Aber ich zahle doch, fiel es Jakob plötzlich ein, als habe er endlich einen Trumpf in der Hand, ich zahle doch Überziehungszinsen!

So ging es noch eine Weile weiter, hin und her und her und hin, stets mit Frau Sunners Drohung, dass im Falle einer Nichtkooperation – auch dieser Begriff fiel gegen Ende des Gesprächs immer öfter –, dass im Falle einer Nichtkooperation ganz andere Konsequenzen drohten, bis hin zur Kontoauflösung. Eine Bank, erklärte sie, sei nicht verpflichtet, für jeden, der es wünscht, ein Konto zu eröffnen, und könne ein existierendes auch jederzeit wieder auflösen, nur damit Sie das wissen! – Ja klar, natürlich, ich werde so schnell wie möglich, doch im Moment … Jakob verhaspelte sich nur noch, obwohl er immer das Gleiche sagte, so dass in Frau Sunner sogar ein bisschen Mitgefühl aufzukommen schien, zumal sie ihn auf einmal fast gütig fragte: Herr Nido, ich meine es, wie Sie mir glauben können, nur gut mit Ihnen, wann können wir unter vier Augen miteinander sprechen? Jakob wollte nicht mit ihr reden, am allerwenigsten unter vier Augen, er hatte ihr nichts zu sagen, würde nur dasitzen und sie reden lassen müssen, er wollte auch nicht mit ihrem Vorgesetzten sprechen, mit ihm noch viel weniger, hatte aber keine andere Wahl, weshalb er ihr, um sie loszuwerden, versprach, in zeitnaher Zeit bei ihr vorbeizukommen, sie jedoch auf einem klaren Termin zu bestehen gedachte, mit Tag und Stunde, worauf er bedauerte, gerade seinen Terminkalender nicht zur Hand zu haben, was sie sofort wieder eine härtere Gangart einschlagen ließ, als wollte er sie zum Narren halten, ausgerechnet sie, der er dankbar dafür zu sein hatte, dass nicht noch postwendend an diesem Abend, in diesem Augenblick, der Hahn abgedreht und auf der Stelle sein Konto aufgelöst wurde, was ihn von vorn anfangen ließ, Frau Sunner zu fragen, was er denn konkret für sie tun könne, worauf sie lachte und sagte, um sie gehe es hier überhaupt nicht, nur um ihn, jedoch bereit war, ihm eine Frist von einer Woche zu gewähren, unter der Bedingung, ihr alle seine Einkünfte, die in den nächsten Monaten zu erwarten seien, schriftlich aufzulisten und sofort zuzusenden.

Drei Tage ist das nun her, eine schriftliche Auflistung der zu erwartenden Einkünfte gibt es immer noch nicht und wird es auch nicht geben, da keine Einkünfte zu erwarten sind und Jakob ein leeres Blatt abliefern müsste. Dass er in Paris war, als sie mit ihm telefonierte, verschwieg er Frau Sunner.

Um sich von diesem Überfall zu erholen und sich etwas Gutes zu tun, eilte er danach schnurstracks in die nur wenige Schritte entfernte Brasserie *Bofinger*, wo einst auch Roland

Barthes häufig saß. Wenigstens wollte er sich nach diesem nervenzerrüttenden Gespräch ein wenig wie Roland Barthes fühlen und auf die gleichen Fenster, Leuchter und Tische schauen, auf die Roland Barthes bereits geschaut hatte, um vielleicht sogar von einem jener Kellner bedient zu werden, von dem auch er schon bedient wurde und der nunmehr zu jenen Älteren gehörte, die sich mit formvollendeter Lockerheit rührend um ihre Gäste kümmerten. Zum Abschluss hatte er einen Marc de Gewürz getrunken, den besten der Welt, für den allein schon sich der Besuch im *Bofinger* lohnt, und dann noch einen zweiten, den dritten spendierte ihm der Kellner, beim vierten ließ er den Rest der Flasche auf dem Tisch stehen, wofür Jakob sich mit einem Trinkgeld bedankte, für das andere Leute sich mit der ganzen Familie ein Abendessen im Geiginger *Adler* leisten. Tags darauf rief er beim Sender an, um sich einen Vorschuss für die Pascal-Geschichte zu erbitten, worauf er erfuhr, dass das Honorar auf seinen Wunsch hin bereits vor zwei Monaten restlos überwiesen worden war.

Wie sollte denn deine Sendung heißen?

Solche Kleinbeiträge besitzen keine Titel. Doch meinetwegen hätte sie heißen können: Die Stille von Port-Royal.

Und was hatte es mit diesem Pascal auf sich?

Er hatte Angst vor dem Nichts.

Wenn's nichts Schlimmeres ist!

Und deshalb gierte er nach Gott, ergänzt Fred.

Exakt.

Er hatte, sagt Fred, Panik vor einem Nichts, von dem einer, der im Sarg liegt, gar nichts mehr mitkriegt.

Bist du sicher, dass einer, der im Sarg liegt, davon nicht das Geringste mehr mitkriegt? Selbst der hartgesottenste Atheist müsste doch ein klein bisschen Angst davor haben, dass das, was die Religionen sagen, wahr sein könnte. Zumindest im Kern.

Und dann?

Nichts dann. Aber ein bisschen Angst müsste er haben.

Sie widersprechen sich doch in so gut wie allem, die Religionen.

Sie alle kennen einen Gott oder Götter, und sie alle kennen die Angst vor Strafen.

Der Buddhismus nicht.

Da wirst du als Schwein wiedergeboren, solange du nicht erlöst bist.

Sich für Gott zu entscheiden, ist für Pascal ein genauso großes Abenteuer wie eine Seereise zu Kolumbus' Zeiten. Man weiß dabei nur, dass man aufbricht und bald kein Land mehr sieht, der Rest bleibt ungewiss.

Was hieße, dass die Ungläubigen daheimbleiben, weil sie sich aus lauter Angst vor dem Ungewissen bloß auf bekanntem Boden bewegen wollen.

Pascal hat eine der ersten Rechenmaschinen erfunden, als Mathematiker ist er so berühmt wie als Philosoph. Und er stellt als Mathematiker fest: Raum, Zeit und Unendlichkeit sind alles Dinge, die wir als selbstverständlich voraussetzen, ohne wirklich zu wissen, was sie sind.

Zeit ist, wenn etwas vorbeigeht. Das weiß doch jedes Kind.

Aber die Zeit an sich, was ist das?

Mir fehlt nicht viel, wenn ich's nicht erklären kann.

Das sagt der Volkshochschul-Einstein aus Memmingen.

Idiot. Und trotzdem biete ich dir an, dass du deinen Pascal bei mir machen kannst.

Wieso Pascal?

Weil du gerade einen Film über ihn machen wolltest.

Was soll ich deinen Memmingern über Pascal erzählen?

Alles.

Da gibt's kein Alles, bloß Gedankenfetzen.

Der wollte sich doch von seiner Mutter nicht küssen lassen, sagt Fred, aus Angst, von einer Frau angefasst zu werden.

Kann sein. Ist aber nicht mein Thema.

Alles hängt mit allem zusammen.

Mir ging's um Port-Royal. Wie diese Leute dort draußen lebten, im flachen Abseits, in einer weiten, verlorenen Landschaft mit Pappelalleen und Silberweiden, endlosen Feldern und Wiesen mit knorzigen Apfel- und Birnbäumen, wo selbst heutzutage weit und breit nur ein einziger, einsamer Gasthof auf einen wartet, der jedes Mal, wenn ich dran vorbeikam, geschlossen war und auf der vergilbten Karte draußen nur ein einziges Menü anbot, mit Pêche Melba als Nachtisch. Nicht weit davon ist Paris und noch näher Versailles, wo zu Pascals Zeiten Musiker und Dichter ein und aus gingen, die sich dort ihren Ruhm holen und zur großen Gesellschaft gehören wollten, was diese Philosophen und Pädagogen in Port-Royal nicht die Bohne interessierte, die gleich nebenan in einer ganz anderen Welt lebten, in alten Klostergemäuern, in einem waldigen Tal, von Teichen, Schilf und Wildwuchs umgeben, wo sie eine lose Diskussionswohngemeinschaft bildeten, die aus lauter Einzelgängern bestand. Keiner musste in die Kirche gehen, keiner musste öffentlich beten, alles geschah freiwillig.

Und die Religion?

Na ja, für Pascal war sie eine Art Rechnerei. Seine größte Angst bestand darin, dass es keinen Gott geben könnte und das Einzige, was uns ausmacht, die Furie des Verschwindens wäre.

Dafür hat er aber ziemlich viel über Gott geredet, scheint mir.

Aus lauter Panik, dass nach dieser Welt tatsächlich nichts mehr kommen könnte und das All nur ein einziger Abgrund ist.

Schlimmer wäre es, in der Hölle zu landen. Dann lieber das Nichts.

Und was hat er dabei gerechnet, dein Pascal?

Er hat, wie gesagt, eine der ersten Rechenmaschinen erfunden und ist auch ein Rechner geblieben, was die Letzten Dinge angeht, obwohl er sein Lebtag betont hat, Wissenschaft und Glaube seien zwei verschiedene Paar Stiefel. Herz und Hirn, die gehörten für ihn nicht zusammen, oder besser gesagt: Was das eine zu sagen hat, gilt in seinen Augen deshalb für das andere noch lange nicht. Trotzdem ist er auch in Gefühlsdingen ein kühler Logiker geblieben, wider Willen vermutlich.

Du hast doch gesagt, er hat Panik gehabt.

Der Horror Vacui hat ihn nie losgelassen.

Was hat das mit Logik zu tun?

Er wollte, dass sich das, was man im Leben tut, bezahlt macht. Ausgaben und Einnahmen, Soll und Haben, Vergeltung und Belohnung. In diesen Kategorien dachte er, und zwar ausschließlich. Es sollte nichts umsonst gewesen sein.

Kredit kommt von Glauben, wirft Joschi ein.

Was?

Wisst ihr das nicht? Kredit und Credo, das sind die gleichen Wörter. Alles Schmu und Schmäh sozusagen. Nix dahinter außer Nullen und Schulden.

Wo er sich auskennt, kennt er sich aus!

Auf jeden Fall, um das noch zu Ende zu bringen …

Wir haben Zeit!

Jedenfalls will Pascal, sollte es einen Gott geben, auf der Gewinnerseite stehen. Und darum wettet er wie bei einem Glücksspiel, indem er die bekannten und unbekannten Größen, mit denen man dabei zu tun hat, gegeneinander abwägt und auf rein logischem Wege seine Schlüsse zieht, bevor es zum Einsatz kommt.

Rein logisch? Ist doch Schwachsinn, wenn es ums Jenseits geht.

Vielleicht, vielleicht aber auch nicht.

Das nennst du Logik?

Ich erzähle nur, was Pascal gesagt hat, schließlich geht seiner Wette die Frage voraus, ob es besser ist, an einen Gott zu glauben, oder besser, davon auszugehen, dass es keinen gibt. Genauer gesagt stellt er sich die Frage, ob es auch dann besser ist, ein gottgefälliges Leben zu führen, wenn es keinen Gott gibt. Angenommen, es gibt keinen, so kann man sich getrost sagen: Nütze dein kurzes Erdendasein aus, hol dir, was du brauchst, mach, was dir gefällt. Gibt es aber einen Gott, dann kann dich das teuer zu stehen kommen. Was also tun? Unterm Strich, nach Abwägung aller Eventualitäten, so lautet Pascals Schlussfolgerung, ist es besser, an Gott zu glauben, selbst wenn es ihn nicht gibt, und zwar deshalb, weil man auf diese Weise wenigstens ein gutes Leben führt. Verloren ist dabei nichts, und sollte es doch einen Gott geben, hat man sogar gewonnen. Man könnte auch sagen, es rentiert sich zu glauben, Gott her, Gott hin. Falls er aber existiert, hast du am Ende einen phantastischen Kapitalertrag. Wer dagegen sein Lebtag lang säuft und hurt und nur tut, was ihm passt, der steht, falls es das Jüngste Gericht dann doch gibt, am Ende dumm da. Es ist also die pure Vernunft, die uns zum Glauben drängt, auch wenn Pascal gern betont, dass Glaube und Vernunft zwei Paar Stiefel sind.

Ich dachte, er hätte irgendein Erweckungserlebnis gehabt, nachts Heulkrämpfe gekriegt und sich dann zu Gott bekehrt. Warum auch immer.

Trotzdem ist er der Meinung, dass die Vernunft uns …

Das hat er halt nachträglich behauptet. In Wirklichkeit ist's immer innerer Wirrwarr, was die Leute zur Religion treibt, oder Verzweiflung.

Pascal setzt aber alles auf eine Karte und spielt die Möglichkeiten durch.

Hat was von Kasino und Roulette.

Stell dir vor, wir säßen jetzt mit diesem Herrn hier am Tisch vor vollen Weingläsern, die ständig nachgeschenkt werden, und würden lose Reden führen, und an den Wänden hingen noch diese Pin-up-Dinger von eurem Papa, da würde dieses Männlein doch sofort denken: Ich komme in den Himmel, diese da in die Hölle.

Vorausgesetzt, es gibt einen Gott.

Und ebenso vorausgesetzt, dass dieser Gott nicht Shiva oder Shakti heißt und auch nicht der große Manitu ist, sondern aus der Bibel stammt.

Wenn es der aus der Bibel ist, dann hätten wir die Arschkarte gezogen.

Die Ewigkeit dauert halt leider ziemlich lange. Da sollte man sich schon vorher überlegen, ob es sich lohnt, wegen ein paar läppischer Genüsse alles aufs Spiel zu setzen.

Was heißt da läppisch?

Na ja, wenn es keinen Gott gibt und du lebst die ganze Zeit verkorkst und keusch und gönnst dir so gut wie nichts, dann hast du nicht einmal von deinem Erdenleben was gehabt.

Dass Gott solche Rechner, Kriecher und Schleimer, die schon hier unten nach nichts anderem gieren als dem ewigen

Leben, in hohem Bogen in die Hölle werfen könnte, weil sie sich nur deshalb alles verkneifen, damit sie im Jenseits einmal den schönsten Platz an der Sonne ergattern, auf diese Idee kam dein Pascal wohl nie.

Was heißt da: mein Pascal!?

Da ist mir dann doch mein guter alter Luther lieber, der behauptet, von Gottes ewigen Ratschlüssen könnten wir rein gar nichts wissen. Was schlicht gesagt heißt: Das schlimmste Schwein kann vor ihm gerechtfertigter dastehen als der gottesfürchtigste Selbstkasteiungsexperte. Unsere menschlichen Maßstäbe kannst du von Anfang bis Ende den Hasen geben, wenn es um die Ewigkeit geht. Gott müsste doch ein Depp sein, wenn er sich auf so einen Kuhhandel wie den von Pascal einlässt.

Ein Kuhhandel ist es nicht, eher eine Art Risikomanagement.

Nenn es, wie du willst, ich finde es gaga.

Na ja, man fragt sich schon, ob hier unten nicht tatsächlich nur noch der Teufel los wäre, wenn die Leute sich sicher sein dürften, dass es so etwas wie das Jüngste Gericht auf keinen Fall gibt. Sogar Voltaire, der die Kirche bekanntlich gehasst und sich zeitlebens dagegen gewehrt hat, dass man das Volk mit einem rachsüchtigen Gott einschüchtert, war der Meinung, dass ein bisschen Angst vor einem überirdischen Strafgericht keineswegs schaden kann. Andernfalls, fürchtete er, herrschte auf Erden nur noch die blanke Gier, und jeder würde bloß noch gucken, wie er am meisten abkriegt, notfalls mit Mord und Totschlag.

Ich kann nur sagen, die indischen Götter würden bei dieser kalten Rechenschieberei nicht mitmachen. Und die griechischen sowieso nicht. Die würden sich totlachen.

Von denen wüsste auch keiner, wer wirklich angesprochen ist.

Keine Sau wüsste das.

Wie schwer die Tatsache wiegt, dass jemand in seinen siebzig, achtzig Erdenjahren Tausende von Fliegen totgeschlagen hat, unschuldige Tierchen, denen sowieso bloß wenige Stunden und Tage vergönnt sind, das hat deinen Pascal offenbar nicht beschäftigt.

Die Tiere, sagt Franziska, die müssen doch, denk ich immer, auch eine Art Seele haben. Schau dir die Katzen an und die Hunde. Oder auch Kühe. Oder Pferde. Wie die einen anschauen!

Pferde schauen einen nicht an, die schauen an einem vorbei, sagt Fred.

Aber das hat doch auch was zu bedeuten. Man denkt doch, die müssten sich irgendetwas denken, so wie die schauen.

Guck dir die Hühner an, sagt Jakob, hinter solchen Knopfaugen keimt doch kein Gedanke. Es ist das ständige Entsetzen. Kein großes, bloß ein kleines, aber auf jeden Fall mehr Entsetzen als Denken.

Wo jemand nicht mehr atmet, kann auch keine Seele mehr sein, würde ich mal stark vermuten, sagt Fred.

Dann müsste der ganze Buddhismus reinster Blödsinn sein, sagt Uli.

Ihr glaubt wahrscheinlich an solches Zeugs, Seelenwanderung und all diesen Kram.

Woher willst du das wissen?

Hat mir Linda erzählt. Im Übrigen kenne ich euch jetzt auch schon eine Weile.

Also ich, sagt Uli, habe das nie behauptet.

Und du, Franziska?

Sagen wir mal so, ich find's irgendwie interessant, wenn man an einen ewigen Kreislauf glaubt.

Siehst du.

Was heißt da, siehst du? Ich hab nicht gesagt, dass ich dran glaube.

Ich meine, sagt Fred, wer Lust hat, wieder als Schwein auf die Welt zu kommen oder als Kuh …

Oder als eine solche Schmeißfliege, wie sie hier gerade wieder einmal auf Papas Stirn herumwandert.

Glaubt ihr, euer Vater hat Angst vor der Hölle gehabt?

Der Kirchenlehrer Origenes hat einmal gesagt: Die Hölle befindet sich nicht im Jenseits, sondern in unseren Eingeweiden, in den Trieben, Süchten und Gelüsten. Insofern hätte Papa einen Teil der Hölle in den letzten Jahren bereits durchlebt.

Vielleicht ging es ihm ja gut dabei.

Leute, die sich ständig vom Trieb getrieben fühlen, wirken nicht gerade glücklich.

Warum soll Gott eigentlich seine eigene Schöpfung so abgründig beschissen finden, dass er die von ihm gemachten Geschöpfe dafür hasst und straft, dass sie so sind, wie er sie gemacht hat? Kann mir das mal einer erklären?

Mein Gott, schüttelt Linda den Kopf, redet ihr heute wieder einmal gescheit daher, als gäbe es im Moment nichts Wichtigeres.

Was denn? Wir können auch schweigen oder beten, gibt Jakob zurück. Immerhin liegt hier unser toter Vater. Aber wahrscheinlich müssten wir das *Vaterunser* vorher vom Internet runterladen. Oder könnte es einer von euch noch auswendig?

Ich würde es, glaube ich, schon zusammenkriegen, sagt Fred.

Zusammenkriegen? Wie sich das anhört! Mit Ach und Krach, Gestammel und Gestotter.

Dann laden's wir halt runter.

Irgendwo im Haus hat's doch sicher noch ein Gesang- oder Gebetbuch.

Wer beten will, kann's ja für sich tun, so wie diese komischen Einsiedler in Port-Royal.

Man könnte auch einfach ein paar Minuten still sein und die Hände falten.

Jeder kann das für sich halten, wie er will. Und wer unbedingt glaubt, einen Pfarrer holen zu müssen, kann das auch noch tun, bloß jetzt nicht.

Vielleicht hat er früher zu wenig davon ausleben können, sagt Fred.

Wovon?

Vom Trieb.

Was soll das?

Also ich habe das Gefühl, dass – soweit mir Linda diese Ehe geschildert hat – in dieser Hinsicht nicht viel los war. Oder, Linda?

Als Kind interessiert das einen nicht.

Wenn die Kinder aber größer werden, fragt man sich das eine oder andere dann doch, oder?

Herrgott noch mal, regt Linda sich auf, müsst ihr das ausgerechnet heute und hier diskutieren!?

Auch Jakob stößt Freds klebrige Einmischung in Dinge, die ihn eigentlich nicht viel angehen, ab. Wie er hier sitzt mit offenem Kragen, aus dem die Brusthaare stehen, und der Schweiß an ihm herabläuft, als käme er gerade vom Joggen, möchte man ihm tatsächlich raten, ein bisschen mehr auf seine Gesundheit zu achten. Erstaunlicherweise hat er heute keine lose Krawatte umhängen wie sonst, was immer so aussieht, als habe er sie sich gerade nach einer anstrengenden Sitzung vom Hals reißen und kräftig durchatmen müssen, nur dass er schon morgens in dieser Aufmachung aus dem Haus geht und sich damit einen bürgerlich angehauchten Touch des Antibürgerlichen gibt. Jakob versucht sich manchmal vorzustellen, wie es im Bett zwischen der dünnen Linda und diesem Bären zugeht, und fragt sich, ob er sie mit seinem mächtigen Leib restlos unter sich begräbt oder sie auf seiner Wampe hin und her wippt. Offenbar muss es für manche Frauen eine Lust sein, von fleischigen Urgewalten erdrückt zu werden, die sich ihrerseits von dürren Gestellen angezogen fühlen. Oder es ist längst alles eingeschlafen zwischen ihnen und sie leben eine Art Zölibat mit geistigen Gemeinsamkeiten.

Auch wenn sie, anders als noch vor zehn Jahren, nicht mehr in Mode sind, liebt Fred Hawaiihemden und verweist dabei gern auf Nelson Mandela, nur dass er nichts von dessen Figur besitzt. Überhaupt gibt er sich gerne leger, gemäß Lindas Motto, dass auch Lockerheit inszeniert sein muss, was heißt, dass ihm auch das offene Hemd keineswegs zufällig aus der Hose hängt, sowenig ihm die schlecht gebundene Krawatte aus Versehen schief aus dem Kragen herausschaut, sondern all das minutiös dem Bild des halb saloppen, halb zerstreuten Prinzipals entspricht, der in Memmingen das Geistesleben auf Trab hält. Ebenso staffiert er sich gerne mit Accessoires aus, die in ihrer Beiläufigkeit alles andere als beiläufig sind, wie etwa dem Füller mit Goldkrone, der bei ihm stets im Hemdentäschchen steckt, als müsste man ihn ständig parat haben, um etwas zu signieren oder sich etwas zu notieren. Dazu gehört auch die juvenile Jeans, zu der er meist ein Edeljackett trägt, mit dem man selbst vor Karl Lagerfeld bestehen könnte. Wäre heute nicht gediegenere Kleidung angesagt, würde er bei diesem Wetter wahrscheinlich mit Strohhut und weißem Leinenanzug hier sitzen, wogegen er bei offiziellen Anlässen gerne einen ausladenden Filzhut trägt und zwischen den Fingern eine dicke Zigarre stecken hat.

Linda dagegen strahlt in ihrer Zielstrebigkeit seit je etwas Züchtiges aus und machte schon während der Schulzeit weder die damals aufkommende Hotpants- noch Minirockmode mit, sowenig sie straff anliegende Jeans mochte; stattdessen trug sie elegante Jäckchen mit Bluse oder Anzughosen mit Bügelfalten, die in Jakobs Erinnerung allesamt sandgrau waren. Linda war, wie Mutter das nannte, immer tipptopp angezogen, als habe sie sich gerade im Kaufhaus neu einkleiden lassen. Ihr gewisses Rühr-mich-nicht-an, für das sie bereits in der Schule berühmt war, lässt sie bis heute erwachsener erscheinen als alle ihre Brüder zusammen. Zeitverschwendung gab es in ihrem Leben nie, und für Getändel und Geturtel war sie ebenfalls nie zu haben. Sie nimmt alles gleich genau und gleich wichtig, oder anders gesagt, nichts wirklich leicht, als müsste wenigstens eine Einzige in diesem Laden dafür sorgen, dass nicht alles den Bach runtergeht.

Seit je besaß sie etwas Spinöses, aber auch Apartes, das eigentümlich keusch wirkt. Gegen Ende ihrer Unizeit verstärkte das noch der kurze, strenge Haarschnitt, der ihr Markenzeichen bleiben sollte und sich Meret Oppenheim verdankt, über die sie ihre Doktorarbeit schrieb, genauer gesagt über ihren Berner Brunnen, der mit jedem Jahr mehr Rost und Moos ansetzt, was, wie auch Jakob findet, durchaus eindrucksvoll aussieht, nur dass Meret Oppenheim damit, wie Linda behauptet, demonstrieren wollte, dass Kunstwerke, die sich nicht ständig selbst verändern, heutzutage keine Gültigkeit mehr besitzen, weil sie uns vorzugaukeln versuchen, es gäbe im Leben etwas Fixes und Festes.

Was Lindas Haarschnitt angeht, so dachten die meisten, er sei einer deutschen Moskau-Korrespondentin namens Krone-Schmalz abgekupfert, die um die Wendezeit, als Linda ihre Doktorarbeit längst beendet hatte, alle paar Abende im Fernsehen zu sehen war. Fred meint, dass Lindas Frisur ein Statement ist, zumal in Memmingen, wogegen Linda behauptet, sie habe die Haare deshalb so kurz, weil alles andere zu viel Geschäft mit sich brächte. Wenn allerdings ihre Nippel durch die Pullis drücken und man ihrem Blick unversehens anzusehen meint, dass in ihm noch etwas anderes als ein bloß geschäftsmäßiger Durchsetzungswille aufblitzt, glaubt man schlagartig zu verstehen, warum Männer sich von ihr angezogen fühlen können. Jakob würde sie gerne einmal durch eine andere Brille als die des Bruders wahrnehmen.

Mit Frauen jedenfalls hatte Pascal es nicht, kichert Fred, als sei damit alles gesagt.

Deshalb ist ja nicht alles doof, was er gedacht hat.

Wollte ich auch nicht sagen. Ging es ihm denn besser mit seinem Glauben an Gott?

Besser als was?

Na ja, als wenn er nicht geglaubt hätte.

Er habe sich, so wurde aus Port-Royal berichtet, vor Gott zerschmettert gefühlt wie ein Pygmäe.

Woher kannte er die Pygmäen?

Ist doch egal.

Hat er sich vor Gott wie ein Pygmäe gefühlt oder vor dem Nichts?

Am Ende läuft's aufs Gleiche hinaus: Man ist eine Null, egal ob im Angesicht Gottes oder im Auge des Nichts.

So wie euer Vater euch noch in seinem Tod alle zu Nullen macht, kichert Fred.

Man merkt ihm allmählich an, dass er bereits zwei Gläser getrunken hat und auf eine seiner berühmten Suaden zuzusteuern droht. Man sollte ihn vor weiteren Gläsern bewahren, solange die Geschichte mit Max Schmeler noch nicht gelaufen ist. Dass Linda ausgerechnet mit einem wie ihm zusammen ist, erstaunt Jakob nach wie vor. Sie scheint einen Halt an diesem großmächtigen Leib zu suchen, auch wenn sie ihm harsch übers Maul fahren kann. Offenbar scheinen die beiden aneinander etwas zu schätzen, das ihnen selbst abgeht, als wollte sich äußerste Disziplin mit unberechenbarer Jovialität verbünden. Freds Waldarbeiterpranken sind so bewundernswert wie furchterregend, vermitteln einem aber auf jeden Fall das Gefühl, dass hier einer anpacken kann, ohne lange zu fackeln. Überhaupt ist alles an ihm groß und kräftig, weshalb auch sein Bauch nicht fett, sondern stattlich wirkt. Ein Schrank von Mann, hatte Mutter immer über ihn gesagt, was aus ihrem Mund beinahe ehrfürchtig klang. Ein Schrank von Mann! Und trotzdem scheint er in Linda auch jemanden gesucht zu haben, der ihn gelegentlich in die Schranken weist, und sei es vor allen andern.

Vielleicht ist sie aber auch deshalb mit Fred zusammen, weil sie ihm ihren Job zu verdanken hat. Vor fünfzehn Jahren, als ihre Stelle an der Esslinger Neckargalerie am Auslaufen war, sah es eine Weile alles andere als rosig aus um ihre Zukunft. Angebote lagen keine vor, Bewerbungen wurden entweder gar nicht oder abschlägig beantwortet. Arbeitslosigkeit wäre für sie schlimmer gewesen als der Tod. Sie hätte mit diesem Makel nicht leben können. In Esslingen wollte sie nicht bleiben, schon zweimal nicht, ohne dort noch etwas zu tun zu haben, und wieder nach Hause ziehen, wo Mutter noch lebte, wäre ihr wie eine Niederlage vorgekommen. Etwas anderes aber stand nicht in Aussicht, bis ausgerechnet an ihrem allerletzten Arbeitstag ein Anruf aus Memmingen kam und sich am Telefon ein Alfred Oberholzer meldete, dessen Name ihr nichts sagte, der sich jedoch als Vorsitzender der Berufungskommission für die Leitung des neu zu gründenden *Art-Hauses* vorstellte. Sie könne sofort anfangen, im Grunde gleich heute, hatte er ihr gesagt, was sie für einen Scherz hielt, mit dem sie jemand in ihrer ohnehin schon trostlosen Situation noch zusätzlich veräppeln wollte, nur dass es vollkommen ernst gemeint war, so ernst sogar, das der Mann aus Memmingen ihr auf der Stelle eine Wohnung besorgen und zudem den Umzug übernehmen wollte. Was er ihr damals verschwieg und sie erst später erfuhr, war, dass nicht erst eine, sondern bereits zwei designierte Leiterinnen des noch im Entstehen begriffenen *Art-Hauses* den Bettel, kaum dass sie vor Ort waren, unverzüglich wieder hingeschmissen hatten, weil sie sich von dem Honoratiorenverein, der sich Aufsichtsrat nannte, wie kleine Mädchen behandelt fühlten, die den Willen altgedienter Gemeinderäte und pensionierter Lehrer exekutieren sollten, von denen es nach wie vor zwei gibt, die bis zum heutigen Tage dazwischenfunken, jene beiden faulen Eier, über die Fred sich, wenn er besoffen ist, maßlos echauffieren kann. Weil man sich aber die Schmach, dass nochmals jemand nach zwei Wochen abreist, kein drittes Mal antun wollte, sorgte Alfred Oberholzer per vertraglicher Klausel dafür, dass für das Konzept des Hauses ab sofort bloß noch die Leiterin verantwortlich zeichnete.

Nach drei Monaten war der Herr Oberholzer für Linda nur noch der Fred, nach einem Jahr zogen die beiden zusammen, anfangs noch nicht offiziell, da Fred sich gerade in Scheidung befand, obwohl es für jeden, der im Memminger Kulturzirkus mitspielte, ein offenes Geheimnis war, dass die beiden ein Paar waren. Bald danach hatte Fred sein Elternhaus veräußert, was eine Menge eingebracht haben muss, da es zentral gelegen war und von der Sparkasse gekauft wurde, die dort ihre neue Zentrale baute. Das Gefühl, Fred dankbar sein zu müssen, schien an Linda jahrelang zu nagen, was Jakob daran zu bemerken meinte, dass sie in seiner Gegenwart unmissverständlich zeigen musste, wie sehr sie das Heft in der Hand hält. Allerdings ist Linda bekannt, dass man bei Fred nie weiß, welcher Teufel ihn von heute auf morgen reitet, schließlich ist er nicht zum ersten, sondern bereits zum vierten Mal geschieden. Die Wechsel sollen stets abrupt und radikal vonstattengegangen sein. Sie weiß, dass Fred sich zu Frauen hingezogen fühlt, die wissen, was sie wollen, sie weiß aber auch, dass er sich nach einer gewissen Zeit urplötzlich von ihnen befreien muss, als habe er sich schon viel zu lange viel zu viel gefallen lassen. Offenbar geht Linda jedoch davon aus, dass die bald bevorstehende Rente ihn in der Defensive hält und sich bei ihm die Hoffnung, dass eine Neue tatsächlich noch etwas Neues bringt, allmählich erschöpft hat, obwohl Fred nicht im Geringsten ans Aufhören denkt und sich wie eh und je voller Saft und Kraft fühlt.

Auch nach dreißig Jahren schwärmt er noch von einem authentischen Symphilosophieren, wie es seines Erachtens an den Universitäten längst nicht mehr möglich ist, bei ihm dagegen zum Alltag gehört, als sei das Tübinger Stift in den Räumen der Memminger Volkshochschule wiederauferstanden.

Hier hat er ein Platonisches Café eingerichtet, eine Für-und-wider-Stube, wie er diesen Ort ebenfalls nennt, in dem sich einmal pro Woche eine lose Runde zusammenfindet, mal zwei, mal fünf, mal zehn oder sogar zwölf Leute, Rentner, Schüler, Arbeitslose, um über Krieg und Frieden, Wahrheit und Lüge, Zufall und Notwendigkeit zu diskutieren, wofür je nach aktueller Lage der Einmarsch in Afghanistan, Uli Hoeneß' Gang in den Knast oder auch ein tödlicher Autounfall in der näheren Umgebung als Anlass dienen kann. Jeder darf dann sagen, was ihm dazu in den Sinn kommt, so wie überhaupt ein reges Assoziieren den Geist lockern und den Horizont weiten soll. Am Ende fasst Fred die diversen Beiträge seiner Schützlinge zusammen und verabschiedet sich von ihnen jedes Mal mit den Worten: Ich habe wieder viel gelernt!

Du solltest einmal dabei sein, das würde dir gefallen, das ist Denken im Ursprung!, schwärmt Fred seinem Schwager vor, seit sie sich kennen. Der bloße Gedanke, bei Kaffee und Kuchen mit pubertierenden Schülern, die gerade die Moral für sich gepachtet haben, und Omis, die ihre Lebenserfahrungen loswerden wollen, Nachdenken spielen zu müssen, lässt Jakob schwermütig werden. Allerdings kann er Fred, was seine Seminartitel angeht, eine gewisse Achtung manchmal nicht versagen, so etwa wenn die Themen lauten: Gibt es Fragen, die wir uns nicht stellen können? Oder: Kann es sein, dass ich nicht cinmal wciß, dass ich nichts wciß? Odcr: Was tun wir hier eigentlich?

Im Übrigen zeichnet Fred das Bedürfnis aus, der Welt nachzuweisen, dass fast alle berühmten historischen Anekdoten nicht stimmen. So soll Galilei keineswegs *Und sie bewegt sich doch* und der Sonnenkönig auch niemals *L'état c'est moi!* gesagt, Goethe auf dem Sterbebett kein *Mehr Licht* aus sich hinausgehaucht, Marco Polo nicht als erster China entdeckt und Darwin nie behauptet haben, der Mensch stamme vom Affen ab, sowenig wie Jeanne d'Arc ein einfaches Bauernmädchen gewesen und Molière auf der Bühne tot zusammengebrochen sei, als er den Eingebildeten Kranken spielte. Eines Tages, behauptet Fred schon seit Jahren, schreibe ich ein Buch über dieses ganze Heer von geschichtlichen Irrtümern!

Mitunter koordinieren Fred und Linda inzwischen ihre Aktivitäten, wie erst kürzlich, als sie zu einem Kurs, in dem er Platons Höhlengleichnis behandelte, eine Videoinstallation kreierte, bei der in einem verdunkelten Raum in Blitzgeschwindigkeit Körperteile an die Wände projiziert wurden, die in ihrer Bizarrerie dem Betrachter nichts Zusammenhängendes lieferten, wozu vom Band ein Vortrag von Fred lief, der hin und wieder von Lindas Stimme überlagert wurde, die Worte wie *cave* und *landscape, Kaverne* und *Taverne, Uterus* und *Zerberus, Asyl* und *Abgrund* dazwischenhauchte. Fred fühlt sich bei dieser Art von Zusammenarbeit als die intellektuelle Instanz, während er an Linda das künstlerisch Kreative bewundert. Meist ist dabei viel von Grenzen und Entgrenzung die Rede und davon, dass wir alle viel mehr Schranken einreißen sollten, innerlich wie äußerlich. Seit einiger Zeit sagt Linda auch nicht mehr: Ich sehe dies oder jenes anders, sondern: Ich interpretiere es anders!, als liefen in ihr unablässig hochreflexive hermeneutische Akte ab, mit denen sie bei jeder Kleinigkeit tausend Pros und Kontras abwägt, unter selbstverständlicher Berücksichtigung der gesamten Fußnotenliteratur zu Platon, Heidegger und Derrida. Sie besitzt inzwischen keine Meinungen mehr, sondern nur noch Interpretationen, egal, worum es geht. Sogar ihre Zubereitung von Spiegeleiern, die sie nicht mehr wie früher in Butter brät, sondern im Wasserbad mit Ingwer gart, deklariert sie als Neuinterpretation. Selbst im kleinen Kreis klingen die Gespräche zwischen Fred und ihr zuweilen so offiziell, als säßen die beiden auf einem Podium, wo mit heiligem Ernst schwierigste Fragen debattiert werden. Dann wieder kann Fred den durch und durch Leutseligen geben, der überall nur beste Freunde besitzt, unter denen es in Hülle und Fülle Spezialisten für alles gibt, von Onkologen, Rechtsanwälten, Bankern und Architekten über Steuerberater, Frauenärzte, Informatiker und Makler bis zu Dachdeckermeistern, Förstern, Piloten und Autohändlern. Es gibt keinen einzigen Berufsstand, in dem er nicht einen Experten kennt, nur dass sich ausgerechnet im Falle des seit Jahren schwelenden Entmündigungs- und Erbschaftsdebakels noch keiner finden wollte, der wirklich weiterhelfen konnte.

Ich kann dir nur sagen, Jakob, komm zu mir, mach dort deinen Pascal, du wirst es nicht bereuen. Meinst du, ich möchte an einer dieser beschissenen Unis Prof sein? Ja, vor dreißig Jahren vielleicht! Aber jetzt? Nie und nimmer! Du kannst über mich lachen. Du kannst Memmingen für den Arsch der Welt halten. Du kannst an deinem Dünkel verrecken. Aber ich sage dir: Komm zu mir! Auch wenn das, was ich jetzt sage, wie eine Phrase klingt, ich sage es trotzdem: Eine Familie ist dazu da zusammenzuhalten. Du kannst mir widersprechen. Ich warte darauf, dass du mir widersprichst. Ich kenne keinen, der mir lieber widerspricht als du, ich kenne aber auch keinen, von dem ich mir lieber widersprechen lasse. Wie bist du eigentlich auf ihn gekommen?

Auf wen?

Auf deinen Pascal.

Ich lese ihn seit der Schulzeit.

Ist doch alles trübsinnig. Große Worte. Freudloses Zeugs. Mich hat das nie angemacht.

Siehst du. Und darüber soll ich bei dir ein Seminar halten?!

Euer Vater hat, glaube ich, keine Angst gehabt vor dem Nichts.

Meinst du, da gab's keinerlei Gedanken an ein Jenseits? Keinerlei Hoffnung auf ein Weiterleben? Man würde doch ein paar Leute, mit denen man im Leben zusammen war, gern wiedersehen.

Dann wäre er anders mit uns umgegangen.

Vielleicht hat er sich gewünscht, dass wir mit ihm anders umgehen, sagt Uli.

Jedenfalls machst du bei mir einen Kurs zu Pascal. Der Titel: Panische Hoffnung! Der war doch immer hin und her gezerrt zwischen Hoffnung und Panik, oder? Wusste nicht, was am Ende schlimmer ist, die Nacht des Nichts oder ein Himmel, in den er nicht hineindarf. Mit einem solchen Bammel kann man natürlich sein ganzes Leben verbringen und es damit verpassen.

Ist sogar noch schlimmer. Er sagt nämlich, dass einen die Hoffnung, vielleicht einmal zu den Auserwählten zu gehören, erst recht fertigmacht.

Wieso das?

Weil man ständig daran zu zweifeln beginnt und es mal glaubt und mal nicht, querbeet durcheinander, wie zittriges Espenlaub.

So ist's, wenn man mit aller Gewalt auf Nummer sicher gehen will, obwohl die Chancen, dass uns im Jenseits Gott begrüßt oder uns am Ende das Nichts auffrisst, fifty-fifty stehen.

Selbst wenn Gott uns begrüßt, kann er uns noch in die Hölle schmeißen.

Pascal macht das verrückt. Er bibbert, sein ganzes Leben lang.

Kein schöner Zustand.

Und von denen, die nicht zittern, sagt er: Sie ersäufen sich in Unterhaltungsidiotie, in Ablenkung, in Spektakel.

Klingt so erpresserisch wie bei diesem dänischen Grübelgnom namens Kierkegaard: Wer nicht um seine Verzweiflung weiß und den Munteren spielt, ist viel verzweifelter als der, der weiß, wie bodenlos dieses ganze Dasein ist.

Dem, der es weiß, bleibt neben seiner Schwermut immerhin noch die Ironie. Im Übrigen ist Pascal klares Wasser im Vergleich zu Kierkegaards Seelennebelsümpfen.

Vielleicht ist diese immer gleiche Trostlosigkeitsernsthaftigkeit kein Deut mehr wert als die Flucht in die sogenannte Zerstreuung. Vielleicht ist sie auch bloß eine Attitüde, nur dass man dabei dem Glauben aufsitzt, man sei tiefsinniger als die andern.

Wäre für Pascal ohne Gott alles sinnlos gewesen hier unten?

Vermutlich.

Die Sonne, das Leben, der Gesang der Vögel?

Vielleicht.

Grauenhaft.

Ihr hättet einmal zu eurem Vater den Satz sagen sollen: Alles Übel der Menschheit rührt daher, dass wir es nicht mit uns selbst in einem leeren Zimmer aushalten.

Fragt sich nur, warum man es mit sich selbst in einem leeren Zimmer aushalten soll, will Uli wissen.

Um zu merken, wie im Innern eine Mischung aus Unruhe und Leere anbrandet.

Warum, fragt Uli, soll man sich freiwillig dem Wahnsinn aussetzen?

Man kann das Leben auch damit vertun, übers Nichts nachzudenken.

Immerhin entdeckt Pascal Abgründe, wo andere bloß die nächste Straßenecke sehen.

Lacan, Lyotard, Derrida, sagt Jakob, die haben alle im letzten Jahrhundert nichts anderes als den *abîme* beschworen, den Abgrund, die Leere, das Grundlose. Als seien sie ganz vernarrt ins Bodenlose gewesen und hätten den Leuten eintrichtern wollen, dass sie rein gar nichts kapiert haben, solange sie dem Abgrund ausweichen oder ihn nicht wahrhaben wollen. Das ganze Leben nichts als Verdrängung, Verkennung, Verwerfung. Die haben an nichts anderes gedacht als an Pascals Schlund, es nur ein bisschen anders benannt.

Und deshalb wolltest du diesen Film machen?

Ich wollte Geld verdienen.

Und Pascal interessiert dich gar nicht?

Doch.

Linda hat recht, ihr redet heute mal wieder furchtbar gescheit daher, stöhnt Joschi.

Tut mir leid, mein lieber Joschi, bei Marx ist da nichts zu holen, mosert Jakob zurück. Der hat geglaubt, alle Probleme seien gelöst, sobald die einen nicht mehr reich und die andern nicht mehr arm sind. Als sei damit sogar der Tod aus der Welt geschafft und alle Angst, zu kurz zu kommen. Oder was hat dein Karl Marx denn zum Tod zu sagen?

Ihr redet schlimmer daher als die Pfaffen.

Wahrscheinlich kommt er ins Fegefeuer.

Wer?

Euer Vater. Als Kind wäre ich am liebsten ins Fegefeuer gekommen, weil es danach schnurstracks in den Himmel geht und man vorher trotzdem noch was Spannendes erlebt hat.

Benedikt XVI. hat das Fegefeuer abgeschafft.

Toll, da kommt ein Papst und verkündet: Das Fegefeuer gibt es nicht mehr! Und wann kommt der nächste und erklärt: Den Himmel gibt's auch nicht mehr, bloß noch die Hölle!? Und wann kommt der dritte, der bekanntgibt: Es ist Schluss mit dem Jenseits insgesamt!?

Mama wäre, falls der Pfarrer Boshorch recht gehabt hätte, nicht einmal ins Fegefeuer gekommen. Der hat doch ernsthaft im Religionsunterricht gesagt: Die Evangelischen können nicht in den Himmel kommen, beim besten Willen nicht, egal, wie gut sie sich im Leben verhalten.

Es sind die Wüstgläubigen. So hat man die hier geheißen.

Genau, die Wüstgläubigen! Bei uns gab es von denen bloß einen einzigen in der Klasse. Den haben wir im Pausenhof immer verprügelt. Einmal war er mit uns am Mittwochmorgen in der Schülermesse und ist bei der Kommunion mit nach vorne zum Altar gegangen, um sich wie wir eine Hostie ins Maul schieben zu lassen. Hinterher haben wir ihn zusammengeschlagen, so brutal wie noch nie. Ich glaube, der Boshorch hätte das absolut in Ordnung gefunden.

Klar hätte der das in Ordnung gefunden.

Ich kann mir vorstellen, dass Papa auf ein Weiterleben schon deshalb keinen Wert gelegt hat, weil er eurer Mutter nicht mehr begegnen wollte, sagt Fred. Wie würde er denn da auf einmal vor ihr stehen, mit dem, was er in den letzten Jahren veranstaltet hat? Vielleicht hat sie ja vom Himmel aus zugeguckt, was er in den letzten Jahre alles getrieben hat.

Hör auf!

Außerdem wollte sie nicht mit ihm in einem Grab liegen.

Ihr redet daher wie kleine Kinder, schüttelt Joschi den Kopf, kein bisschen besser als dieser Idiot, der Mama …

Wir können auch rausgehen, wenn's dich stört.

Keiner, sagt Uli, weiß, was aus uns im Alter wird. Vielleicht werden wir alle wie Papa, außer dir natürlich, Linda.

Was redest du da!?

Man weiß es tatsächlich nie, sagt Fred.

Wenn man so etwas an jemandem erlebt hat, der auch noch der eigene Vater ist, wehrt sich in einem alles, dass man so wird, sagt Linda.

Dir kann es nicht passieren, sagt Uli noch mal.

Vielleicht nützt es auch gar nichts, wenn man sich dagegen wehrt. Man hat sich nicht mehr im Griff.

Woher wisst ihr, dass er sich nicht mehr im Griff …

Wenn das, was er gemacht hat, bedeuten soll, sich im Griff zu haben, dann gute Nacht.

Es hätte schlimmer kommen können, sagt Uli. Und immer schon schlimmer sein können. Denkt an die anderen Väter in diesem Kaff.

Willst du ihn mit diesen Deppen vom Dorf vergleichen, diesen Halbfaschisten?

Wieso halb?

Ich sehe ihn immer, wie er abends im Garten steht und zum Himmel hochblickt. Die Sternbilder! Vielleicht hat es ihn heimlich gewurmt, dass das keinen von uns richtig interessiert hat: Orion, Kreuz des Südens, Kassiopeia. Nie hat sich einer wirklich für das interessiert, was ihm wichtig war, für keine Chirurgie, keine Landkarten, nicht einmal für die Modelleisenbahn. Nur Mutter hat sich mit ihren Kirchen und Museen durchgesetzt. Kein Ausflug ohne ihr Dozieren. Namen, Zahlen, Daten.

Hat doch nicht geschadet, sagt Linda. Und Chirurg wollte von euch leider keiner werden.

Mit Kunst hatte das ja nicht viel zu tun, was sie da veranstaltet hat, bloß mit Auswendiglernerei. Joschi, du hast deshalb doch mal einen Anfall gekriegt, damals in Mailand, mitten auf dem Domplatz, wisst ihr noch? Mein Gott, war das peinlich.

Für wen?

Wie wir da rumstanden, und Joschi brüllt: So eine Scheiße, diese Kacke…

Woher willst du noch so genau wissen, was ich da geschrien habe?

Darum ging's doch!

Worum?

Um Mamas ständigen Museumskram und ihre Daten, Zahlen, Fakten. Für alles eine Schublade: Mittelalter, Renaissance, Barock, Realismus, Abstraktion, Moderne, Flandern, Florenz, gotisch, griechisch. Reine Aufklebersache.

Mein Gott, sie hat sich das alles selbst draufgeschafft, als Kind aus einem Haushalt, wo es außer der Bibel kein einziges Buch gab, sagt Linda. Und dann vernarrt sie sich in Monet und Manet. Das muss ihr erst mal einer nachmachen. Für dich, Jakob, standen die Bücher ja schon im Regal. Da kann man sich leicht über jemanden lustig machen, der…

War doch nicht so gemeint.

Wie dann?

Das weißt du genau.

Nein, ich weiß nicht. Ich weiß nur, dass sie von Papa wenig hatte, auch wenn es nicht schlimm zwischen ihnen zuging. Und dann hält sie sich an etwas fest, was sie sich ganz allein erarbeitet hat: die Kunst von den Ägyptern über die Griechen bis heute. Und darauf ist sie stolz. Und zwar zu Recht. Das müsstest du eigentlich verstehen, auch wenn es bei dir nicht die Kunst ist, sondern…

Ich hab das doch verstanden.

Aber du meinst noch heute, dich darüber lustig machen zu müssen. Sogar jetzt, in diesem Augenblick!

Wir könnten Vater doch wirklich einen schönen Ort aussuchen, wo er begraben liegt, sagt Uli. Auf der Alb gibt es für Leute, die das nicht mit einem Pfarrer und der Kirche machen wollen, ein Beerdigungsunternehmen namens Sphaera. Ein Freund von uns arbeitet dort.

Fangt ihr schon wieder mit eurem Friedwald an?

Die machen das wunderbar, haben in einer stillgelegten, kleinen Fabrik zwei Räume umgebaut, in denen sich die Angehörigen treffen.

Und da steht dann der Sarg?

Wenn man will. Und wer bei der Trauerfeier etwas sagen möchte, kann das natürlich machen. Oder Gitarre spielen, ein Lied singen oder Musik vom Band …

Sailing!

Jakob, hör auf!

Ich sage nur, erklärt Jakob, dass ich das leider schon ein paarmal miterleben musste. Und jedes Mal war es trostlos bis zum Anschlag. Keine Form, kein richtiger Ablauf, kein gar nichts.

Den Ablauf können doch wir festlegen.

Ich glaube, das auch aus Memmingen zu kennen, dieses Sphaera, sagt Fred.

Aber wir wollen ihn doch nicht in Memmingen beerdigen, wo er kein einziges Mal in seinem Leben war. Und auch nicht auf der Alb.

Das gibt's inzwischen fast überall, ganz sicher auch in Ulm.

Genau das, was du da von diesem Sphaera-Dings erzählst, sagt Jakob, habe ich nicht erst ein einziges Mal erlebt, und jedes Mal war es erbärmlich, wenn sich im Hinterhof einer ehemaligen Schrauben- oder Nagelfabrik um den Sarg herum oder um die Urne die heutigen Religionsabstinenten zu einer Trauerfeier getroffen haben, die nicht nur miserabel improvisiert, sondern jämmerlich war, mit ein bisschen Gelaber und Plattenauflegen, um dann am Ende dem Toten nachzurufen: Tschüss, vielleicht sieht man sich ja mal wieder!

Ich sage doch, den Ablauf können wir festlegen!

Na klar. Und was kommt dabei raus? Gemurkse, würdeloses Herumsitzen, Herumstehen, Herumglotzen, hilflose, peinliche, armselige Ansprachen, läppische Anekdoten, die man sich besser beim Leichenschmaus erzählen würde …

Wir können das alles selbst festlegen.

Festlegen, festlegen!? Dafür gibt es jahrhunderte- und jahrtausendelang gewachsene Riten. Man muss das Rad nicht neu erfinden, wenn man keine Ahnung davon hat.

Ist absurd, was du da sagst.

Absurd ist, was ich bei solchen kläglichen Abschiedsmeetings jedes Mal erlebt habe. Der Terror der Formlosigkeit. Und weil ums Verrecken weder das Jenseits noch Gott vorkommen dürfen, wird herumgesülzt …

Jedem steht frei, zu sagen, was er will. Du kannst ruhig über Gott reden, wenn du willst.

Ich wusste gar nicht, dass dir das auf einmal so wichtig ist. Wozu denn dieser kirchliche Mummenschanz? Dem Toten nützt er sowieso nichts mehr.

Wir machen das nicht für den Toten, wir machen es für uns.

Bei Mama hast du damals gesagt, es geht um ihren Willen und nicht um den unseren.

Es geht um eine Geste, mit der man sich mal für einen Augenblick über die eigenen weltanschaulichen Launen erhebt.

Wozu noch religiöse Folklore, wenn man an das, was damit gemeint ist, nicht mehr glaubt?

Rituale sind dazu da, dass man in solchen Situationen nicht mit nichts dasteht. Im Übrigen ist der Glaube, dass es kein Jenseits gibt, auch ein Glaube.

Rituale sind etwas Gemachtes, und was gemacht ist, kann man auch anders machen.

Die ganze Kultur ist etwas Gemachtes.

Dann machen wir jetzt eben mal was anderes, als man es immer gemacht hat.

Gedichte sind auch etwas Gemachtes, aber manche sind so vollkommen, dass man meinen könnte, sie seien schon immer in der Welt gewesen.

Und was willst du damit sagen?

Dass es ein Gemache gibt, das nichts hergibt, dass es aber auch etwas Gemachtes gibt, das wie überzeitlich wirkt, auch wenn wir wissen, dass es nichts Überzeitliches gibt, zumindest nicht in dieser Hinsicht.

Am besten, sagt Fred, ihr teilt die Asche eures Vaters auf, dann kann jeder mit seinem Häufchen machen, was ihm gefällt.

Mit einer Religion, die an die Erbsünde glaubt, will ich nichts zu tun haben, sagt Joschi. Schon wenn ich dieses Wort höre: Erbsünde!? Als kämen Kinder mit einer Sünde auf die Welt. Quadratlatschiger Humbug.

Ist damit überhaupt nicht gemeint.

Ich weiß beim besten Willen nicht, warum man sich mit einem solchen Schwachsinn überhaupt beschäftigen soll.

Erbsünde heißt, dass wir von Anfang an diesen ganzen Mist an Eifersucht, Gier und Neid in uns tragen, der bei jedem im Leben eine ziemlich große Rolle spielt. So einfach ist das.

Schwachsinn.

Klar, für dich sind's immer die Verhältnisse, die Strukturen, das System und so weiter.

Und für dich die Gene!

Das hat nichts mit Genen zu tun.

Ich habe keine Ahnung, wovon du redest, wenn du nicht die Gene meinst.

Warum sitzen wir denn hier? Jetzt in diesem Augenblick? Doch um das Testament vernichten zu wollen, falls da was Schlimmes für uns drinsteht. Warum sonst warten wir auf Schmeler?

Hat doch damit nichts zu tun.

Womit sonst?

Hier geht's um Recht und Unrecht.

Jedenfalls finde ich es verlogen, sich nach alten Riten zu richten, wenn die einem bloß noch hohl erscheinen. Das ist dann so eine Art Totenfasching für Leute, denen selbst nichts Besseres einfällt.

Wisst ihr, was Baudelaire gesagt hat? Auch wenn es Gott nicht gibt, bleibt die Religion etwas Göttliches und Heiliges.

Ich wusste immer, dass er abdriftet, brummelt Joschi vor sich hin.

Eine Religion ohne Religion, na ja. Natürlich muss ich nicht an Gott glauben, um eine Kirche schön zu finden. Wenn du die Akropolis besichtigst, glaubst du ja auch nicht plötzlich an Zeus und diese ganze Mischpoke.

Trotzdem wurden unsere Kirchen nicht bloß um ihrer Schönheit willen erbaut. Und das spürt man, wenn ich das mal so sagen darf. Bis heute!

Euer Vater hat dieses Haus auch nicht gebaut, damit es einmal einer ungarischen Hure gehört.

Tut es auch nicht.

Wart ab!

Jedenfalls ist der Mensch, sagt Fred, weltgeschichtlich ein Newcomer. Ein echter Newcomer. Der ist doch grade mal ein paar Sekunden auf der Welt, verglichen mit dem, was es schon Millionen von Jahren vor ihm gegeben hat. Nur hat kein einziger Dino und auch sonst nichts je an einen Gott gedacht. Dieses Bedürfnis besitzt doch bloß diese komische Gattung des Homo sapiens, oder?

Ich habe auch nichts gegen Formen, sagt Franziska, aber sie müssen mit dem übereinstimmen, was man glaubt und denkt.

Und was glaubst und denkst du?

Ich finde Jesus ja ganz toll, als Mensch, meine ich, aber die Auferstehung und all das… Ich verstehe auch nicht, was das heißen soll: Er ist für unsere Sünden gestorben? Wieso Sünden? Und wieso dafür gestorben?

Das heißt, sagt Jakob, dass er all diesen Scheiß, den wir uns und andern antun, für ziemlich menschlich gehalten und das zu seiner Sache gemacht hat.

Versteh ich nicht.

Der hat sich doch absolut besser gefühlt. Ohne Sünde und so.

Für uns gestorben? Ich leg keinen Wert drauf, dass er das gemacht hat.

Wenn du wüsstest, was es bedeutet, würdest du es vermutlich nicht absurd finden.

Erklär's mir.

Das Kreuz des Herrn war des Teufels Mausefalle, heißt es bei Augustinus. Sprich: Was immer wir an Wahnsinn veranstalten, das Böse siegt damit nie ganz.

Klingt total abstrakt.

Stellt euch vor, wir würden noch bei den alten Griechen leben, mit lauter Lumpenhunden von Göttern, die sich wie Schweine benehmen. Was wäre daran für uns wohltuend? Oder gar heilsam? Im Grunde kannst du dir da die Kugel geben und sagen: Die sind ja noch tausendmal schlimmer als ich. Da muss dir doch einer, der für dich stirbt und sagt, ich habe damit Buße für alle getan, hundertmal lieber sein, oder?

Ich versteh's trotzdem nicht, sagt Franziska.

Verstehen! Verstehen? Man muss doch nicht immer alles haarklein verstehen! Es kann einem auch einfach guttun, ohne dass man es bis ins Letzte erklären kann.

Placebo.

Meinetwegen.

Aber dann kann ich doch nicht mehr dran glauben, sagt Fred.

Wenn du wüsstest, woran du alles glaubst, wovon du gar nicht weißt, dass es bloßer Glaube ist: Wissenschaft, Tatsachen, Statistiken! Fiction, Faction, Fantasy! Ein Wirrwarr aus allem! Wo das eine anfängt und das andere aufhört, weiß kein Mensch, auch wenn er es zu wissen meint.

Tatsache jedenfalls ist, dass euer Vater tot hier liegt, sagt Fred.

Was heißt schon tot? Für die einen ist ein Toter mausetot, für den andern beginnt mit dem Tod das ewige Leben. Was nun? Und du sagst: Tatsache ist, dass er hier tot liegt. Das heißt rein gar nichts und kann für jeden etwas radikal anderes bedeuten. Vielleicht lebt er ja noch, und du merkst bloß nichts davon.

Also ich kann nur sagen, ich finde den Jesus schon toll, aber das mit der Auferstehung und all dem Zeug …

Das sagen alle: Jesus, toller Typ und so, aber bitte keine Auferstehung! Das ist kastriertes Christentum!

Jetzt krieg dich mal wieder ein, Jakob, deshalb musst du doch nicht gleich schreien, sagt Uli. Außerdem gibt es genügend Leute, die nicht an Gott glauben und trotzdem keine Schweine sind. Wer warum woran glaubt, hängt doch bloß von Zufällen ab. Wärst du in der DDR aufgewachsen, wärst du wahrscheinlich Protestant oder Atheist. In Afrika sähe es schon ganz anders aus, da würdest du an Geister glauben, in Japan wärst du zur Hälfte Buddhist, zur Hälfte Shintoist, bei den Indianern wär's der große Manitu. Das alles ist doch absoluter Zufall, je nachdem, wo du aufgewachsen bist.

Und deshalb glaubst du an die Natur!? Die heilige Natur! Die gute Mutter Erde! Da kann man, denkst du, nichts falsch machen. Die muss man nur retten, und dann sind alle Probleme gelöst. Und wer sich dabei gern noch ein bisschen sinnstiftungsmäßig aufheizen will, glaubt, dass Gott in jedem Grashalm steckt und auch jeder von uns selbst ein bisschen Gott ist. Und wenn man tot ist, geht's in den Friedwald, zurück zu den Wurzeln. Ewige Wiederkehr. Pantheistisches Geschwirr und Geschwafel.

Wieso bist du so aggressiv? Ich wüsste nicht, was dagegen spricht?

Nichts, aber ich mag diese Naturanbetung nicht. Das ist purer Narzissmus und Selbstentgrenzungsmystik. Nur fürs Böse gibt's da keine Erklärung.

Ich versteh kein Wort.

So kommen wir nicht weiter, fährt Fred dazwischen. Am Ende läuft's auf eine Abstimmung hinaus. Anders geht es, glaube ich, nicht. Wer ist für den Friedwald? Wer für dieses Sphaera-Dingsbums? Wer …

Sphaera und Friedwald widersprechen sich nicht, sagt Franziska, im Gegenteil.

Wer ist für eine kirchliche …

Es geht doch überhaupt nicht darum, dass wir jetzt auf einmal ein katholisches Glaubensbekenntnis ablegen und so tun, als sei uns die Kirche weiß Gott wie wichtig. Ich erzähle euch einmal eine Geschichte: In Paris gibt es einen Philosophen, der mit nihilistischem Furor behauptet, dass jeder ein illusionärer Idiot ist, der glaubt, es existiere über den bloßen Augenblick hinaus irgendetwas Haltbares. Das Einzige, was in seinen Augen dem Leben Bedeutung verleiht, ist die Kunst. Als vor ein paar Jahren seine Frau starb, sorgte er jedoch als Allererstes dafür, dass in Notre-Dame mit großem Brimborium das Totenamt zelebriert wurde, mit allem Drum und Dran, mit Trompeten, Pauken und Posaunen, dem Dies Irae, Agnus Dei und Lux aeterna, mit Priestern und Ministranten, Chor und violetten Prachtgewändern. Ich saß ein paar Reihen hinter ihm und habe gesehen, wie er voller Inbrunst jedes Gebet mitgemurmelt, sich hingekniet, jedes Amen mitflüstert und sich mit großer Geste bekreuzigt hat, als sei er ein zutiefst gläubiger Christ. Doch er ist es nicht. Er predigt weiterhin seinen radikalen Nihilismus und hält nach wie vor jeden, der an einen Gott oder sonst einen Sinn glaubt, für einen hoffnungslosen Fall. Weil er aber an die Macht der Kunst und damit an die Kraft der Form glaubt, wäre für ihn der allerletzte Abschied von einem geliebten Wesen ohne ergreifende liturgische Rituale das Allersinnloseste, was sich denken lässt. Es wäre auch die schlimmste Unverschämtheit gegenüber dem, den man an einem solchen Tag auf seinem letzten Weg begleitet.

Wenn bei uns Notre-Dame um die Ecke läge, okay! Aber die Pfarrer, mit denen du es hier zu tun hast, legen dir kein Requiem hin, bei dem es einem wunderbar schaurig den Rücken runterläuft. Im Übrigen, wer soll das bezahlen? Chor und

Trompeten, Posaunen und Pauken? Das kriegst du hier nicht. Wir sind ja auch keine berühmten Philosophen.

Außerdem, sagt Fred, kommt mir jedes Mal, wenn ich zufällig in eine Kirche gerate, wo gerade eine Messe stattfindet, Nietzsche in den Sinn, der gesagt hat, er würde gern an ihren Erlöser glauben, wenn diese Christen bloß ein bisschen erlöster aussähen und schönere Lieder sängen.

Lieber schlecht gesungene Lieder als gar keine oder bloß so ein *Sailing*!

Übrigens, Jakob, sagt Fred, wollte ich noch etwas sagen von wegen tot, mausetot und halbtot. Also eine Sache gibt's auf jeden Fall, unabhängig von allem Jenseitszeugs: den Scheintod. Ob ein Toter wirklich tot ist, lässt sich an bestimmten Dingen zwar erkennen, zum Beispiel daran, dass er nicht mehr atmet oder dass er Totenflecken bekommt, aber...

Totenflecken hat Papa noch keine, zumindest nicht im Gesicht und an den Armen.

Die kommen nicht gleich in den ersten Stunden.

Ich habe keine Ahnung, wann die kommen.

Ich habe gedacht, die kommen ziemlich schnell.

Jedenfalls riecht er noch nicht. So manche, die noch keine achtzig sind, riechen schon viel früher süßsäuerlich.

Ich habe einmal, sagt Uli, von einem Mann gehört, der wollte, dass man ihm ein vollgeladenes Handy mit in den Sarg gibt, und zwar in die Hand, damit er anrufen kann, falls er dort unten nochmals aufwacht. Der beste Arzt soll ja nicht hundertprozentig erkennen können, ob einer tatsächlich tot ist oder nicht.

Es gab mal, und davon wollte ich gerade erzählen, einen berühmten Arzt, ihr habt von dem sicherlich schon gehört, sagt Fred – wohl wissend, dass wahrscheinlich keiner je von diesem

Arzt gehört hat, er aber allen das Gefühl vermitteln will, dass es sich um Allgemeinwissen handelt –, also da gab es mal diesen berühmten Arzt, dessen Name mir gerade nicht einfällt, ich komme gleich drauf, wenn ich nicht dran denke, komme ich drauf, auf jeden Fall war er ein Däne, dürfte nicht lange nach Pascal gelebt haben, aber schon mehr Richtung Aufklärung, also eher achtzehntes Jahrhundert, verdammt noch mal, ich komme nicht auf seinen Namen, ihr kennt ihn alle, wie heißt er noch mal?, egal, ihr kennt ihn!, jedenfalls wurde der nicht nur ein einziges Mal, sondern sogar zwei Mal bei lebendigem Leib begraben, verdammt noch mal, wie heißt er noch: Winston oder Winstil oder so ähnlich, klingt eher englisch als dänisch, auf jeden Fall irgendetwas mit Win, also der wurde ganze zwei Mal lebendig begraben, obwohl natürlich jeder dachte, er sei tot, mausetot sozusagen, so tot, wie man nur sein kann, aber beide Male ist er wieder aus seinem Grab gehüpft, was natürlich einfacher klingt, als es war, wie ihr euch denken könnt, verdammt, warum fällt mir sein Name nicht ein?, Winston oder Winstil, egal, auf jeden Fall war er ein Däne, so wie Kierkegaard, nur ein bisschen früher, ein berühmter Doktor, der in Paris die erste öffentliche Anatomie erbauen ließ, für Leute, die zuschauen wollten, wie man Tote auseinandernimmt, Tote zerlegt, Tote aufschneidet, sozusagen großes Theater, nur alles in echt, genauso wahnsinnig wie dieser, wie heißt er noch … dieser Gunther von Irgendwas, dieser Typ mit diesem Hut …

Gunther von Hagen!

Genau.

Von Hagens heißt er, glaube ich.

Genau, von Hagens! Doch egal, was wollte ich sagen? Also auf jeden Fall: Dieser Winslow oder Winstil wurde zwei Mal bei lebendigem Leib begraben und kam wieder frei sozusagen, weshalb er beschloss, man sollte ihn das nächste Mal, wenn man ihn wieder für tot hielt, so lange mit Nies- und Juckpulver traktieren, bis klar war, dass es da tatsächlich keine einzige Regung mehr gab. Er wollte das sogar gesetzlich verankern lassen, und zwar für alle Toten. Alle sollten Nies- und Juckpulver…

Meinst du, dass wir das jetzt hier mit Papa auch machen sollten?

Um Gottes willen! Man käme sich vor wie ein böser Clown.

Und wenn er niesen müsste? Oder lachen?

Ich finde, er hat was Verklärtes.

Verklärt? Finde ich jetzt ein bisschen übertrieben. Aber entspannt. Irgendwie entspannt, könnte man sagen. Als hätte so ein Tod etwas Tröstliches.

Wäre auch schlimm, wenn einem noch im Tod das ganze Elend ins Gesicht geschrieben stünde.

Das war für ihn doch kein Elend, was er in den letzten Jahren erlebt hat, sagt Uli.

Woher willst du das wissen?

So hat er nicht gewirkt.

Objektiv war's ein Elend, sagt Linda.

Was heißt da objektiv?

Weil Linda und Fred heute Morgen vergeblich das Haus nach Ordnern, Mappen, Akten und allem durchsucht haben, was nach persönlichen oder geschäftlichen Unterlagen aussah, wollten sie, nachdem endlich alle eingetroffen und eine kleine Weile stumm um den Toten herumgestanden waren, vom Keller bis zum Speicher erneut jeden Winkel durchstöbern. Neben Sparbüchern aus den sechziger Jahren, in denen die

Ein- und Auszahlungen noch fein säuberlich mit Handschrift eingetragen worden waren, hatten sie allerlei Versicherungsunterlagen und ein Dutzend Leitzordner mit Maler-, Glaser-, Schreiner-, Tapezierer-, Möbel- und Heizölrechnungen entdeckt, ein Testament oder etwaige Schenkungsdokumente ließen sich aber nirgends finden. Deshalb begab man sich noch einmal wie ein kriminalistischer Suchtrupp in den Keller, wo rein gar keine Unterlagen herumlagen, und anschließend auf den Speicher, wo in den Schubladen wurmstichiger Schränke und Kommoden allerlei Krimskrams steckte, meist heillos durcheinander, als sei dort nach Mutters Tod alles nur Erdenkliche hineingestopft worden, von Tüten mit rissig gewordenen Gummis über Plastik- und Holzlineale aus der Schulzeit bis zu Zirkelkästen und Essiggläsern voller Murmeln, ebenso Schachteln mit Fotos, die nie in Alben geklebt wurden, alle völlig ungeordnet, die kleine Linda in weißen Kniestrümpfen, buntem Sommerröckchen und mit Zöpfen, die Jungs in ärmellosen Pullundern oder mit gestrickten Pudelmützen, Bilder vom Garten und vom Weihnachtsbaum, an der Donau, in Arona, Papa an den Citroën gelehnt, in beiger Cordhose und mit Rollkragenpulli, Joschi, bereits ein wenig feist, im zu engen Kommunionsanzug vor der Kirche, ernst dreinblickend, die hohe, schlanke Kerze in der Hand, auch spätere Fotos, Uli und Franziska, vermutlich gerade frisch miteinander zusammen, in hippigem Indienlook, als könnte man das Patchouli regelrecht riechen, mit Fransenumhängen in allen Farben, auch ein Bild mit Uli im Schneidersitz und Kippe im Mund, halb hinter ihm in der Hocke Franziska mit Muschelhalskette, einen Arm um ihn geschlungen, das schwarze Haar bis zum Boden, ein Paar, das es bei allem Ausgeflippten geschafft hat, seit über dreißig Jahren zusammen zu sein, was jedem Katholiken Ehre machen würde, nur dass es bei diesen beiden ohne Gelöbnisse ging und sie von Krisen verschont blieben, obwohl sie immer viel von Freiheit geredet haben und davon, dass jeder sein Leben selbst bestimmen soll, weshalb Uli bis heute Thoreau verehrt, wovon sogar eines der Bilder zeugte, das sie vorhin entdeckt hatten und das ihn mit Jakob am Walden Pond zeigt, beide in lotterigen Unterhosen, weil sie vergessen hatten, ihre Badesachen mitzunehmen, beide auch noch mit langen Haaren und jungenhaften Unschuldsgesichtern, obwohl Uli damals bald Mitte und Jakob bereits gegen Ende zwanzig gewesen sein muss.

Auch eine gusseiserne Nähmaschine mit Tretpedal steht dort oben, bei der nur der Antriebsriemen fehlt, nebst einem Teppichklopfer und einem antiken Bügelbrett, zudem ein Nähkästchen, in dem sich Knöpfe, Nadelkissen, ein Stopfei und Garnreste befinden, als sei's ein Kosmos für sich, der in seiner Zwergenhaftigkeit etwas Emsiges ausstrahlt und zur Kindheit gehört wie das von Mama allmorgendlich geschmierte Pausenbrot und die großen Keksdosen, die dort noch herumstehen und in denen die Weihnachtsplätzchen gelagert wurden, Zimtsterne, Bubenspitzle, Bärentatzen, Springerle. In den Kommoden stapeln sich, fein säuberlich gebügelt und gefaltet, haufenweise Bettwäsche und Tischdecken, aber auch Nylonstrümpfe, Büstenhalter, Mieder und sogar ein Korsett.

Im hellblau angemalten Küchenbüfett stehen Schüsseln, Flaschen, Einmachgläser und Kerzenständer, als schliefen sie eingestaubt vor sich hin und warteten wie Dornröschen darauf, wiedererweckt zu werden, nur dass vermutlich nichts von dem, was da steht und liegt, je wieder benutzt werden wird. Man könnte das alles einpacken, ja das ganze Haus leer räumen und einen Möbelwagen kommen lassen, damit diesem Weib, sollte ihr tatsächlich schon alles gehören, wenigstens davon nichts bliebe und sie dann zwischen kahlen Wänden herumstünde. Wenigstens die gut fünfzig Singles, die in einer Ecke herumliegen, sollte man mitnehmen, *My baby baby balla balla*, *In the Ghetto* und so liebe Lieder wie *Yesterday* und *Penny Lane*, von denen man inzwischen denken könnte, es habe sie, wie eine Art Volksmusik, immer schon gegeben, während damals nicht nur die Erwachsenen an Drogen dachten, wenn von den Beatles und Stones die Rede war. Doch was sollte man noch anfangen mit dem Stapel alter *Bravos*, den Otto-Katalogen und *Reader's Digest*? Es ist, als seien die gesamten sechziger und siebziger Jahre auf diesem Speicher versammelt, als hörte man sogar das Knistern der Platten, die Sprünge in den Rillen, den Werbeohrwurm *Strahlerküsse schmecken besser*, als sähe man Ivan Rebroff mit seinem kellertiefen Bass, seinem Russenbart, der Zobelmütze und dem Kosakenwams im Fernsehen oder drehe am Radioknopf, auf der Suche nach Radio Hilversum oder Mamas Klassikwunschprogramm, wo sie jedes Mal, wenn der Name Karajan fiel, rief: Der hat hier in Ulm angefangen!

Vaters olivgrüne Schreibmaschine, Marke Olympia, stand ebenfalls noch da, verdeckt von einer Zeitung mit Königin Elisabeth vorne drauf, wie sie bei ihrem kurzen Ulm-Aufenthalt hinterm halboffenen Zugfenster ein bisschen verkrampft lächelt, eine noch mädchenhafte Schönheit, während ihr der Spatzenchor ein Ständchen darbringt, was zu der Zeit gewesen sein muss, als hier die letzten Dampfloks durch die Gegend fuhren, in Ulm fast alle Straßenbahnen abgeschafft wurden, die Blinker an den Autos noch hinter den oberen Türrändern angebracht waren und wie leuchtende Ärmchen auf die Straße hinauswinkten, Mutter sonntags noch ohne schlechtes Gewissen einen Fuchs um den Hals hängen hatte, mitsamt Augen, Füßen und Krallen, es in Funk und Fernsehen mitten am Tag noch Sendepausen gab, die eine ganze Stunde oder sogar länger dauern konnten und an deren Anfang und Ende ein Piepzeichen ertönte, als *Die kleinen Strolche*, Winnetou und Old Shatterhand, Huckleberry Finn und Tom Sawyer die Sonntagnachmittage retteten, denen dann abends *Bonanza* folgte, wo in der frauenlosen Familie die Konflikte bloß dazu dienten, dass sich am Ende der Vater und seine Söhne wieder wie eh und je mochten, als auf dem Kaffeetisch immer eine an der Öffnung gelblich verklebte Dose Bärenmilch stand und Rauchen noch als etwas Schickes galt, und sei es, weil man sich dabei zurücklehnen und Nachdenken spielen konnte, so wie Erik Ode es als Kommissar freitagabends immer vorgemacht hatte, und so wie es auch Papa tat.

Ein dickes, violettes Buch mit dem Titel *Mutteramt – heilig Amt* in altdeutscher Schrift, das offenbar aus der Nazizeit stammte, fand sich dort oben ebenfalls, mit Bildern, die Mutter und Kind, von Spatzen umschwirrt, unter sommerlichen Laubendächern oder beim adventlichen Kränzeflechten zeigen, und dessen Kapitel lauten: *Der Vater das Haupt, die Mutter die Seele der Familie; Fleiß und Ordnungssinn, der Hausfrau Zierde; Glücklich die Mutter, deren Sohn in der Heimat ruht.* Es lag im Schrank unter den Faltenröcken, Persianerjacken und Mohairkostümen, unter denen auch ein gehäkelter Bikini zu finden war.

Als Max' Mutter in noch jüngeren Jahren gestorben war – sie konnte keine fünfzig gewesen sein –, spielten Linda und Jakob unterm Dach heimlich Totenmesse, obwohl sie noch nie einen Toten gesehen hatten und noch nie bei einem Begräbnis waren, sieht man einmal davon ab, dass sie alle vor dem Fernseher saßen, als für Adenauer im Kölner Dom die Trauerfeier stattfand und er danach auf einem Kanonenboot den Rhein hinauf gefahren wurde. Mehr wussten die beiden von Beerdigungen nicht, außer dass dabei schwermütige Musik gespielt wird, die Leute ernst dreinschauen und manche Gesichter vor Tränen verquollen sind. Sie warfen sich schwarze Blusen über und schwarze Jacken, stellten den tragbaren Dual-Plattenspieler auf das ausrangierte Küchenbüfett, legten etwas Klassisches auf, Bach oder Mozart oder so etwas, nagelten aus zwei Latten ein Kreuz zusammen, das sie mit einem gehäkelten Tischdeckchen schmückten, leerten die unterste Schublade einer Truhe und behaupteten, das sei der Sarg, in den Jakob sich hineinquetschen musste, während Linda, eine Perlenkette als Rosenkranzersatz um den Arm, über ihm auf einem Schemel thronte, in der einen Hand eine blecherne Klingel, in der andern eine Blunaflasche mit Limonade, die als Weihwasser diente, mit dem sie Jakob während ihrer Predigt ständig bespritzte, worüber die beiden furchtbar kichern mussten, obwohl sie es eigentlich schlimm fanden, dass Max nun keine Mama mehr hatte.

Es muss um die Zeit der ersten Mondlandung gewesen sein, als Joschi sich gewünscht hätte, dass man dort oben, anstatt nur ein Fähnchen in den Boden zu rammen, ein Leuchtfeuer abfackelt, das man bis hier unten sehen kann. Zum Vesper gab es damals fast jeden Abend die dreieckigen Schmelzkäse mit Salami-, Pilz- und Paprikageschmack, Mutter wusch die Gummipflanzen jede Woche mit Bier ab und jedes Jahr gegen Ende Juni, als die großen Ferien noch vor einem lagen, sagte sie selbst bei dreißig Grad im Schatten: Jetzt geht's wieder abwärts!, als sei sie herbstsüchtig und wollte jeden daran erinnern, dass nichts bleibt, wie es ist, und bald schon die Morgennebel im Anmarsch sind, während sie, wenn man im November über das tagelange Geniesel zu klagen anfing, erklärte: Schlechtes Wetter gibt's nur in der Stadt!

Vielleicht ist Max, überlegt Jakob schon länger, deshalb so forsch geworden, weil er eines Tages mutterseelenallein dastand. Zwar gab es noch den Vater, doch was war schon ein Vater? Wollte man sich an einen Vater anschmiegen und sich bei ihm ausheulen? Bei dem ihren hätten sie sich das schwer vorstellen können, obwohl er alles andere war als ein Unmensch, jedoch Abstand wahrte, als bräuchte es in jedem Haus auch eine Instanz, von der man lernt, dass es Grenzen gibt. Max' Vater dagegen war von anderem Kaliber. Auch er war kein Unmensch, ganz im Gegenteil, am liebsten spielte er den netten, dicken Onkel, der gern etwas von Heinz Erhardt an sich gehabt hätte, nur dass seine Witze, über die er selbst am allerlautesten lachte, deutlich müder ausfielen. Anders als ihr eigener Vater mochte er auch Willy Brandt nicht, den er für einen Kommunisten im Schafspelz hielt, womit er ganz auf der Linie von Pfarrer Boshorch lag, der nach der Ratifizierung des Moskauer Vertrags von der Kanzel herab verkündet hatte, Brandt habe Deutschland an den Satan verkauft und sei deshalb selbst des Teufels, ohne dass ihm im Dorf jemand widersprochen oder nach Konsequenzen gerufen hätte.

Solange noch Kontakt bestand, hatte man über Max' Vater schon deshalb geschmunzelt, weil er jeden Tag über die Gartenzäune hinweg von den Katastrophen erzählte, die sich wieder auf der Welt zugetragen hatten. Katastrophen waren sein Spezialgebiet. Katastrophen waren seine Welt. Er war vernarrt in Unglücksgeschichten, vor allem wenn sie sich weit weg ereigneten und er sich trotzdem wie ein Überlebender vorkommen konnte. Hungersnöte, Feuersbrünste, Entführungen,

Putschversuche, Aufstände, das alles bewies ihm jeden Morgen von neuem, dass es am besten ist, man bleibt daheim, wo einem bloß die Baader-Meinhof-Bande zu schaffen machte, für die man die Todesstrafe hätte wieder einführen sollen und der sich ausgerechnet sein Sohn Max sofort nach dem Studium als Verteidiger andienen wollte, was immer ihn dabei geritten haben mochte. Max' Vater war Finanzbeamter, der sich frühpensionieren ließ, da ihm als Kriegskrüppel, wie man Leute mit bloß einem Bein damals ganz selbstverständlich nannte, eine Rente zustand, von der sich leben ließ.

Was wäre, wenn wir den Krieg nicht verloren hätten!? Das war seine rhetorische Lieblingsfrage, deren Antwort man lieber nicht wissen wollte. Papa winkte jedes Mal ab, wenn er zu politisieren anfing. Kamen Max' Eltern gelegentlich auf ein, zwei Stündchen herüber, stellte Mutter fast immer halbierte Eier mit Sardellenfilets und einem Remouladenklecks auf den Tisch, samt einer Platte mit Schinken, den sie zu spitzen Tüten rollte, während Vater zwei verschiedene Flaschen aus dem Keller holte, von denen die eine der Damen-, die andere der Herrenwein war. Zum Abschluss gab es für die Männer einen Asbach Uralt und für die Frauen ein Likörchen. Bei den Nidos thronte ein Löwe im Garten, den sie aus Italien mitgebracht hatten, drüben bei Max standen Zwerge in allen Größen, und während aus Mutters Küche Opern- und Operettenmelodien strömten, wehte von der anderen Seite Volksmusik herüber. Keines der Kinder hätte sich diese beiden als Eltern gewünscht, schon wegen ihres Dickseins nicht und weil ihre Fröhlichkeit etwas reichlich Anstrengendes besaß, als dürfte man in ihrer Gegenwart nie aufhören zu grinsen und zu lachen. Max war ihr Ein und Alles, im Guten wie im Bösen. Sie platzten vor Stolz, wenn es über ihn von der Schule nur das Beste zu berichten gab, während er selbst sich, wenn sie ihn dabei anstrahlten und ihm übers Haupt streichelten, halb in Grund und Boden schämte, halb wie ein kleiner Gott fühlte. Parierte er nicht, setzte es etwas. Seine Mama, hieß es hinter vorgehaltener Hand, sei an Überfettung gestorben. Solange es den Kindern schmeckt, hatte sie immer gesagt, sind sie gesund. Das Abendessen zog sich bei ihnen über Stunden hin, von sieben bis zum Schlafengehen, was nicht hieß, dass sie ununterbrochen futterten, nur dass auch nie der Tisch abgeräumt wurde, so dass man immer weiter picken und sich noch ein Brot und noch eines machen konnte, endlos, mit Salami und Leberwurst, Essiggurken und Silberzwiebeln, Butter und Mayonnaise, Schwartenmagen und Tellersülze, wozu es für den Papa Bier aus dem Krug gab und zwischendurch ein Obstwässerle, bei dem er sich jedes Mal schüttelte, auf den Bauch klopfte und verkündete: Runter, du Halunke! Worauf alle grinsen und ihm zunicken mussten.

Als Jakob nach seinem Ausflug mit Papa bei Linda war, hatte sie ihm, während Fred auf dem Klo saß, angedeutet, Vater habe sie nicht nur aus dem Haus geworfen, sondern sogar beschimpft, selbst daran schuld zu sein, dass es mit Max so gekommen sei. Was genau damit gemeint sein sollte, erklärte er ihr nicht. Linda hätte es auch gar nicht hören wollen. Sie fand es ungeheuerlich, was da an Vater zum Vorschein kam. Jakob kann ebenfalls nur spekulieren und befürchtet, es könnte ihr kontrollsüchtiges Naturell gewesen sein, was Max vor ihr fliehen ließ. Ins Gesicht würde er ihr das nie sagen. Er schämt sich vor sich selbst, dass ihm an Papas Unverschämtheit sogar etwas gefällt. Doch zu seiner Beruhigung sagt er sich: Wir alle sind so, nur wollen manche nicht merken, was in ihnen alles anbrandet an Gefühlen und Gedanken. Was haben die großen

Philosophen, erklärte Pascal, schließlich anderes getan, als Gesetzesbücher mit Spielregeln verfasst, die dem menschlichen Irrenhaus Regeln verordnen.

Nach der erfolglosen Speicherdurchsuchung hörte Jakob aus Ulis Zimmer Musik. Man musste keine Sekunde raten, von wem sie war. Er ging zu ihm hinein und dachte wieder einmal: Mein Gott, wie jungenghaft siehst du im Gesicht immer noch aus! Als hätten die Drogen keinerlei Spuren hinterlassen, zumindest nicht äußerlich. Wie früher saß er auf seinem Ausziehbett mit einem Plattencover, das er von vorn und hinten anschaute, als halte er es zum ersten Mal in Händen oder als könnte man, was dort abgebildet ist, nicht oft und ausführlich genug studieren, immer und immer von neuem, als ließen sich selbst nach Jahrzehnten noch winzige Kleinigkeiten entdecken, die einem verborgen geblieben waren, auch wenn man es in- und auswendig kannte, und als würde der Musik etwas fehlen, hielte man sich nicht an ihm fest wie an einem magischen Besitz. Stunden- und tagelang hatte er Pink Floyd gehört, über Jahre hinweg.

Das Kiffen, sagte er auf einmal, tut mir allmählich auch nicht mehr gut. Es klang, als müsste man sich Sorgen machen. Ist das schlimm?, fragte Jakob, worauf Uli mit dem Kopf zu den Boxen hinüberdeutete und sagte: Auch das funktioniert nicht mehr. – Was? – Das alles. – Was das alles? – Diese Klangfluten, mit denen man sich als Siebzehnjähriger ins Grenzenlose hinausträumen, hinausschwemmen, hinaustreiben lassen wollte, ins Universum, ins All, in die Schwerelosigkeit. Es funktioniert nicht mehr, ist bloß noch ein matter Nachhall aus vergangenen Tagen. Ich höre ständig nur A-Dur und cis-Moll, tausendmal hin und her, und frage mich, warum ich dieses

Soundgeschwurbel nicht schon immer so nüchtern erlebt habe. Als klaffe zwischen diesen Klängen und mir auf einmal eine Lücke, die bewirkt, dass sich dabei fast nichts mehr abspielt. Es funktioniert nicht mehr, und früher konnte ich nie genug davon kriegen. Der Funke springt nicht mehr über. Ich sehe bloß noch Knöpfe, an denen man dreht, damit dieses Gewaber entsteht.

Und welche Musik hörst du inzwischen, wollte Jakob wissen.

Inzwischen? Vielleicht bald Mozart!

Er schien nicht nur traurig darüber, es hörte sich an, als fühlte er sich betrogen von diesem psychedelischen Gewoge, das bei ihm jahrelang für ozeanische Gefühle gesorgt hatte. Früher lebte und schwebte er in diesem Kosmos, in diesen Hall- und Echo-Orgien, die ihm nun wie ein aufgeblähtes Nichts vorkommen wollten. Jakob war mit Uli einst nach München gepilgert, beide mit ihren Schlafsäcken unterm Arm, um bereits sechs, sieben Stunden vor dem Einlass am Eingang des Olympiastadions herumzuliegen und möglichst weit vorne Plätze zu ergattern. Mit mehreren Sattelschleppern war Pink Floyd durch die Welt gekarrt, um in kolossalen Hallen mit einem gigantomanischen Schnickschnack für einen auratischen Zauber zu sorgen, der auf ähnlich schlichte Weise erzeugt wurde wie der Bühnennebel, hinter dem nichts als Trockeneis steckte. So schien das selbst Uli inzwischen zu sehen.

Immer noch hängen in den Kinderzimmern Plakate von früher, bei Jakob auf der einen Seite in ehrfurchtgebietender Pose Benedetti Michelangeli, auf der andern die vier Beatles-Porträts aus dem Weißen Album, wo sie wie nette Schwiegersöhne aussehen, die es mit den langen Haaren und Bärten nicht übertreiben. Bei Uli klebt nach wie vor ein Bild von Dalí, der für Joschi bloß Francos Hofnarr war. Wie jung sie damals alle waren, nicht nur sie selber, auch die John Lennons und McCartneys, fast noch Milchbuben, genauso wie Mick Jagger, während heutzutage fette, aufgedunsene, bierbäuchige Sechzig- und Siebzigjährige, die kaum noch Haare haben, aber ein eitles, dünnes, graues Schwänzchen zum Hinterkopf hinabhängen lassen, auf Dorfbühnen *I can't get no satisfaction* grölen. Was man ihnen auch auf Anhieb abnimmt. Jedes Mal, wenn Jakob einen derartigen Anblick ertragen muss, fragt er sich, ob es nicht wenigstens eine winzige Würde des Alterns geben sollte, die darin bestünde, dass man nicht mit grotesker Gewalt gegen den allmählichen Zerfall anschreit, und das auch noch öffentlich, als habe man sich schon eine ganze Weile nicht mehr im Spiegel angeschaut.

Im Durcheinander auf dem Speicher fanden sie auch einen vergilbten Zeitungsausschnitt von Ende 1967, auf dem Vater als frischgebackener Chefarzt der Ulmer Chirurgie bei einer Neujahrsumfrage zu sehen ist, die man offenbar äußerst knapp zu beantworten hatte. Was war für Sie im vergangenen Jahr das Schönste? Dass alles problemlos verlief. – Was wünschen Sie sich fürs neue? Dass es nicht schlimmer wird als das letzte. – Woran erinnern Sie sich am besten? An gestern. Das war es auch schon. Mehr sagte er nicht. Dass er kurz angebunden sein konnte, wussten sie, nur hatte man das zu Hause, wie es scheint, zu wenig als Witz wahrgenommen.

Allerdings konnte er auch gleichgültig sein bis zur Gefühllosigkeit, was einem oft erst im Nachhinein bewusst wurde. Mutter war so gut wie immer gesund gewesen und hatte außer einer Gürtelrose und einer Gebärmutteroperation nie etwas gehabt, bis sie mit Mitte sechzig unter tagelang anhaltenden Erschöpfungszuständen zu leiden begann, zu denen noch ein Rheuma kam, das eine schmerzhafte Gicht nach sich zog. Mir fehlt für alles der Mumm und der Schwung, fing sie damals an zu klagen, während sie halbe Tage im Sessel versackte, aus dem sie kaum noch hochkam. Auch duschte sie morgens nicht mehr kalt wie früher und stellte nicht einmal mehr in der Küche das Radio an, dessen Gedudel früher stundenlang durchs Haus wehte, sondern löste, wie um die Zeit totzuschlagen, bloß noch Kreuzworträtsel. Mehr als sie je zugeben wollte, hatte das auch mit Joschi zu tun, dem verlorenen Sohn, der damals schon seit ein paar Jahren abgetaucht war und den sie am liebsten in Budapest aufgesucht hätte, was Vater mit allen Mitteln verhinderte, und sei es mit dem Argument, dass die Polizei dadurch herausbekommen könnte, wo er sich befand. Zeitweise besserte sich ihr Zustand und manchmal schien sie sogar wieder ganz die Alte, nur dass ihre Erschöpfungszustände mit Ende sechzig mehr und so schlimm wurden, dass sie nur noch im Sessel hockte, von morgens bis abends, und nicht einmal mehr Lust auf Kreuzworträtsel hatte. Da sie sich kaum noch bewegte, ging sie sichtlich auseinander, was nicht nur für den Kreislauf fatal war, sondern auch für ihren Gemütszustand.

Ihr Arzneischrank hatte sich über die Jahre immer üppiger mit Magnesiumtabletten, Gelenkproteinen und allerlei Schwedenkräutern gefüllt, ohne dass je Fachärzte eingeschaltet worden wären, obwohl Papa alle nur erdenklichen Kontakte besessen und ein einziger Anruf genügt hätte, um bei einer Koryphäe sofort einen Termin zu kriegen. Doch er erklärte, es sei das Alter, da sei nicht viel zu machen. Als Doktor geht man nicht zum Doktor, hatte er seit jeher gewitzelt, wenn jemand ein Wehwehchen plagte, was auch für Mutter zu gelten hatte. Manchmal hätte man fast meinen können, es ärgerte ihn sogar, dass sie sich zu nichts mehr aufraffen konnte und sich so gehen ließ, obwohl ihm klar gewesen sein muss, dass das keinerlei Unwillen entsprang.

Nach ihrem Siebzigsten begann es rapide bergab zu gehen. Während sie früher alle paar Tage mit ihren Lockenwicklern unter der Haube saß und sich wie ältere amerikanische Damen die grau gewordenen Haare bläulich tönte, hingen jetzt nur noch Strähnen an ihr herab, als hätte sie keine Lust mehr, sich zu pflegen, oder als sei es ihr zu beschwerlich. Als dann Joschi wiederauftauchte, lebte sie nochmals auf. Allerdings konnte sie ihn nie länger als ein paar Tage bei sich haben, weil Vater und er sich aus dem Weg gingen und bei Tisch nur stumm nebeneinandersaßen. Ihren Dreiundsiebzigsten erlebte sie nicht mehr. Von der Diagnose des Pankreaskarzinoms bis zu ihrem Ende dauerte es ein knappes halbes Jahr. Ohne ihr oder den Kindern gegenüber auch nur die geringste Andeutung zu machen, schien Vater von Anfang an gewusst zu haben, dass es nicht viel länger gehen kann. Erst als sie tot war, gestand er, sich keinerlei Illusionen gemacht zu haben. Bei Bauchspeicheldrüsenkrebs, sagte er, ist das fast immer so, ich wusste von vornherein, dass sie an Weihnachten nicht mehr unter uns ist.

Früher bei den Sonntagsspaziergängen kamen sie hin und wieder am Friedhof vorbei, den man jedoch, weil dort keine Verwandtschaft lag, so gut wie nie betrat. Vater witzelte dann manchmal: Hier könnt ihr uns später immer besuchen! Wäre Mama hier begraben worden, hätte man aus Ulm einen evangelischen Pfarrer holen müssen, da es in Geigingen bloß den katholischen Boshorch gab, der bei ihnen wenige Tage nachdem sie hierhergezogen waren, vor der Tür stand, um Mutter zu erklären, sie müsse die Erziehung der Kinder dem Vater überlassen, weil sie den falschen Glauben besitze. Außer ihr waren damals nur Joschi und Jakob zu Hause, die auf Boshorchs Geheiß das Wohnzimmer verlassen mussten und beim Lauschen an der Tür nur mitbekamen, dass Mama die ganze Zeit schwieg, während vom Pfarrer kein Wort zu verstehen war. Beim Hinauseilen streichelte er den beiden hurtig übers Haar und schlug das Kreuzeszeichen, ohne dass Mama ihn zur Tür begleitet hätte. Sie saß verstummt am Tisch. Was er wollte, erfuhren sie erst Jahre später. Keiner weiß heute mehr, warum Jakob trotzdem Ministrant wurde und dem Boshorch sogar half, im Wald eine Mariengrotte zu bauen und ein halbes Dutzend Bildstöcke aufzustellen, um der Gottesmutter einen Platz zu bereiten, an dem sie erscheinen sollte, so wie bereits in Lourdes, La Salette und Fatima. Nächtelang, so munkelte man damals, war Boshorch im Wald draußen gekniet und hatte Maria angefleht, hier endlich ein Wunder zu tun, um nicht bloß das Abendland vor der roten Gefahr zu erretten, sondern Geigingen weltberühmt zu machen.

Wenn Jakob gelegentlich durch den Friedhof Montparnasse streift, überkommen ihn leise Gewissensbisse, weil es ihn nie an Mutters Grab drängt. Beckett und Baudelaire scheinen ihm wichtiger als jene Frau, der er das Leben zu verdanken hat. Andererseits fürchtet er, es könnten sich bei ihr auf dem Friedhof keine schmerzhaften Gefühle einstellen. Heute Morgen hatte er zu weinen versucht und sogar ein wenig Nass in den Augen verspürt, nur dass es Tränen waren, die ihm wie eine Pflichtübung vorkamen und mit dem Selbstvorwurf einhergingen, nicht genug davon vergossen zu haben. So könnte es ihm schlimmstenfalls auch an Mutters Grab ergehen, wodurch er sich eingestehen müsste, dass sie für ihn weiter weg ist denn je. Er könnte, wie Joschi es bei seinem alljährlichen Grabbesuch macht, Unkraut aus dem Kies zupfen, Blümchen pflanzen, ein Gebet murmeln und intensiv an sie zu denken versuchen, doch was wäre, wenn dabei keinerlei innige Empfindungen aufkämen, obwohl er Mutter geliebt und ihr Tod ihn wochenlang wieder zu einem Kind gemacht hat, dem sogar eine Weile die Lust verging, in der Welt herumzuvagabundieren. Zum ersten Mal, seit er von zu Hause weg war, hatte er sich wieder nach den wohligen vier Wänden seines Kinderzimmers zurückgesehnt und alles haben wollen wie früher. Vielleicht sucht er ihr Grab nie auf, weil ihn solche Sehnsüchte schon lange nicht mehr überkommen, trotz seiner labilen Lage, in der man sich eigentlich wünschen müsste, dass sich jemand um ihn kümmert wie um ein Kind. Seine größte Sorge jedoch besteht darin, in Zukunft nicht mehr so ungebunden leben und ganze Wochen oder sogar Monate in Paris verbringen zu können, wie er es bisher gewohnt war.

Und was machst du im kommenden Semester, will Jakob von Fred wissen.

Das Ende der Tragödie.

Das Ende der Tragödie?

Ja.

Spannend.

Ja!

Hört sich gut an.

Ja.

Und was ist das Ende der Tragödie?

Alles.

Alles?

Es gibt keine Tragödie mehr, schon seit zweitausend Jahren nicht mehr.

Seit zweitausend …?

Seit zweitausend Jahren. Du hast ganz richtig gehört.

Du meinst das Theater.

Ich meine alles. Das ganze Leben.

Das Leben ist voller Tragödien.

Nein.

Man muss bloß die Zeitung aufschlagen, fünf Minuten Fernsehen gucken: Tragödien en masse!

Du darfst nicht Unglück mit Tragödie verwechseln. Das Christentum hat jede Art von Tragik kaputt gemacht.

Das Christentum?

Ja.

Wo es die Erlösung gibt, ist das Tragische abgeschafft.

Und was ist mit denen, die nicht an Erlösung glauben?

Für die gibt es ebenfalls nichts Tragisches mehr.

Und warum nicht?

Weil zur Tragik Größe, Heldentum und Zerrissenheit gehören. Aber wo soll es das heute noch geben, wenn jedes Verbrechen damit erklärt wird, dass der Täter eine schlimme Kindheit gehabt hat und von keinem geliebt worden ist?

Und darüber machst du ein Seminar?

Ja.

Und du denkst, das interessiert die Memminger?

Meine Kurse waren immer voll, sind immer voll und werden immer voll sein.

Wie viele Teilnehmer?

Zwölf. Alles andere würde den Rahmen sprengen. Wir gehen auch ins Theater.

In Tragödien?

Macbeth.

Wird in Memmingen gerade *Macbeth* gespielt?

Wir fahren nach Ulm.

Spielen sie hier *Macbeth*?

Es geht nicht um *Macbeth*, es geht darum, dass es die tragische Fallhöhe nicht mehr gibt.

Na ja …

Was heißt da na ja?! Es gibt sie nicht mehr! Zur Fallhöhe gehören etwas Heroisches, eine hohe Moral und rücksichtslose Radikalität, sprich: totale Zerrissenheit.

Bei Schiller gibt's das noch.

Nein.

Gibt's hier nichts Wichtigeres zu diskutieren als Shakespeare und Schiller, mault Linda dazwischen.

Worüber, schlägst du vor, sollen wir sonst reden, bis unser Rechtsberater da ist?

Man könnte sich vorbereiten.

Nur wie und womit?

Sich kundig machen.

Ja klar, nur bei wem?

Ihr alle hättet euch längst von Anwälten beraten lassen können.

Man konnte doch nicht wissen …

Doch!

Wir wissen doch gar nicht, was Sache ist. Vielleicht löst sich ja alles in Wohlgefallen auf.

Jetzt interessiert mich aber trotzdem noch, wieso es bei Schiller keine Tragik mehr gibt?

Weil ein Lumpensack von Sohn wie Franz Moor nichts Tragisches an sich hat. Er ist bloß mies und fies. Kriminelle Energie hat nichts mit Größe zu tun.

Größe, Heldentum... hört sich inzwischen nicht mehr unbedenklich an.

Eben.

Aber das heißt doch nicht, dass es keine Tragödie mehr gibt.

Wo gibt es noch Tragik auf der Bühne? Sag es mir. Hierzulande jedenfalls nicht.

Auf der Bühne vielleicht nicht, aber im wirklichen Leben.

Wo? Sag es mir!

Hier und jetzt, in diesem Moment, in diesem Haus.

Es ist eine Scheißsituation, aber mit Tragik hat das nichts zu tun. Zumindest nicht im ursprünglichen Sinn.

Im ursprünglichen Sinn oder nicht, was spielt's für eine Rolle?

Man könnte dreinschlagen bei dem Seich, den ihr daherredet, sagt Joschi.

Man hat gefragt, was ich im kommenden Semester mache. Ich habe geantwortet. Wegen mir muss man das jetzt nicht diskutieren. Tut mir leid.

Als Vater bei Mutters Leichenschmaus bereits heimgegangen war, schrie Fred, schwer geladen, Joschi plötzlich ins Gesicht: Das Beste, was du für dich und deinen Nachruhm tun kannst, ist eine öffentliche Selbstverbrennung, die du der Menschheit als revolutionären Verzweiflungsakt verkaufst, weil du das himmelschreiende Unrecht auf der Welt nicht mehr erträgst. Joschi stand auf und sagte im Abgang bloß noch zu ihm: Auch in jedem Scheißliberalen sitzt eine totalitäre Sau, die hin und wieder rausmuss!

Eingeleitet hatte Fred seinen Eklat mit einer Anekdote über John Cage, der eines Tages in ein Konzert ging, wo das Stück eines Freundes gespielt wurde, der im Programmheft erklärt hatte: Ich hoffe, dass meine Musik ein wenig vom Leiden der Welt verringert! Als Cage nach dem Konzert von seinem Freund gefragt wurde, wie es ihm gefallen habe, erklärte er: Die Musik war gut, aber ich hasse dieses Programmheftgeschwätz. Worauf der andere meinte: Aber findest du nicht, dass es viel zu viel Leiden auf der Welt gibt? Nein, antwortet Cage, ich glaube, es gibt genau die richtige Menge davon. Hahaha, hahaha!, hatte Fred gelacht, als sei ein Sieg errungen, worüber auch immer. Hahaha, hahaha!, wollte er gar nicht mehr aufhören, ohne dass die andern richtig mitlachen konnten oder wollten. Und dann forderte er Joschi auf, sich am besten umzubringen. Davor höhnte er noch: Du hättest in Bruchsal deine Memoiren schreiben können. Im Knast wurden schon so manche Bücher geschrieben. Denk an Karl May. Oder an Hitler. Auch du hättest dein Buch *Mein Kampf* nennen können.

Jahrelang wechselte Joschi kein Wort mehr mit ihm, nicht einmal bei den weihnachtlichen Zusammenkünften bei Papa daheim. Immer wieder hatte Fred sich, anfangs noch auf joviale Weise mit Schulterklopfern und ähnlichen kumpelhaften Ungeschicklichkeiten, zu entschuldigen und alles mit seinem Suff zu erklären versucht, nur dass Joschi strikt den Taubstummen spielte. Nachdem alles nichts nützte, fing Fred irgendwann auf jämmerlich unterwürfige Weise vor ihm zu winseln an: Ich war stockbesoffen, Joschi, stockbesoffen! Das kann doch mal vorkommen! Das Schlimme ist, ich kann mich nicht einmal daran erinnern! Nicht einmal das!

Um Joschi ostentativ vorzuführen, wie bitterernst es ihm mit seiner Reue war, bettelte er ihn eines Tages in einem Akt quasiöffentlich zelebrierter Selbstzerknirschung vor allen andern auf Knien an, endlich mit dieser Strafaktion aufzuhören. Weil die Schmach, die Fred sich damit selbst antat, jedoch gleichzeitig seinen Stolz mächtig kränkte, verdammte er Joschi hintenherum nur umso wüster mit Sätzen wie: Keiner Sau würde etwas fehlen, wenn es den nicht mehr gäbe! Seit wann die beiden wieder miteinander reden, weiß niemand so richtig. Eines Tages scheint Joschi einfach wieder so getan zu haben, als sei nie etwas vorgefallen.

Nach seiner Rückkehr heuerte er in Heidelberg als Allererstes bei der Linken Liste an und bewarb sich sogar als Gemeinderat, wurde von den Genossen allerdings aus Angst, man werde mit ihm mehr Stimmen verlieren als gewinnen, auf den letzten Listenplatz gesetzt. Trotzdem stand er tapfer auf der Straße und verteilte Flugblätter mit dem Slogan: Die Kleinen müssen für ihre kleinen Verbrechen büßen, die Großen bekommen für ihre großen das Große Bundesverdienstkreuz! Bis heute hält er sich für ein Opfer der Klassenjustiz, obwohl ihm durchaus bewusst ist, dass es alles andere als eine Kleinigkeit war, was er sich geleistet hat.

Ohne jeden Abschluss und ohne je etwas gelernt zu haben, hatte er in rebellionslos gewordener Zeit gerade noch das Glück gehabt, Geschäftsführer des selbstverwalteten Studentenwerks zu werden, dem in Heidelberg drei Kneipen unterstanden. Es war die Zeit, als Pesto, Spaghetti und Olivenöl die Butter und Spätzle verdrängten, der Jägermeister vom Fernet Branca abgelöst wurde, Mutter vor dem Fernseher die Hopsereien der dauerlächelnden Aerobicgirls mit den dynamischen Stirnbändern und hautengen Batman-Klamotten nachzuhüpfen versuchte, die Uni-Linken nach Foucaults Tod auf seine Ästhetik der Selbstsorge umschwenkten und auf einmal nicht mehr in jedem zweiten Satz die Dialektik im Munde führten, sondern bloß noch die Differenz, das Dispositiv, den Diskurs und die Dekonstruktion bemühten, während Joschis Zentralbegriffe weiterhin das System, die Schweine, die Solidarität und die Strukturen blieben. Noch Jahre später wollte er nicht wahrhaben, dass dieses Vokabular schon eine ganze Weile reichlich ausgeleiert klang und von einem anderen überholt worden war.

Doch immerhin war er versorgt, zum ersten Mal im Leben. Er hätte diesen Job vermutlich bis heute machen können, zumindest bis zu seiner Rente, die es in diesem Fall zu beziehen gäbe, hätte er nicht aus der Kasse des Studentenwerks eine halbe Million entwendet, die er meinte eines Tages so heimlich zurücklegen zu können, wie sie eingesackt wurde. Anderthalb Jahre hatte von seinem Schwindel keiner etwas bemerkt, so lange, bis nichts mehr zu verbergen war, über Nacht alles aufflog, die Katastrophe ihren Gang nahm und er zu dreieinhalb Jahren verurteilt wurde. Ein halbes Jahr lang war Joschi nicht nur in Heidelberg wie ein bunter Hund bekannt, sondern in ganz Deutschland. An dem Tag, als man ihn in Bruchsal im Knast erwartet hatte, verabschiedete er sich von Mutter und bestieg in Ulm den Zug in die entgegengesetzte Richtung, dem Osten zu, die Donau hinab, wo er zehn Jahre ausharrte, bis die Strafe verjährt war.

Als man entdeckte, dass er sich eine halbe Million geborgt hatte, gab es nichts mehr zu retten. Und dann der Aufschrei! Ein Fall, der überall in der Republik Aufsehen erregte! Ein grandioser Skandal! Der gnadenlose Radikalkritiker aller kapitalistischen Gier als geldgeiler Spekulant. Als haltloser Zocker. Skrupelloser Spieler. Und vollkommener Idiot, der sich einen kapitalen Schwachsinn als todsichere Nummer andrehen ließ. Mit irrsinnigem Profit! 37,5 Prozent Rendite! Und das in einem knappen Jahr! *Sol e sul!* So nannte sich das Bauunternehmen mit Sitz auf Teneriffa: *Sonne und Süden!* Eine

Briefkastenfirma! Eine Feriensiedlung an der Algarve, und zwar nicht für die Bonzen! Ein soziales Projekt! Da war noch etwas von der Nelkenrevolution zu spüren, von der Joschi sich einst mehr erwartet hatte, die aber offenbar Spuren hinterließ. Wie oft hatte er nicht mitgesummt bei dem so sanften Kampfesgesang *Grândola, vila morena*, mit geballten Fäusten und Tränen in den Augen? Damals, als noch alles voll größerer Hoffnung war.

Was ist schon eine halbe Mille, hatte er sich gesagt? Der Umsatz von einem Vierteljahr! Ich hätte das Doppelte nehmen können! Und zwar locker! Geld war genug in der Kasse. Daran fehlte es nie. Kontrolliert wurde Joschi nicht. Dumm nachzufragen hätte sich bei ihm keiner getraut. Er wollte prozessieren. Nur gegen wen? Gegen eine Scheinfirma auf Teneriffa? Das Studentenwerk würde ihm einen Rechtsanwalt bezahlen, glaubte er. Als habe er das nicht für sich getan, sondern fürs Gemeinwohl!

Wegen Fluchtgefahr wurde er mitten in der Nacht abgeholt, saß drei Monate in Untersuchungshaft, die Verhandlung fand in Mannheim statt. Auf die Frage, warum er das gemacht habe, erklärte er vor Gericht: Weil es keine linke Solidarität mehr gibt! Was er nach seiner Rückkehr aus Budapest immer noch behauptete, als käme dafür überhaupt keine andere Erklärung in Frage. Für einen Kapitalisten, verkündete er, wäre das ein Taschengeld gewesen!

In ihren letzten Monaten soll Mama oft stundenlang nur noch Josef, Josef vor sich hin gemurmelt haben, wie Joschi zu Hause nach wie vor hieß, und wenn sie mit ihm telefonierte, stellte sie stets die gleichen Fragen: Hast du etwas zu essen? Ist es nicht zu kalt in deinem Keller? Willst du nicht nach Hause kommen? Doch Joschi mochte nicht jeden Tag beim Abendessen stumm neben Vater sitzen. Offener Krieg wäre einfacher gewesen, doch offenen Krieg hatte es zu Hause nie gegeben.

Was Joschi bis heute auf die Nerven geht, ist jede Art von wohlfeilem Freiheits- und Friedensgeschrei. Freiheit und Frieden, das sind für ihn pompöse Phrasen, solange Leute wie er in Kellerlöchern hausen müssen und von beidem reichlich wenig haben. Als der *Heidelberger Bote* ihn nach seiner Heimkehr interviewte, erklärte er: Ich bin vom Volk im Osten enttäuscht! Es hätte jetzt den wahren Sozialismus aufbauen können, hat sich aber von Leuten wie Václav Havel einlullen lassen! Selbst bei seiner Flucht Ende der Achtziger wollte Joschi noch nicht wahrhaben, dass Achtundsechzig vorbei war und in einer Zeit, da die letzten Revolutionswinde sich gelegt hatten, kein Mensch mehr sich nach Gestalten zurücksehnte wie ihm. Seit Jahren schon stemmte er sich wie ein Ertrinkender gegen den Zerfall der *Bewegung* und hoffte insgeheim noch bei seiner Rückkehr, wie ein Märtyrer empfangen zu werden, der für die Sache der Gerechtigkeit ins Exil gegangen war. Zu seinem Entsetzen musste er jedoch entdecken, dass ihn während seiner Abwesenheit niemand vermisst hatte, am allerwenigsten seine einstigen Mitkämpfer, die inzwischen die Straßenseite wechselten, wenn sie ihn von weitem sahen.

Wenn Jubiläen wie *40 Jahre 68* anstehen, kann Joschi bis heute damit rechnen, vom *Heidelberger Boten* als der kurioseste aller Zeitzeugen befragt zu werden, was er jedes Mal dazu nutzt, seinen einstigen Genossen, von denen so mancher längst Oberbürgermeister, Parteivorsitzender, Europaabgeordneter und sogar Minister geworden ist, zuzurufen, dass sie sich von der Macht haben korrumpieren lassen, und zwar allesamt, womit auch einige bereits emeritierte Professoren gemeint sind, die mit ihrem lockeren Altersschick und ihren immer noch länglichen Haaren eine unverwüstliche Jugendlichkeit auszustrahlen versuchen. Kommt man ihm mit der Behauptung, dass doch nicht alles in dieser Welt schlecht ist, zitiert er wie eh und je mit alttestamentarischer Verbitterung den Bloch-Satz: Tausend Jahre Unrecht machen noch keine Stunde Recht! Ausgerechnet in einer Zeit, wo die Reichen immer reicher werden und die Schere zusehends auseinanderklafft, haben sich in seinen Augen alle diese Typen in neoliberale Scheißer verwandelt, während er selbst mit seinen löchrigen, noch aus Mamas Tagen stammenden Pullovern das Leiden der ganzen Welt verkörpert.

Seit Joschi sich wie ein Aussätziger behandelt fühlt, setzt er sich jeden Samstagmorgen im Café *Maxbar* am Marktplatz an den immer selben Fensterplatz, der für ihn mittlerweile sogar reserviert wird, um dort mit anklagenden Blicken seinen alten Kombattanten, die mit ihren Gattinnen und Bioeinkaufstüten vorbeiflanieren, ins Gesicht zu starren, als wollte er ihnen sagen: Schaut her, ich bin das Inbild jenes Teils der Menschheit, der euch anwidert und den ihr am liebsten loswerden würdet, doch diesen Gefallen tue ich euch nicht! Weil alle wissen, dass er dort sitzt, nehmen manche auf dem Weg zum Markt, wie Joschi zu wissen glaubt, bereits Umwege in Kauf. Andere scheinen gelegentlich zu vergessen, dass er jeden Samstag in der *Maxbar* sitzt, machen aber, wenn sie ihn erspähen, postwendend kehrt. Wieder andere versuchen seinen Blicken ein paar Augenblicke standzuhalten, als wollten sie ihm bedeuten: Du kannst mich nicht erschrecken! Auch gibt es nach wie vor eine ganze Menge Neugierige, die dieses Wesen wenigstens ein einziges Mal im Leben gesehen haben wollen, als gehörte es neben dem Schloss und anderen Sehenswürdigkeiten zum unabdingbaren Heidelberger Tourismusinventar.

Weil Joschi immer stolz darauf war, dass er Seminare so gut wie nie besucht, sondern vor allem gesprengt hat, konnte er Leute wie Jakob nie ausstehen, die bloß klugscheißerisch Adorno zitierten und damit die Welt nicht die Bohne ändern wollten. Jakob dagegen hätte sich wie Herdenvieh gefühlt, wäre er wie Joschis 68er-Vorbilder mit stampfendem Ho-Ho-Ho-Chi-Minh-Gebrüll durch die Straßen gezogen. Weder wollte Jakob wie Uli seine Tage in der Hängematte verbringen noch die bösen Zustände bekriegen, sondern ziellos in den Tag hineinleben, kein Geld verdienen müssen, vorbeiwehenden Gedanken nachhängen und sich nach hierhin und dorthin treiben lassen. Das, dachte er, wäre die beste aller möglichen Welten, zumindest für ihn. Mit Baudelaire in der Tasche war er als Siebzehnjähriger erstmals durch Paris gezogen und hatte dabei Verse auswendig gelernt, die er jetzt, genau vierzig Jahre später, in seinem letzten Fernsehbeitrag, der nun nicht mehr zustande kommen sollte, zitieren wollte: *Pascal avait son gouffre, avec lui se mouvant./ – Hélas! tout est abîme, – action, désir, rêve,/ Parole!… Pascal blieb nichts anderes als in seinen Schlünden zu taumeln./ – Mein Gott! Abgrund ist alles, – Gewerkel, Traum, Verlangen/ Worte!*

Sich einer Gruppe oder Partei verpflichtet zu fühlen, wäre für ihn einer unerträglichen Selbsterniedrigung gleichgekommen. Der ganze Stil, die ganze Sprache, das ganze Auftreten und Aussehen solcher tyrannischen Typen bewiesen ihm zur Genüge, dass man unter deren Fuchtel niemals geraten mochte. Seinen Bruder vor Augen, fragte Jakob sich immer wieder: Warum sollte es solchen Kerlen nach der Revolution auf einmal besser gehen? Warum sollten sie nicht weiterhin miserablen Fraß in sich hineinstopfen, bloß Bier saufen und nicht andere weiterhin niedermachen wollen? Dass Joschi ganz und gar selbst das Problem ist und nicht die Welt, auf diese Idee kam er offenbar nie. Ebenso fragte Jakob sich, woher Joschi eigentlich dieses Wütige und Unduldsame hatte, das sich als Kampf für Gerechtigkeit tarnte? Wer hatte ihm denn etwas getan? Was war in seiner Kindheit vorgefallen, wovon man nichts mitbekommen hatte? Oder musste er zeitlebens den politischen Kotzbrocken spielen, nur weil er es gewohnt war, dass seine kleinen Geschwister so lange an ihm hochgeschaut hatten, bis er aus dem Haus war? Sollte es so einfach sein? Man konnte alle erdenklichen Erklärungen herbeizerren, es aber auch sein lassen. Alle waren gleichermaßen plausibel wie nichtssagend. Erstaunlich fand Jakob an Joschi freilich immer, dass er offenbar mehr gefürchtet als geliebt werden wollte.

Jakob hatte ihn einmal ein paar Tage lang als Geschäftsführer des Studentenwerks erlebt, als der er jeden Abend mit seinem einschüchternden Vollbartgesicht feist und mächtig am Eingangstisch einer der von ihm verwalteten Kneipen hockte und die Gäste taxierte, als müsste man die Gesichter kontrollieren, obwohl sich dort sicherlich nie ein Burschenschaftler hineingetraut hätte, zumindest nicht in vollem Wichs. Wer an seinem Tisch Platz nehmen durfte, konnte sich wie von einem grimmen Gott akzeptiert fühlen. Wie angewachsen saß er da und ließ sich Abend für Abend von kurzberockten Studentinnen bedienen, denen ein Handzeichen mit entsprechendem Blick genügte, um zu wissen, ob er ein Bier haben wollte oder ein Schnitzel oder beides zusammen. Seit diesen Abenden kommt es Jakob so vor, als habe er Joschi noch nie lachen sehen. Alles an ihm bestand aus bedrohlichem Ernst, zu dem raunzendes Gemurre und Geknurre gehörten, in dem sich eine abgründige Unzufriedenheit mit bitterbösem Groll gegen Gott und die Welt vermengte. Noch schlimmer aber wirkte sein gezielt eingesetztes, beängstigendes Schweigen, bei dem man zu fürchten hatte, dass er gleich lostoben könnte, weshalb man selbst ebenso verstummte, da es bedeuten konnte, dass Joschi, der große Vorsitzende, einen von denen, die gerade am Tisch saßen, aus irgendeinem Grund für immer abgeschrieben hatte.

Von Buchhaltung hatte er keine Ahnung und wollte von ihr auch nichts wissen, doch wie alle Kadertypen war er hervorragend im Delegieren. Im Grunde war es das Einzige, was er konnte. Nur die Gesamtbilanz ging keinen etwas an, und für die Kleingeschäfte waren andere zuständig. Dass er schon mit Anfang zwanzig autoritätsheischend wie der alte Marx aussehen wollte, ließ sich noch mit der Phalanx vollbärtiger Revolutionsidole erklären, allen voran Castro und Che Guevara, die mit ihrem machomäßigen Gestrüpp im Gesicht auch hinsichtlich ihrer hormonellen Potenz meinten prunken zu müssen. Warum eigentlich, fragt Jakob sich schon seit geraumer Zeit, müssen ausgerechnet Gestalten, denen es angeblich nur um das Glück der Menschheit geht, fast immer wie Finsterlinge aussehen? Inzwischen empfindet er nur noch Mitleid mit Joschi, ein Mitleid allerdings, bei dem er spürt, was Nietzsche als verächtliches Überlegenheitsgefühl auswies. Für Jakob war sein älterer Bruder bloß noch ein Seelenkrüppel, der niemanden lieben konnte und seit Mutters Tod auch von niemandem mehr geliebt wurde.

Manchmal empfindet er aber auch ein Mitleid mit ihm, in dem wirklich nur noch Mitleid steckt, und sei es, weil ihrer beider Situation plötzlich so ähnlich geworden ist, es aber auch so leicht ist, jemanden, der ohnehin längst am Boden liegt und für das, was er getan hat, tausendmal schlimmer als andere büßen musste, immer noch zu treten und zu schmähen. Zuweilen meint er, seinen älteren Bruder sogar zu mögen. Heute, hat er das Gefühl, ist so ein Tag.

Joschi sitzt da und schaut seine Hände an, als studierte er seine Lebenslinien, zieht sie mit dem Daumen auch hin und wieder nach, knetet die Innenflächen, lässt die Hände in den Schoß gleiten, hält sie gefaltet und fängt von neuem an, sie anzuschauen. Das Bedrohliche ist von ihm gewichen, vielleicht nicht völlig, als könnte es wieder hervorbrechen, doch er scheint selbst nicht mehr zu wissen, wozu man sich noch verausgaben sollte, wofür auch immer.

Im Dorf, sagt Linda, hat man sich früher eine Geschichte erzählt.

Wann früher?

Als wir zur Schule gegangen sind, da hat man erzählt …

Wer?

Das weiß ich nicht mehr, ist doch auch egal. Jedenfalls hat man erzählt, dass bei einer hundsarmen Bauernfamilie zu Wochenanfang der Opa im Sterben lag, was gerade äußerst ungünstig war, weil man dringend das Heu einbringen, Rüben stecken oder Gott weiß was machen musste und natürlich kein Geld für Aushilfskräfte hatte, die es damals im Dorf wahrscheinlich sowieso nicht gab. Im Grunde hatte die Familie einen Mordsgroll auf den Opa, weil er ausgerechnet jetzt sterben musste und es nicht auf den Winter verschieben konnte, wo auf dem Feld nichts zu tun war. Um noch das Beste daraus zu machen, dachten die Bauersleute, wir bestellen die Verwandten auf den Samstag zur Beerdigung, und zwar für Mittag, damit sie am Abend wieder heim können und man alles hinter sich hat. Und so haben sie es auch gemacht und mit dem Pfarrer alles Entsprechende abgeklärt. Es wurden Brote und Kuchen für den Leichenschmaus gebacken, nur dass der Opa, wenn man nach ihm schaute, nach wie vor röchelte. Er lag so gut wie reglos da, den Mund halb offen, den Blick zur Decke gerichtet, nur dass das Schnaufen nicht aufhören wollte. Es ging nicht vorwärts und nichts abwärts, obwohl sie ihm nichts mehr zu essen gaben und es bei ein bisschen Flüssigkeit beließen. Man holte nochmals den Doktor, der sagte, es könne sich bloß noch um Stunden handeln. So verging der eine Tag um den andern, bis es schließlich Freitag war, aber keiner sich traute, die ganzen Verwandten wieder abzubestellen, was mehr als nur peinlich gewesen wäre, weil man hätte zugeben müssen, dass die Trauerkarten bereits verschickt worden waren, als der Opa noch röchelte, und dass er immer noch nicht mit Schnaufen aufhören wollte, weshalb man bloß hoffen konnte, dass er wenigstens über Nacht, bevor sie alle angefahren kamen, das Zeitliche segnen würde, was allerdings nicht der Fall sein sollte, denn er schaute morgens immer noch zur Decke hinauf und schnaufte auch noch, während die ersten Nichten und Neffen und Enkel und Schwäger mit Kutschen und Gespannen bereits in den Hof einbogen, zu denen man schlecht sagen konnte: Geht wieder nach Hause, es ist noch nicht so weit. Man wollte sie aber auch kein zweites Mal bestellen müssen, was nur Zeit und Geld gekostet hätte, weshalb die Hinterbliebenen, die noch gar keine Hinterbliebenen waren, ihnen erklärten, es sei unglaublich, dass der Opa sich, obwohl schon so gut wie tot, auf einmal wieder berappelt habe, auch wenn er nach wie vor fast tot sei, nur eben nicht gleich heute begraben werden könne, weil er noch ein bisschen röchle, weswegen sie vorschlagen würden, in diesem Fall den Leichenschmaus vorzuziehen, ohne den Opa etwas merken zu lassen, damit er nicht noch aus Schreck darüber, dass alle bloß seinetwegen gekommen seien, den Geist aufgebe.

Diese Geschichte ist von Maupassant, ruft Jakob. Ich weiß noch genau, wie ich sie mit dreizehn oder vierzehn am Öpfinger See gelesen habe, an einem sonnigen Tag im Gras. Ich werde das nie vergessen. Diese Geschichte nicht und nicht diesen Tag.

Mag sein, dass du das gelesen hast, ich jedenfalls habe diese Geschichte im Dorf gehört.

Ich habe sie aber bei Maupassant gelesen. Vielleicht habe ich sie dir auch erzählt, und du denkst nur, sie sei aus dem Dorf.

Es kann doch sein, dass Maupassant die gleiche Geschichte erzählt hat, sie aber auch hier im Dorf passiert ist.

Kann sein.

Im Übrigen ist das überhaupt nicht wichtig.

Was?

Ob sie stimmt oder nicht. Dass sie passiert sein könnte, ist wichtig, mehr nicht.

Froh, seine Kinder um sich zu haben, ist Papa vermutlich zum letzten Mal gewesen, als Mama gestorben war und sie alles, was anstand, erledigt hatten. Sie suchten den Sarg aus, riefen in diesem Taunusdorf den Pfarrer an, setzten die Todesanzeige auf, kamen sich wegen der Beerdigungsmusik in die Haare und wollten Joschi unbedingt einen dunklen Anzug kaufen, wogegen er sich mit allen Mitteln wehrte, worauf Fred ihm einen alten von sich auslieh, den er ihm beim Leichenschmaus offiziell übermachte, bevor er ihm empfahl, sich umzubringen.

Auf der Herfahrt kam Jakob eine Geschichte in den Sinn, die er einmal in einer Bar aufgeschnappt hatte. Jemand erzählte von seinem Bruder, der auf dem Weg zu Mutters Beerdigung im Zug einer Frau gegenübersaß, die frisch geschieden war und sich gerade auf eine größere Reise begab. Die beiden kamen ins Gespräch, die Beerdigung fand ohne ihn statt. Nach ein paar Tagen meldete er sich vom anderen Ende der Welt und erklärte, es sei ihm ein Wunder widerfahren, das Glück seines Lebens, man möge ihn nicht für einen Unmenschen halten, es tue ihm leid, sehr leid sogar, doch jedes Ende sei auch ein Anfang, nur dürfe man die Zeit nicht verstreichen lassen, das alles könne kein Zufall sein, man möge ihm verzeihen.

Jakob hätte sich gewünscht, ihm wäre heute Ähnliches widerfahren. Träfe er auf eine solche Frau, besäße er jedoch nicht einmal das nötige Geld, um mit ihr zwei Wochen am Meer zu verbringen. Wollte er aus allem ausbrechen, müsste seine Geliebte nicht nur in der Lage sein, ihn auszuhalten, sondern auch Lust dazu haben. Ob er mit dieser Abhängigkeit leben könnte, wäre eine andere Frage. Länger als ein, zwei Jahre hatte er es ohnehin nie mit einer Frau ausgehalten und meist alles dafür getan, dass sie ihn verließ.

Sieht man einmal vom Sonnenuntergang ab, so kostet alles Schöne eine ganze Menge. Eichendorffs Taugenichts, der ziellos durch Italien zieht, ohne den geringsten Mangel zu leiden, bräuchte heutzutage ein dickes Portemonnaie. Nicht bloß ein Haus am Meer, auch eine Liebesgeschichte, selbst nur eine kurze, ist nicht gratis zu haben. Mit dem Gang ins Eiscafé wie zu Schulzeiten ist es nicht mehr getan. Ein Abend in einer Bodega, ein Ausflug nach hier- oder dorthin, eine Nacht im Hotel, das ist noch nicht viel, doch das mindeste. Eine Spur von Verschwendung muss schon sein, nicht nur in Gefühlsdingen. Habenichtse sind unattraktiv.

Zuletzt hatte er sich bei einer Frau, von der er in einem Theaterblatt ein Foto entdeckte, als Fernsehjournalist gemeldet, was er genau genommen nie war. Wie sich dem Artikel entnehmen ließ, leitete sie in Paris ein Performance-Netzwerk, das ihn nicht im Geringsten interessierte, nur überkam ihn wie noch nie der Wahn, diese Frau mit allen Mitteln kennenlernen zu müssen, als sei ihm mit einem Schlag offenbar geworden, dass nur mit ihr das Leben weitergehen konnte. Über ihr Büro ließ er ihr ausrichten, er wolle ein Porträt über sie machen, hinterließ seine Handynummer und wurde eine halbe Stunde später zurückgerufen. Zwei Tage danach trafen sie sich im Café vor dem *Odéon*, wo er sie nur mit Mühe erkannte. Das Foto, auf dem sie herausfordernd dreinschaute und wo ihre blondlockige Mähne fast lasziv auf die Brüste hinabglitt, hatte mit der Realität wenig zu tun. Ihre deutlich dunkleren Haare waren zu einem strengen Dutt zurückgebürstet, die dem zehn Jahre älter wirkenden, von leichter Bitternis gezeichneten Gesicht etwas Gebieterisches verliehen. Jakob sprudelte ein peinliches Blabla aus sich heraus, mit dem er mehr schlecht als recht seine Enttäuschung zu überspielen versuchte, um sie nach einer qualvollen Viertelstunde mit der Lüge loszuwerden, sein Sender habe ihm einen Strich durch die Rechnung gemacht. Warum er ihr das nicht am Telefon habe ausrichten lassen, wollte sie wissen. Es sei ihm gerade eben erst mitgeteilt worden, behauptete er, legte zwanzig Euro auf den Tisch und verabschiedete sich fluchtartig. Eine derartige Kühnheit und Kälte waren ihm selbst neu. Nie hatte er etwas Vergleichbares getan und wäre vor Scham am liebsten sofort aus Paris abgereist, und zwar für immer, um von ihr auf keinen Fall je noch einmal, und sei es bloß von ferne, auf der Straße erkannt zu werden. Beim Anblick ihres Fotos hatte er gemeint, das Leben zu verpassen, würde er diese Frau nicht möglichst schnell kennenlernen, auch wenn seine Liebesgeschichten immer nur Verliebtheitsgeschichten waren, zu deren Dramaturgie in den ersten Wochen die Hoffnung gehörte, es könnte sich diesmal etwas noch nie Dagewesenes entwickeln, obwohl ihm sein gesamtes bisheriges Leben zur Genüge bewies, dass er seine Freiheiten durch nichts einschränken und im Grunde der ewige Solitär bleiben wollte.

Kurz vor Straßburg blieb der Zug bei den beginnenden Vorstädten mit ihren verwahrlosten Hochhäusern genau dort stehen, wo gerade ein Haus abgerissen wurde. Mit fast sanfter Gewalt schlug die gemächlich schwingende Abrissbirne gegen das Gemäuer, einmal, zweimal, dreimal, wie eine Glocke, die eine häusliche Welt zerbersten lässt und dabei noch einmal einen letzten Blick in die kahlen Wohnzimmer, Küchen und Bäder mit ihren leeren Türfassungen und Fluren freigibt, um gleich alles unter einer Staubwolke verschwinden zu lassen. Wegen der Durchsagen konnte man drinnen im Zug nichts von dem Krach draußen hören, was diesem Zerstörungswerk, das in aller Stille vor sich zu gehen schien, etwas so Unwirkliches verlieh, als träumte man bei offenen Augen, obwohl das alles beinahe zum Greifen nah stattgefunden hatte, unter einem wolkenlosen Himmel, inmitten dieses sommerlichen Friedens.

Wie er dort im Zug saß, fiel ihm wieder auf, dass um ihn herum die meisten jünger waren als er, so wie mittlerweile fast überall, beim Arzt, bei der Zahnärztin, beim Steuerberater, bei den Bankangestellten, den Verkäuferinnen in den Läden, gar nicht zu reden von den Redakteuren bei Funk und Fernsehen, die inzwischen die Chefs sind und für die er zu einer Generation gehört, die mit Bob Dylan und Schwarzweißfernsehern aufgewachsen ist. Manche Kneipen betritt er längst nicht mehr, aus Angst, man könnte ihn dort schräg ansehen, wie einen Opa, der sich verirrt hat. Plötzlich lebt man in einer anderen Welt, obwohl es noch dieselbe ist wie zuvor, so wie auch dieses Haus noch dasselbe ist und zugleich ein anderes, mit seinem bröckelnden Verputz, den verwitterten Fensterrahmen, ramponierten Kachelböden, den lecken, von oben bis unten verrosteten Regenrinnen und all den Geschichten, die sich hier inzwischen abgespielt haben und es einem so vorkommen lassen, als befände man sich in fremden Kulissen, die einen gleichgültig anstarren. Dabei ist es gar nicht lange her, dass man dachte, alles liege noch vor einem, eine Unendlichkeit an Möglichkeiten und Zeit, als warte die Welt nur darauf, dass man ihr den eigenen Stempel aufdrückt. Dass bald schon alles dem Ende entgegengehen könnte, erschien ihm bis vor kurzem noch als abstrakter Gedanke, mit dem zu beschäftigen sich nicht lohnte.

Vor Jahren, als Jakob gerade auf der Alb war, bekam Uli plötzlich Schwindelanfälle, die nicht mehr aufhören wollten, weshalb er mit ihm ins Krankenhaus fuhr, wo sie erst nach Stunden drankamen. Die Ärzte konnten nichts finden, redeten etwas vom Vegetativen und schickten ihn wieder heim. Bei der Rückkehr spielten die ungefähr vier bis acht Jahre alten Kinder im Garten und schauten ihren Vater so befremdlich an, als gehörte er bereits nicht mehr richtig zu ihnen. Es dauerte eine Weile, bis ihre übliche Munterkeit zurückkehrte und sie wieder vergessen hatten, dass sie insgeheim schon damit gerechnet hatten, dass Papa vielleicht nie wiederkam.

Wir brauchen noch einen Text für die Todesanzeige.

Wieso Todesanzeige?

Eine Todesanzeige macht man immer.

Für wen?

Papa kennen doch noch tausend Leute, ehemalige Kollegen, Patienten.

Zu denen hat er sicher keinen Kontakt mehr gehabt.

Ist doch egal.

Und was haben sie davon, wenn sie erfahren, dass er nicht mehr lebt?

Spinnt ihr jetzt eigentlich alle? Gibt es allmählich gar nichts mehr, was euch … fast hätte ich gesagt: heilig ist?

Hätte er das selbst gewollt?

Was?

Eine Todesanzeige.

Es geht darum, was wir wollen.

Auf einmal.

Was heißt da auf einmal?

Na ja, gerade eben hast du uns noch vorgehalten, dass hier jeder seine eigenen Wunschvorstellungen als diejenigen von Papa ausgibt: Friedwald, Asche, Seebestattung auf der Donau.

Wer Geld sparen will, sagt Fred, fährt heutzutage mit einem Beerdigungsbus, in dem noch zwei Dutzend anderer Hinterbliebener sitzen, ins Tschechische hinüber, mit den Särgen im Gepäckraum. Da bezahlst du für die Verbrennung im Krematorium einen Spottpreis und fährst wieder zurück mit einer Urne in der Hand, und kein Mensch hier will wissen, was mit der Leiche passiert ist. Du kannst sie dir aufs Fensterbrett stellen oder im Garten verstreuen.

Herrgott noch mal, hier liegt Papa.

Entschuldigung, ich wollte ja bloß erzählen, was die Leute sich inzwischen alles einfallen lassen.

Egal, was wir machen, eine Todesanzeige ist das mindeste, was sich gehört. Ist nur die Frage, ob mit oder ohne Sinnspruch.

Na ja, Sinnspruch …

Nenn es Motto oder wie du willst.

Ein Toter braucht kein Motto mehr.

Ihr wisst genau, was ich meine.

Dann schlag eins vor.

Salomon ist immer gut.

Zum Beispiel?

Alles hat seine Zeit.

Und weiter?

Alles unter dem Himmel hat seine Zeit und Stunde, Geborenwerden hat seine Zeit, Sterben hat seine Zeit, Weinen hat seine Zeit, Lachen hat seine Zeit, Tanzen hat seine Zeit, Töten hat seine Zeit …

So wahr das alles sein mag, so absurd klingt es.

War jetzt nicht ganz die richtige Reihenfolge.

Warum machen wir es nicht vollkommen schlicht? Mit seinem Namen drauf, dem Geburts- und Sterbejahr und ein Satz wie: Er ruhe in Frieden.

Wie wär's, sagt Fred, mit Rilkes *Du musst dein Leben ändern*?

Hiob, sagt Jakob, passt immer: Der Mensch, vom Weibe geboren, lebt kurze Zeit und ist voll Unruhe.

Wollt ihr ihn noch als Toten bloßstellen?

Ist doch ein schöner Satz. Und vor allem ein wahrer.

Vom Weibe! Wie sich das anhört?!

Dann sag halt: von der Frau.

Dann klingt der Satz banal.

Als sei die Frau an allem schuld, sagt Franziska.

Ich habe in den nächsten zehn Tagen für eine Beerdigung sowieso keine Zeit, erklärt Linda. Ich habe nächstes Wochenende Ausstellungseröffnung.

Mitten in den Ferien?

Ja.

Seltsam.

Ist aber so.

Zehn Tage? Das geht nicht!

Und warum nicht?

Du hast mitten im August eine Ausstellungseröffnung?

Was soll daran besonders sein?

Es sind Ferien!

Glaubst du es mir etwa nicht?

Doch. Und trotzdem.

Was sagen wir eigentlich, falls jemand Vater sprechen will, und sei's nur am Telefon? Er ist im Moment nicht da, probieren Sie es in vier Wochen wieder, es geht ihm gut, sollen wir ihm etwas ausrichten?

Morgen wissen wir mehr.

Irgendwann fängt er wirklich an zu riechen. Ich glaube, das kann sogar ziemlich schnell gehen. Und dann setzt die Verwesung ein.

Die hat längst eingesetzt, bloß merkt man's noch nicht.

Irgendwann soll sich der Bauch wahnsinnig aufblähen. Von den Gasen, die dabei entstehen, gar nicht zu reden.

Muss das jetzt sein?

Könnt ihr euch an dieses tote Reh am Öpfinger See erinnern?

Was machen wir eigentlich mit Max? Wir können ihn doch niemals hier ins Haus lassen!

Auf keinen Fall! Uli, ruf ihn sofort an und sag ihm, wir treffen uns in … Ja, wo treffen wir uns?

Siehst du, Jakob, jetzt kommst du doch noch in deine Kneipe.

Wieso soll immer ich anrufen?

Wieso immer?

Ich kann's auch machen, sagt Fred.

Nein, du nicht, bestimmt Linda. Außerdem müssen wir vorher wissen, wo wir uns treffen.

Gibt's den *Herrenkeller* noch?

Klar gibt's den noch, hat aber nichts mehr mit früher zu tun.

Was ist mit dem *Pflugmerzler*?

Es geht jetzt nichts ums Essen, Jakob, begreif das endlich!

Irgendwo muss man ja sitzen.

Ich würde sagen, wir gehen in den *Adler* nebenan.

Das ist zu nah. Sonst kommt der am Ende noch auf die Idee, dass man sich gleich hier treffen kann, so wie ihr es offenbar auch ausgemacht habt.

Wo er recht hat, hat er recht.

Am besten, wir fragen ihn einfach, wo er sich treffen will. Und wenn ihm nichts einfällt, gehen wir in den *Pflugmerzler*.

Jakob, da kriegst du um zehn nichts mehr!

Dann gehen wir halt jetzt gleich und warten dort auf ihn.

Der Jakob kennt doch ein wunderbares Lokal in Neu-Ulm, spottet Joschi.

Wir gehen in den Spanier am Münsterplatz, der hat auch länger auf. Aus und fertig!, erklärt Linda. Und du, Fred, trinkst ab jetzt keinen Schluck mehr.

Okay, sagt Jakob, ich ruf ihn an. Wo ist die Nummer?

Früher ging man einmal im Monat sonntagmittags in den damals gediegen eleganten *Herrenkeller* mit dem schwarzen Getäfer, wo es gesteifte Servietten gab und Silberbesteck, das sich schwerer anfühlte als die Gabeln und Messer daheim, nur dass man dort immer das Gleiche aß, und zwar nicht, weil die Speisekarte so bescheiden ausfiel, sondern weil Papa wollte, dass man Rücksicht auf die Küche nimmt und nicht jeder auf seiner Extrawurst besteht, denn er kannte flüchtig die Wirtsfamilie, seit der Chef einmal bei ihm auf dem Operationstisch gelegen und erzählt hatte, wie furchtbar es ist, wenn an einem Tisch mit zehn Leuten jeder etwas anderes bestellt und man trotzdem alles gleichzeitig servieren soll, weshalb es für die Kinder immer Schnitzel mit Spätzle und für Mutter und ihn Schwäbisches Ratsherrentöpfchen mit dreierlei Medaillons gab, vom Schwein, Kalb und Rind, dazu Spätzle in Rahmsoße und buntes Gemüse, eine wahre Wohlstandsportion, der eine Schwäbische Hochzeitssuppe vorausging, die aus einer bauchigen Goldrandschüssel geschöpft wurde, mit Knödel, Maultaschen, Flädle und Muskatgeschmack, wovon nur ein einziges Mal im Jahr, kurz vor Weihnachten, abgewichen und Rehrücken Baden-Baden gegessen wurde, mit heißen Birnen und Preiselbeeren, was alles auf einer ellenlangen Silberplatte aufgetragen wurde, nebst einer goldglänzenden Sauciere, deren Griff so heiß war, dass man sie nie anfassen konnte. Obwohl man, mit Ausnahme von diesem einen Mal, jahrein, jahraus das Gleiche bestellte, wurde stets aufs Neue, wenn man dort saß, die Speisekarte studiert, als sei noch alles offen. Wenn man die Karte liest, kommt der Appetit, hatte Mutter immer gesagt. Es gab auch nie Nachtisch und auch keinen Kaffee für die Eltern, obwohl der Kellner jedes Mal fragte, ob man noch einen Nachtisch oder Kaffee möchte, was Vater aber zu lange gedauert hätte, da er im Restaurant nicht nach Lust und Laune vom Tisch aufspringen, seine Schuhe ausziehen, sich die Füße reiben, in Pantoffeln herumlatschen, sich hinter einer Zeitung verstecken oder den Fernseher anmachen konnte wie daheim. Im *Herrenkeller* muss er sich, bei aller Annehmlichkeit, einmal im Monat essen zu gehen, wie eingeklemmt gefühlt haben, weshalb der Genuss, den man sich dort gönnte, möglichst wenig Zeit beanspruchen durfte.

Jakob geht zum Telefonieren in den Garten. Er möchte nicht, dass die andern mitbekommen, wie ihn das Gespräch mit Max verunsichern könnte. Geredet hat er mit ihm seit über dreißig Jahren nicht mehr, ihn jedoch gelegentlich in Talkshows gesehen, was jetzt aber auch schon ein paar Jahre her war. Anders als Joschi, der mit ihm als Kind gespielt hatte, kannten die beiden sich nur als Nachbarn, die wegen ihrer fast zehn Jahre Altersunterschied wenig miteinander zu tun hatten. Max besaß eine Vespa, mit der er so forsch um die Ecke furzte, dass Mama jedes Mal den Kopf schüttelte und schimpfte: Jetzt muss man dem aber mal sagen, dass hier auch noch Leute wohnen! Doch nie hatte man zu ihm gesagt, dass hier auch noch Leute wohnten, sondern immer bloß den Kopf geschüttelt und sich vorgenommen, dass man ihm das endlich sagen müsste. Noch weniger gern sah es Mutter, wenn Linda bei ihm hintendrauf saß, was sich in dem Augenblick änderte, da die zwei zusammen waren. Vater hatte genauso wenig wie Mutter etwas dagegen, dass die beiden miteinander gingen, nur wurde es ihm lästig, dass von da an auch Max' Vater ständig herüberkam und sich bei ihnen wie zu Hause fühlte. Weil Papa nicht wirklich wusste, was man mit ihm reden sollte, zog er sich damals häufiger als sonst in sein kahles, kleines Büro zurück und überließ Mama die Konversation. Als es dann von heute auf morgen wieder aus war und man Max' Namen nicht mehr in den Mund nehmen durfte, konnte er immerhin froh sein, dass man damit auch seinen Alten los hatte. Vielleicht war er Max sogar dankbar, dass man keinen Kontakt mehr pflegen musste.

Der steinerne Löwe sieht so moosfarben aus, als sitze er seit

Generationen im Garten. Damit er in seiner Pracht überhaupt noch zu sehen ist, hat Vater – oder vielleicht auch diese Frau – den in eine wuchernde Wiese verwandelten Rasen um ihn herum platt getreten. Bald sieht es hier so verwildert aus wie einst am abgelassenen Öpfinger See. Jetzt im Sommer kann man sich kaum vorstellen, wie im Winter, wenn zu den Auen hin kein Laub die Sicht versperrt, die Donau nicht nur zu hören ist, sondern von der Terrasse aus durchs nackte Gebüsch sogar ihr dahinfließendes Grau sehen lässt. Jakob will es vorkommen, als seien die Vögel weniger geworden. Auf den Stromdrähten, die sich durchs Dorf und über die Donauwiesen spannten, saßen einst um diese Abendzeit noch zu Hunderten Schwalben, Spatzen und Stare. Vielleicht gibt es mittlerweile aber auch weniger Stromdrähte. Im Augenblick ist nur ein eintöniger, emsiger Zilpzalp zu hören, der kaum zwei Töne schafft, seinen armseligen Gesang jedoch mit unermüdlicher Ausdauer durchhält, die etwas von munterer Verzweiflung besitzt. Bei dem Ausflug mit Papa waren auch keine Rebhühner zu sehen, die früher immer aus den Feldern hochschreckten und einem hysterisch über die Köpfe hinwegflatterten. Papa hatte einmal eines angefahren, das sie bereits für tot hielten, nur dass es in dem Augenblick, da sie aus dem Auto stiegen, zwischen den Rädern hervorschlüpfte und unter Mühen davonflog, es jedoch nicht mehr richtig in die Höhe schaffte und einen Steinwurf entfernt im Weizenfeld versank.

Der Schuppen ist nahezu zugewachsen, die dort aufbewahrten Gerätschaften, Gartenmöbel und Grillutensilien dürften längst nicht mehr zu gebrauchen sein. Die Markise sieht so verrottet aus, als könnte sie gleich zerreißen, während die Terrassendielen morsch und zum Teil sogar schon durchgebrochen sind. Schrecklich!, hatte Mama immer gestöhnt, wenn man unterwegs an verlotterten Anwesen vorbeikam oder die Gärten zu wünschen übrig ließen. Schrecklich! Schrecklich! Sie fand das einfach schrecklich! Vater hatte jedes Frühjahr die Bäume und Büsche gestutzt, und zwischen Ostern und Oktober musste alle paar Wochen der Rasen gemäht werden. Anders als in Nachbars Garten, wo Tomaten, Gurken, Zwiebeln und Stangenbohnen wuchsen, hatte Mutter nie ein Beet angelegt. Bei ihr sollte es aussehen wie auf *Schöner Wohnen*-Fotos und hinterm Haus das Paradies anfangen. Sobald es warm wurde, saß man dort bei Vogelgezwitscher in einem arkadischen Frieden, der nur durch Fliegen, Wespen und Mücken getrübt wurde und den Kindern meist reichlich langweilig anmutete. Uli spannte eines Tages zwischen zwei Bäume eine Hängematte, die krachte, als Mutter sich zum ersten und letzten Mal in sie hineinzuhieven versuchte. Weil ihre Hüfte schmerzte, fragte Vater: Soll ich dich gleich hier auf dem Rasen operieren? Alle lachten, so lange, bis sie zu schluchzen begann.

Bei Uli und Franziska hängen bis heute Hängematten im Garten. Sie gehören für sie zum Sommer wie bei andern die Geranien vor den Fenstern. Für Joschi waren Ulis Hängematten seit je das Inbild all jener alternativen Langweiler, die am liebsten nur herumhängen. Geradezu maßlos konnte er über dieses Gesocks herziehen, das glaubte, die Welt sei bereits gerettet, wenn man bei Lichterketten *We shall overcome* anstimmt und aufs Gemüsebeet keinen Kunstdünger mehr schmeißt. Für ihn bekämpften diese Hippies, Müslis, Stadtindianer, Landkommunarden und sonstigen Friedensheuler bloß Symptome und keine Ursachen, was hieß, dass sie von den wahren Widersprüchen rein gar nichts kapiert hatten. Würde er erfahren, dass Franziska und Uli erst kürzlich eine Initiative mitgegründet haben, die sich mit dem Slogan *Bäume statt Schilder* für eine *Werbefreie Weltzone Schwäbische Alb* einsetzt, wäre das für ihn nur ein weiterer Beweis, dass diese Leute gegen nichts als Windmühlen kämpfen. Hesse und Castaneda, Shakti und Shiva, Yin und Yang, Shit und Trips, Töpfern und Bongos, Yoga, Psillos und Makrobiotik, Good Vibrations, Easy Going, Relaxen und gutes Feeling, das war alles, was diese An- und Abgetörnten, Aussteiger und Ausgeflippten interessierte, die vor der kalten Gesellschaft in ihre stubenwarmen Nischen flohen, mit ihrem esoterisch angehauchten Ganzheitlichkeitsgerede nur sich selber suchten und sich mit ein bisschen Om-Gesumse dem kosmischen Rauschen näher wähnten. Sie alle, prophezeite Joschi schon damals, sind spätestens in zwanzig Jahren die neuen Schrebergärtenbesitzer und damit die Nachfolger jener Spießer, die Hitlers Rassenlehre sogar auf Wälder und Felder angewandt wissen wollten, die es vor artfremden Gewächsen zu schützen galt.

Dabei führten Uli und Franziska genauso unablässig wie Joschi den Begriff Bewusstsein im Mund, womit sie allerdings nicht im Geringsten das Gleiche meinten. Den einen ging es um Bewusstseinserweiterung, dem andern um das richtige und falsche. In allem, was Uli und Franziska für richtig und wichtig hielten, konnte Joschi nur ein falsches entdecken, das es schonungslos zu entlarven galt. Weil Uli aber, ähnlich wie Papa, nie ein großer Redner war, schlug er auch nicht zurück, wenn Joschi gegen alles, was nicht in sein Geschichtsbild passte, zu wüten anfing. Und nun sitzt dieser unbarmherzige Demaskierungsexperte dort drinnen wie ein leicht feister Greis mit Kugelbauch, gräulichem Haargewusel und matten, müden Augen, die langsam in ihren Höhlen zu verschwinden drohen, und sieht fast älter, verlebter und erloschener als der tote Vater aus. Früher hatte er immer auf alles eine Antwort parat, auch auf Fragen, die ihm nie gestellt wurden, derweil er inzwischen kaum noch etwas sagt, oft nicht einmal, wenn man etwas von ihm wissen will. Er ist zum großen Schweiger geworden. Man könnte meinen, er bete im Stillen.

Linda zieht die schweren dunkelroten Vorhänge zu, vermutlich aus Angst, dass Leute, die abends ihren Hund Gassi führen, sehen könnten, was sich hier im Wohnzimmer abspielt, obwohl von der Straße aus keinerlei Einsicht möglich ist, außer man würde sich am Gartentor recken und strecken, um einen winzigen Blick zu erhaschen. Die riesigen, seit einer Ewigkeit nicht mehr gestutzten Buchsbaumhecken, bei denen Jakob an Friedhöfe denken muss, bilden ohnehin einen mächtigeren Wall als einst die Berliner Mauer. An einem Hochsommertag wie heute, wo man die Fenster aufreißen müsste, besitzen diese zugezogenen, reichlich theaterreifen Vorhänge etwas so Absurdes, dass sie einen erst auf den Gedanken kommen lassen, es könnten sich dahinter Dinge abspielen, die im Verborgenen bleiben sollen. Vorhin war Linda sogar noch dagegen gewesen, dass man sich auch nur kurz im Garten aufhält, was sie schließlich bloß deshalb erlaubte, weil ihr das Rauchen im Haus zuwider ist.

Da geht keiner ran. Ich hab ihm auf den Anrufbeantworter gesprochen, er möge zurückrufen. Seine Handynummer hat hier ja keiner.

Nein, die steht weder im Telefonbuch noch ist sie im Internet zu finden. Der ist sicher schon unterwegs.

Zumindest ist er nicht im Büro.

Wir müssen, wenn es klingelt, sofort bereitstehen und dürfen ihn gar nicht erst hereinlassen. Am besten, wir gehen dann doch einfach in den *Adler* rüber. Nur müssen wir bereitstehen, und zwar alle, ohne jede Verzögerung. Habt ihr's alle gehört?

Klar.

Der darf keinen einzigen Blick hier reinwerfen, keinen einzigen, nicht mal von der Tür aus. Wir müssen dastehen wie eine Front. Und jetzt ziehen wir uns auf der Stelle an, damit nachher nicht noch einer eine Jacke, einen Geldbeutel oder sonst was holen muss.

Bei diesem Wetter muss man sich doch nicht noch was anderes anziehen.

Vielleicht wird's kühler.

Jeder zieht jetzt sofort das an, was er nachher anhaben will, und sei es bloß ein Jäckchen oder was immer.

Die Terrassentür lässt sich nicht mehr abschließen.

Da kommt doch keiner.

Was schlägst du vor? Sollen wir einen Schreiner holen, der das Schloss repariert?

Wer soll denn da jetzt kommen? Fangt doch nicht an zu spinnen.

Das Wichtigste, wir stehen, wenn es klingelt, sofort an der Tür. Alle zusammen. Was machst du da, Uli?

Uli blättert seelenruhig in einer Bibel, die er offenbar in seinem Zimmer gefunden hat. Was immer geschehen mag, er hat die Ruhe weg. Im Grunde kann man ihn dafür nur beneiden, obwohl es einen auch aufregt. Selbst wenn die Welt einstürzte, würde Uli ohne alle Eile seine Kippe zu Ende paffen. Vielleicht ist er so friedlich, weil ihm alles andere zu anstrengend erscheint. Mit Anfang zwanzig wollte er wie Thoreau im Wald eine Hütte bauen und dort leben, was bei ihm nicht nur ein schnell wieder vorübergehender Spleen war. Zwar hat er es nicht bis in den Wald geschafft, doch das Dörfchen, in dem er mit Franziska und den Kindern lebt, besitzt auch nicht viel mehr als fünf, sechs Gassen mit dreißig, vierzig Häusern, von denen ein Drittel leer steht. Die einzige Unruhe, die er liebt, ist Musik. Und selbst da scheinen sich bei ihm die Zeiten geändert zu haben.

Was machst du, Uli? Hast du nicht gehört, was wir gesagt haben?

Der Tod ist der Sünde Sold, heißt es hier. Brief an die Römer.

Ich will wissen, ob du gehört hast …

Meinetwegen können wir jederzeit aufbrechen, sofort, auf der Stelle.

Man könnte auch Anaximander zitieren.

Anaxi … was?

Woher die Dinge ihre Entstehung haben, dahin müssen sie zugrunde gehen, nach der Notwendigkeit, denn sie müssen Buße zahlen und für ihre Ungerechtigkeit gerichtet werden, nach der Ordnung der Zeit. So ungefähr lautet der Satz des Anaximander, circa sechshundert vor Christus.

Mein Gott, Jakob!

Ja.

Zu der Zeit, als der Boshorch Mama die Erziehung von uns Kindern verbieten wollte, hielten Katholiken Verbrennung noch für einen Frevel, oder?

Ja klar. Man zeigte damit, dass man nicht an die Auferstehung des Fleisches glaubte, ob man wollte oder nicht.

Der Boshorch konnte einem bis ins Letzte erklären, wie es im Jenseits aussieht, als habe er dort drüben schon eine halbe Ewigkeit verbracht und sei vom Herrgott bloß deshalb zurückbeordert worden, um hier unten neben einem winzigen Fünkchen Hoffnung vor allem Angst und Schrecken zu verbreiten.

Der wusste ganz genau, wie es im Himmel und in der Hölle ausschaut.

Und deshalb wollten wir im Religionsunterricht immer von ihm wissen, ob Krüppel als Krüppel wiederauferstehen, Einarmige im Himmel wieder zwei Arme besitzen, Blinde sehen und Lahme laufen können, Idioten auf einmal gescheit sind und Kinder, die gleich bei der Geburt sterben mussten, als Erwachsene auftreten, obwohl die Auferstehung des Fleisches streng genommen doch bedeuten müsste, dass man in genau derselben Gestalt wiedererscheint, die man hier unten besessen hat.

Da stellt sich dann aber immer noch die Frage, welches Alter maßgeblich sein soll, schließlich kann man nicht alt und jung, greisengrau und schwarzgelockt, glatzköpfig und vollmähnig zugleich sein. Ziemlich sicher ist nur, dass die Säuglingszeit ebenso wenig ideal ist wie die Pubertät.

Als alter Sack am Stock gehen und durchs Paradies hinken will man aber auch nicht.

Der Boshorch hatte eine regelrechte Jenseits-Landkarte im Kopf. Der helle Wahnsinn!

Das hatte Dante auch.

Dante ist Dichtung, Boshorch hat das ernst gemeint.

Dante auch.

Aber anders ernst als der Boshorch.

Jedenfalls konnte der an der Tafel aufzeichnen, wo sich was befindet, wer zur Rechten Gottes sitzt, wo der Teufel wohnt und wie es im Fegefeuer aussieht. Hat bloß noch gefehlt, dass er uns erklärt hätte, was es dort zu essen gibt und wie man sich fortbewegt, ob auf Flügeln oder zu Fuß oder vielleicht ganz anders. Dass dort jeder ein Auto oder sogar einen Zweitwagen besitzt, die Züge Verspätung haben, man auf den Bus warten oder für längere Strecken wie hier den Flieger nehmen muss, das wäre doch ein bisschen unparadiesisch.

Ich fliege gern.

Aber will man wirklich in den Himmel, eine ganze Ewigkeit lang? Schaut euch die Fresken in den Kirchen an, zur Linken die Hölle, zur Rechten der Himmel. Wo es spannender zugeht, sieht ein Blinder. Will man eine Ewigkeit lang ohne Trieb und Drang auskommen, nur säuseln und lieb sein? Ohne Stachel, Ecken, Kanten? Lust und Schmerz sind siamesische Zwillinge, die kannst du nicht trennen. Ganz ohne Lust will man doch nicht Millionen von Jahren dahinwandeln, oder? Man muss ja nicht gleich wieder foltern und morden, wenn aber das Salz in der Suppe fehlt…

Du kannst dich beruhigen, es wird alles anders kommen, als du denkst.

Vielleicht schwebt die Seele einfach über den Wolken, wie beim Fliegen, nur ohne Leib.

Und was würde sie dann sehen?

Bläue, endlose Bläue.

Kann auch langweilig werden.

Man kann nicht alles haben.

Du hättest das den Boshorch fragen sollen, der hätte dir das alles erklären können. Ich sehe ihn förmlich vor mir, wie seine Hände zu zittern anfingen, wenn er von Maria gepredigt hat. Jedes Mal fingen sie an zu zittern. Jedes Mal! Vor lauter Erregung! Joschi, du hattest doch mal zwei Wochen Schulverbot, weil du im *Vulkan* einen Artikel gegen den Boshorch veröffentlicht hast.

Vergiss es, sagt Joschi.

War doch toll.

Lass es.

Du hattest in der Schülerzeitschrift doch geschrieben, der Sündenfall sei der Anfang allen Fortschritts.

Ist lange her.

Ja klar, aber du hast es gemacht und diese These auch noch für einen Rundumschlag gegen den Boshorch benutzt, was in der Behauptung gipfelte, sein verqueres Weltbild sei von blankem Hass unterströmt.

Ja, ja, ist lange her, vergiss es.

Jakob hatte Joschi für diesen Artikel bewundert, während Mutter wegen der Konsequenzen Angst hatte und Vater meinte, es hätte gereicht, über den Sündenfall und den Fortschritt zu schreiben, anstatt sich mit pubertären Tiraden gegen den Pfarrer aus dem Fenster zu hängen. Grottenfalsch fanden weder er noch Mutter seine Behauptung. Boshorch allerdings hatte erwogen, ihn anzuzeigen, gab sich dann aber mit dem Beschluss des Rektors zufrieden, ihm zwei Wochen lang Schulverbot zu erteilen, wodurch Joschi an Ostern vier Wochen lang Ferien hatte. Später, als er sein Leben gegen die Wand zu fahren begann, sagte Papa: Dieser Aufsatz war der Anfang vom Ende! Sogar Jakob wollte bald schon das Gefühl beschleichen, dass sein älterer Bruder diesem Pfarrer, was den heiligen Zorn gegen die ganze Welt angeht, immer ähnlicher wurde.

Vor ein paar Tagen, sagt Fred, habe ich geträumt, dass euer Vater im Rollstuhl sitzt und von einer Frau geschoben wird, auf einem schmalen Schotterweg draußen in grüner Weite, bei wolkigem Himmel und wildem Wind. Die Frau schiebt und schiebt, immer weiter und weiter, ich sehe sie nur von der Seite, bis die beiden mit einem Mal auf einer Klippe stehen, auf einer riesig hohen, direkt am Abgrund, wo die Frau ihn, nachdem die beiden eine kleine Weile aufs Meer hinausgeschaut haben, plötzlich schubst, und dann … na ja.

Dein Traum hört sich so an, als hättest du ihn träumen wollen, sagt Jakob.

Man träumt nicht, was man träumen will.

Da bin ich mir nicht sicher.

Dann hätte kein Mensch Albträume.

Dieser Traum, habe ich den Eindruck, hat etwas Maßgeschneidertes.

Ich lasse mir doch nicht sagen, ich würde meine eigenen Träume planen.

Hat keiner gesagt, und trotzdem passt er so haarscharf, als erbrächte er den letzten Beweis, dass …

Das ist deine Interpretation! Im Übrigen träumt man nicht, um etwas zu beweisen, man träumt einfach, Schluss, aus, amen. Was ich dich aber noch mal fragen wollte: Was eigentlich findest du selbst an Pascal tatsächlich gut? Ich habe ihn, wie gesagt, nie gern gelesen. Und du sagst ja auch, dass es bei ihm immer um Kosten und Nutzen geht, wie bei einer Lebensversicherung, die noch im Jenseits satte Erträge erbringen soll, nur dass es darin eine Klausel gibt, die lautet: Es könnte mit dem Tod auch alles vorbei sein.

Pascal hat, abgesehen von allem anderen, vorausgesehen, dass in unserer heutigen Welt nichts mehr als gewiss gelten darf, am allerwenigsten, dass es einen Gott gibt oder sonst noch einen verbindlichen Sinn. Und deshalb, behauptet er, hat diese Welt eine Zerstreuung nötig, wie das bis dahin nie der Fall auf Erden war. Unterhaltungs- und Vergnügungssucht könnte man es auch nennen oder pausenlosen Abwechslungsdrang und Abwechslungszwang. Joschi würde wahrscheinlich von Konsumterror reden. Die neuzeitliche Aufbruchseuphorie hat er wie kein Zweiter mit Schwermutsgedanken eingeschwärzt.

Und das gefällt dir an ihm?

Was heißt da gefallen? Immerhin stand für ihn fest, dass man sich nun nur noch auf seine eigenen Ängste verlassen kann, dieweil alles andere sich unentwegt ändert.

Dann war er ein Nihilist, der den Nihilismus nicht ertragen hat.

Mir scheint, dieser Typ hat immer nur an sich selbst gedacht, mit seiner ständigen Panik vor dem Nichts. Verbessere mich, Jakob, wenn ich etwas Falsches sage, aber etwas anderes als ihn selbst hat den doch nie interessiert, oder?

So wie es letztlich bei allen der Fall ist.

Ich will mich ja schon lange nicht mehr einmischen, meldet Joschi sich aus seinem Lehnstuhl in der hinteren Ecke zu Wort, aber hier ist ständig von Soll und Haben, Wetten und Gewinnen …

Da kennst du dich aus!

… darf ich auch mal was sagen, ohne dass …

Finde ich auch, jetzt lass ihn doch mal …

Ich brauche nicht eure Erlaubnis zum Reden, ich rede, wenn ich reden will, und das kommt selten genug vor. Jedenfalls höre ich hier ständig etwas von Soll und Haben, Plus und Minus, Risikomanagement und Wahrscheinlichkeitsrechnung. Und da hat man unsereinem andauernd vorgeworfen, wir würden platten Käse verzapfen, wenn wir darauf hingewiesen haben, dass solche Diskussionen und Spekulationen etwas mit dem wirtschaftlichen Getriebe zu tun haben, das die Gesellschaft und ihre Gedankenwelt ausmacht. Wer hier nicht an den Kapitalismus denkt, muss blind sein, und zwar aberwitzig blind. So, jetzt könnt ihr weiterphilosophieren!

Das bestreitet doch keiner!

Dann ist's ja gut.

Natürlich hast du recht, Joschi, aber ich wollte eigentlich sagen, dass die Menschheit jede Art von Vater verloren hat, egal, welchen Namen man ihm geben mag, Gott oder Weg oder Sinn oder Ziel. Fest steht, dass nichts mehr verbindlich ist. Mit Kopernikus ist nicht bloß ein physikalisches Weltbild zusammengeklappt, sondern alles. Keiner hat das so früh so klar gesehen wie Pascal.

Mich haut das, ehrlich gesagt, nicht um.

Aber du kannst jetzt nicht mehr nachts zum Himmel hochblicken und denken: Das hat der liebe Gott alles nur für uns gemacht! Da kannst du tausendmal *Weißt du, wie viel Sternlein* singen oder *Guter Mond, du gehst so stille*, es wird dir nie wieder gelingen zu glauben, dass das All uns so traut entgegenleuchtet, weil es unser Herz erwärmen will.

Mich haut das trotzdem nicht um.

Wen haut das schon um? Niemanden haut das um! Aber es ist auch nicht leicht auszuhalten.

Für mich schon.

Für mich auch, und trotzdem!

Dein Pascal hätte sich doch auch sagen können: Ich will es mir hier im Leben so gut wie möglich gehen lassen, und was danach kommt, steht in den Sternen.

Ich finde, dass sich das immer so riesig anhört: Abgründe, Nichts, Leere, sagt Franziska.

Arg konkret ist das wirklich nicht, stimmt Fred ihr zu.

Hier liegt ein Toter. Ist das nicht abgründig genug?

Schon. Irgendwie. Aber …

Na ja, wir wissen doch, dass das Leben vorbeigeht, sonst wär's ja nicht das Leben, sondern etwas Totes wie ein Stein.

Steine sind nicht tot, wirft Uli ein.

Dafür müssen die Leute jetzt nicht mehr wie früher eine grauenhafte Angst vor dem Jenseits haben.

Bist du sicher?

Das ist doch alles viel zu groß! Man kann nicht wie dein Pascal mit einer Unbekannten kalkulieren, die endloser ist als das Weltall selbst. Ich bin kein Mathematiker, sinnvoll kalkulieren kann man aber bloß da, wo es einen Anfang gibt und ein Ende. In der uns bekannten Welt ist das jedenfalls so. Und da ist es fatal genug, wenn man sich bereits in der kurzen Spanne Zeit, die sich Leben nennt, verrechnet. So wie du zum Beispiel, Jakob. Du hast dich ziemlich verkalkuliert.

Ich habe überhaupt nie kalkuliert.

Doch, doch, und zwar dadurch, dass du darauf kalkuliert hast, dass bei einem, der ein Leben führt wie du, am Ende trotzdem alles immer irgendwie gutgeht. Du hast die andern seit je für ihre Zielstrebigkeit verachtet und nur für eine Art gut geölter Maschinen gehalten, die sich nicht mit den Abgründen beschäftigen, weil sie stattdessen das Leben zu meistern versuchen. Gib zu, so denkst du!

Nein.

Doch.

Nein!

Doch, ich weiß es. Ich gehöre für dich auch zu denen. Einen kleinen Bonus habe ich zwar, weil wir beide sozusagen vom gleichen Fach sind, aber …

Ich bin von keinem Fach.

Siehst du! Sofort Abgrenzung! Sich bloß nie einkästeln lassen, immer freischwebend bleiben und sich dabei als etwas Besseres vorkommen!

Quatsch.

Ich sage nur Adorno.

Ich bin nicht Adorno.

Du bist durch ihn vollkommen versaut, durch und durch, bis in die letzten Fasern deines Denkens, mit deiner Wut auf alles, was den allermeisten Leuten gefällt, ohne dass sie sich auf der Stelle gezwungen sehen, die Falschheit aller Verhältnisse zu durchschauen, womit ihr beiden freilich noch nie irgendeine himmelschreiende Ungerechtigkeit gemeint habt, wie sie jedem normalen Menschen sofort ins Auge sticht, sondern die falsche Musik, die die Leute hören, so wie überhaupt jede Art von falscher Kunst und Kultur, die nicht dem entspricht, was euch beiden in den Kram passt.

Schön, dass du jetzt schon im Plural von uns sprichst. Adorno und ich! Vor dreißig Jahren wäre ich stolz drauf gewesen.

Du bist es heute noch.

Schwachsinn!

Wo er recht hat, hat er recht, murmelt Joschi wie aus weiter Ferne.

Fred wendet sich zu Joschi um und fragt ihn: Gibst du ihm recht?

Nein, ich meine dich, winkt Joschi ihm mit dem Zeigefinger zu. Du bist es, der recht hat!

Na ja.

Manchmal, sagt Franziska, frage ich mich … Ach was …

Sag.

Es ist zu blöd.

Sag's doch!

Dann lacht ihr bloß und denkt, ich bin schlimmer als ein kleines Kind. Also, ich frage mich schon die ganze Zeit, ob … Nein, ich sag's nicht.

Sag's! Bitte!

Ich frage mich ... Das ist totaler Quatsch.

Bitte!

Ich meine, auch wenn Tote nichts mehr sehen können, ist es doch nicht völlig ausgeschlossen, dass sie noch etwas hören.

Aber der Apparat ist doch kaputt. Von oben bis unten, wenn ich mich mal in Anwesenheit eines Toten so pietätlos ausdrücken darf, sagt Fred.

Bevor ihr weitersalbadert und bevor Max kommt, sagt Joschi, möchte ich noch mal fragen, was es eigentlich bringen soll, überhaupt mit ihm zu reden.

Das frage ich mich, ehrlich gesagt, auch, stimmt Uli zu.

Das hättet ihr euch ein bisschen früher überlegen sollen, ereifert sich Linda. Es geht doch nicht um mich! Es geht um euer Erbe und die Frage, wie viel noch übrig ist. Ich muss mir keine Sorgen machen. Wer war es denn, bitte schön, der dafür gesorgt hat, dass Mama sich noch ab und zu ein Kleid kaufen konnte, solange du in Budapest warst? Die hat doch jeden Pfennig drei Mal umgedreht, nur damit der verlorene Sohn nicht ganz verlorengeht. Und ich rede jetzt nicht davon, was damals allein dein Rechtsanwalt gekostet hat! Und auch nicht von der Summe, die man für dich abbezahlt hat! Ich rede nur von dem, was danach alles noch an Kleinigkeiten kam, die alles andere als Kleinigkeiten waren! In Vaters Sinn war das nicht, das sage ich dir! Der wollte nicht bis an sein Ende dafür büßen müssen, dass der total verkorkste Sohn die ganze Familie in die Scheiße hineinreitet. Glaub mir, Papa wollte nicht dafür büßen! Der nicht!

Damit hast du doch die Antwort.

Welche Antwort?

Dass er nicht für etwas büßen wollte, das seine Kinder ...

Seine Kinder!? Ich rede von dem da, nicht von mir! Ich habe, seit ich denken kann, mein Geld selbst verdient und noch nie die Hand aufhalten müssen.

Aber Papa hat doch Joschi geholfen, so gut es ging.

Das ist doch das Fatale. Er hat es getan, wollte es aber nicht.

Am besten, ich wäre nicht gekommen, sagt Joschi leise und schüttelt den Kopf.

Joschi, sie meint es nicht so, sagt Uli.

Doch, schreit Linda, ich meine es genau so, wie ich es sage. So und nicht anders!

Hört auf, sagt Uli.

Ich höre auf, wenn ich aufhören will, und nicht, wenn es euch passt.

Hier liegt ein Toter.

Der hört nichts mehr.

Wer weiß?

Linda fängt an zu schluchzen. Jakob versucht sie in die Arme zu nehmen. Sie drückt ihn von sich weg. Es schüttelt sie vor Weinen. Auch Fred wird von ihr weggescheucht.

Ich mache hier doch diesen ganzen Scheiß für niemand als für euch! Die Einzige, die dafür sorgt, dass dieser Laden nicht auseinanderfliegt, bin doch ich. Wer hält denn hier noch zu allen Kontakt? Wer sorgt dafür, dass man sich wenigstens ein Mal im Jahr sieht? Hätte ich das nötig?

Ich kann mich nicht entsinnen, in den letzten Jahren mit euch allen zusammengehockt zu sein, sagt Joschi.

Weil du nicht gekommen bist. Nicht kommen wolltest. Weiß Gott, warum.

Weil ich kein Geld habe.

Dann hättest du halt zu mir sagen müssen: Wie wär's, wenn

ihr alle mal zusammen nach Heidelberg kommt? Wäre ja nicht aus der Welt gewesen.

Du weißt genau, dass Vater nichts mehr mit mir zu tun haben wollte.

Ganz so schlimm kann's nicht gewesen sein, wenn er dir immer noch Geld geschickt hat. Andre hätten sich da längst…

Was?

Vergiss es.

Hör auf, sagt Uli.

Hör auf, hör auf! Bloß womit? Wir sind hier, damit diese Familie nicht völlig den Bach runtergeht. Damit etwas bleibt. Damit nicht alles auseinanderbricht. Ich selbst habe doch alles, was ich brauche!

Wir haben auch alles, sagt Franziska.

Ihr habt Kinder! Haben die schon eine Ausbildung, eine Uni, einen Abschluss? Meines Wissens nicht. Oder sollen die von Luft und Wasser leben und ein bisschen Eurythmie? Ja, der Uli hat irgendwann noch die Kurve gekriegt, knapp sozusagen und ein bisschen spät, doch immerhin, aber ansonsten habt ihr allesamt die Bibel ein bisschen allzu wörtlich genommen: Die Lilien auf dem Felde, die Vöglein des Himmels, die nicht säen und nicht ernten und doch von ihrem himmlischen Vater ernähret werden! So habt ihr euch das immer gedacht. Sorget euch nicht!

Wir haben alles, sagt Franziska nochmals.

Es gibt hier aber auch noch ein paar andere, von denen der eine seit ewiger Zeit meint, vom geistigen Herumlungern leben zu können, während der andere noch immer an den Himmel auf Erden glaubt, den er aber zu seinen Lebzeiten nicht mehr erleben wird, was wir ihm schon vor fünfzig Jahren vorausgesagt haben, aber da waren wir ja lauter… Ach, was red ich! Erwachsene Männer, der eine bereits in Rente, ohne Rente zu kriegen, der andere nicht mehr weit davon … Macht doch euren Scheiß alleine! Ich denk doch bloß an euch! Und zum Dank bin ich die Blöde und die Böse! Hätte sie doch mit Papa und dieser Dingsda zusammen nett Kuchen gegessen, statt ihn so weit zu bringen, dass er sie aus dem Haus schmeißt, denkt ihr, dann würden sich jetzt alle lieben und wir würden mit dieser netten Frau hier sitzen und gemeinsam ein paar Tränen verdrücken, ein *Vaterunser* beten und uns bei dem Satz *Vergib uns unsere Schuld, wie auch wir vergeben unsern Schuldigern* tief in die Augen schauen und milde lächeln, wenn es heißt: *Und führe uns nicht in Versuchung!*

Da sage noch einer, wir müssten das *Vaterunser* vom Internet runterladen!

Sie hat Witz, murmelt Joschi.

Was sagst du da?

Du hast Witz.

Witz?

Ja, sie hat Witz. Irgendwie. Das gefällt mir schon immer an ihr.

Linda rennt auf ihn zu, holt mit der Hand aus, hält sie ausgestreckt in der Luft, lässt sie dann aber wieder fallen und spuckt ihn, bevor sie sich wieder von ihm abdreht, an.

Stille. Betretenes Umher- und Vor-sich-hin-Schauen. Jakob wischt sich vom Bart die Spucke ab. Linda fängt erneut an zu schluchzen. Und dann sagt sie, gar nicht laut und gar nicht hart, sondern wie verzweifelt, den Kopf in die Hände gestützt, vor sich hin: Ihr könnt mich alle.

Franziska hatte sich schon vor Lindas Ausbruch in die Küche zurückgezogen und kommt jetzt mit Chipstüten zurück.

Sie trägt heute einen schwarzen, knapp bis zu den Knien reichenden Rock und weinroten Pulli mit Hüftgürtel, der etwas Anzügliches besitzt und, wie Fred nach ein paar Gläsern bemerken würde, das gebärfreudige Becken betont. Nie hat man bei Franziska das Gefühl, dass sie mit ihren Reizen spielt, man hat bei ihr schlichtweg den Eindruck, dass sie sich rundum wohlfühlt in ihrem Leib. Mit ihren immer noch ellenlangen, bis zum Hintern fallenden schwarzen Haaren und ihren großen, offenen, weltseligen Mandelaugen, die dreinschauen, als sei alles gut, ist sie mit den Jahren sogar noch schöner geworden. Jakob mag an ihr das ein wenig Füllige, das nichts mit Dicklichkeit zu tun hat, sondern fest wirkt und weich zugleich, als bestehe sie von oben bis unten aus sanfter Kraft. Man möchte sich in sie hineinlegen, hineinschmiegen, hineindrücken, denkt er und beneidet seinen Bruder, den dünnen Uli, dass sie mit ihm schon seit dem Ende der Schulzeit zusammen ist. Andererseits würde ihm mit ihr, wären sie zusammen, bald der Gesprächsstoff ausgehen, so verschieden, wie die beiden Welten sind, in denen sie sich bewegen.

Bis heute zockeln die beiden mit ihren Kindern in ihrem antiken Dösch-Wo, den sie wie ein Kleinod pflegen, über die Alb, nach wie vor mit der lachenden Sonne und dem Nein danke hintendrauf und mit jenen Indianerweisheiten, die uns daran erinnern, dass man Geld nicht essen und den Himmel nicht kaufen kann. Auch die Rede des Häuptlings Seattle hängt bei ihnen bis heute in der Küche, inmitten der Kräuterregale, mit Fettflecken und so vergilbt, als sei sie selbst von der Sonne gegerbt und habe mit den Jahren ihr eigenes Altersgesicht bekommen. Dass es sich dabei um eine Schmonzette handelt, versuchte Jakob seinem Bruder schon vor Jahren klarzumachen, zumal die Rede nicht im Geringsten von diesem

Heiligen der Zivilisationsüberdrüssigen namens Häuptling Seattle, sondern von einem Drehbuchautor stammt, der in den Sechzigern für Hollywood gearbeitet und gewusst hat, was der wunden Seele des Westlers guttut, die auf einmal im Indianer den wahren Menschen zu erkennen meint, nur dass der echte Häuptling Seattle ein übler Windhund war, der seine eigenen Leute samt Grund und Boden an die Weißen verschachert hat.

Als Jakob den beiden diese Geschichte auftischte, zuckte Uli mit den Schultern, und Franziska bemerkte auch nichts dazu. Sie schauten Jakob so arglos an, als habe er zu erklären vergessen, was Sinn und Zweck seines Geredes war, wie Kinder, die sich durch die Nachricht, dass hinter dem Christkind bloß die Eltern stecken, Weihnachten noch lange nicht kaputt machen lassen. Er hatte keine Chance gegen die beiden, so wenig wie jemand, der einen Gläubigen mit dem Hinweis, dass die Bibel von Menschen geschrieben worden ist, von Gott abbringen will. Sie blickten ihn nur lächelnd an, als wollten sie ihm vorführen, wie jämmerlich seine kleinliche Vernunft sei, die es offenbar nur schwer ertragen konnte, dass nicht die ganze Welt vor ihrer spindeldürren Logik niederkniet.

Obwohl Uli nie ein schwarzkuttiger Anarcho war, redete auch er eine Zeitlang viel vom autonomen Leben, worauf Vater gern bemerkte: Autonomie lebt sich schlecht ohne Automobil, das man sich am besten vom Papa bezahlen lässt, so wie auch das Benzin und alle anfallenden Reparaturen. Ohne dafür ausgebildet zu sein, hatte Uli mit Anfang dreißig noch eine Anstellung als Werklehrer in einer Waldorfschule bekommen, die sich im Nachbarort auf einem nahezu dorfgroßen Gelände mit Kindergarten und Lernbauernhof befindet, an dessen Einfahrt man von einem Schild mit der Aufschrift begrüßt wird: Vernünftige fahren hier nicht mit dem Auto, anderen ist es verboten! Nach Jahren des Herumziehens, wo sie mal alte Möbel restauriert, mal Sommercamps für Kinder organisiert, mal in einer Landkommune gelebt haben, die Kettchen und Ziegenkäse herstellte, fanden sie dort ein Schlupfloch. Es ist eine Welt für sich, die keine rechten Winkel kennt und zum größten Teil aus Holz besteht und aus Gestalten, die keinerlei Eile zu kennen scheinen und von denen die meisten in ein wenig zu groß geratenen, pastellfarbenen, wallenden Gewändern herumschlabbern, die alles, was man an jemandem anziehend finden kann, unter formlosen Lappen verschwinden lassen. Franziska arbeitet halbtageweise im dazugehörigen Ökoladen, wo man nicht nur Brot, Obst und Gemüse, sondern auch diese Kleider bekommt, die alle aussehen wie selbstgestrickt und selbstgenäht.

Seit zwanzig Jahren schnitzt Uli nun schon mit seinen Schülern Holzschalen, Holzlöffel, Holzgabeln, Vogelkästen und Kleiderbügel und kann damit endlich tun, was er schon immer wollte, nämlich etwas mit den Händen machen. Immer wollten sie etwas mit den Händen machen, diese Leute! Schreinern und töpfern und Bongo spielen! Alles mit den Händen, als könnte man nur auf diese Weise zu sich selbst finden, während solche Wesen wie Jakob, die sich mit Denken begnügten, zur Fraktion der Entfremdeten gehörten. Jakob konnte es irgendwann nicht mehr hören, dieses Hände-Geschwätz! An Uli, der es gottlob nie übertrieb damit, störte ihn das noch am wenigsten, doch jeder andere war für ihn gestorben, aus dessen Mund er den heuligen Satz hörte: Ich möchte etwas mit meinen Händen machen!

Immerhin unterscheiden sich Franziska und Uli von den meisten dort oben allein durch ihre Kleidung. Noch nie hat man sie in solchen abtörnenden Ökolumpen mit verschwimmenden Orange-, Violett- und Pfirsichtönen gesehen, die sanfte Energien freisetzen sollen. Selbst wenn er sich über Steiners ätherisches Geseire lustig macht, widersprechen sie ihm nicht, was auch daran liegen mag, dass sie es müde sind, sich mit ihm über abstrakte Wahrheiten zu streiten, die in ihrem Alltag ohnehin keine Rolle spielen. Was ihren anthroposophischen Arbeitgeber anbelangt, auf den sie angewiesen sind, sagen sie sich wahrscheinlich: Gebt dem Kaiser, was des Kaisers! Nach jahrelangem Sinnsuchen, bei denen Inder und Indianer eine große Rolle spielten, haben sie hier eine geistige Heimat gefunden, für die man nicht wie einst für die vielen Selbstfindungs-, Yoga- und Tantrakurse bezahlen muss, sondern mit der man sogar noch Geld verdient.

Bis heute prägen das Authentische, das wahre Selbst, die falschen und wahren Bedürfnisse ihren Wortschatz, worüber Jakob allerdings bloß noch innerlich den Kopf schüttelt. Er nimmt es hin wie die mit Kerzenwachs überzogenen Bastflaschen in ihrer Küche, die dort noch immer als schummrige Lichtspender nostalgisch die Zeit stillstehen lassen. Man kann froh sein, sagt sich Jakob, dass die beiden wenigstens nicht jeden Blödsinn mitgemacht haben und in dieser närrisch sinnsüchtigen Zeit nicht auch noch bei den Sannyasins gelandet und nach Poona gepilgert sind, so wie die beiden Ulmer Buchhändler, bei denen die blauen Bände von heute auf morgen durch Bhagwans Weisheiten ersetzt wurden.

Früher versuchte Jakob seinem Bruder richtiggehend einzubläuen, dass alle diese Inkamythen und Indianerlegenden an Schwachsinn grenzen, mitsamt dem Glauben, es habe je auf der Welt ein friedliches Zusammenleben gegeben. Der edle Wilde, redete er manchmal stundenlang auf ihn ein, existiert nur in deiner harmoniesüchtigen Birne und bei Karl May. Schon die ägyptischen Hieroglyphen künden von nichts anderem als Eroberungen und Siegen, so wie das Alte Testament vor allem von Totschlag und Vertreibung, nicht anders als Homers martialische Epen! Was für Uli rein gar nichts bewies, außer dass Gewalt und Krieg seit Jahrtausenden vor allem von der Welt diesseits des Atlantiks ausgingen. Uli liebte Gauguins Südseeparadiese und las Bücher über die freie Liebe auf Samoa, die vor bald hundert Jahren von einer Ethnologin geschrieben wurden, die dort ein paar Wochen im Hotel verbracht hatte und zu Hause zurück ihre Wunschbilder vom ursprünglichen Leben als Erfahrungsberichte verkaufte. Nicht anders verhielt es sich, wie Jakob seinem Bruder einzutrichtern versuchte, mit Gauguin, diesem verwahrlosten, von Alkohol und Syphilis zerstörten, ständig selbstmordgefährdeten Zivilisationsflüchtling, den man in Frankreich daheim als kindischen Kolonialisten verhöhnte, der schamlos das Lied auf den edlen Wilden sang und nicht merken wollte, wie er die Polynesier für seine eskapistischen Phantasien missbrauchte und dass in dieser Tropenhölle vor allem Apathie und Schwermut zu Hause waren. Du musst sie dir doch bloß anschauen, schrie Jakob, diese Gestalten auf Gauguins Bildern: lauter Depressive!

Als müsste er die ganze Welt davon überzeugen, dass es bei den Primitiven viel schlimmer zuging als je bei den Europäern, begann Jakob nach Schriften zu suchen, die belegten, dass die Urvölker tausendmal brutaler waren als alle zivilisierten Völker zusammen. Zu seinem Glück hatten jüngste Forschungsergebnisse noch weit Erschreckenderes ans Licht gebracht, als er sich je erträumt hatte. Seine Freude war riesig, als er von grauenerregenden archäologischen Befunden las, von

Festungen mit Gräben und Wällen, in denen nicht nur Keulen, Schleudern, Speere und Äxte gefunden wurden, sondern massenhaft zerborstene Schädel und zertrümmerte Gerippe, womit bewiesen war, dass die lieben Indios und Indianer ihre Feinde nicht bloß abschlachteten, sondern bis auf die Knochen zertrümmerten. Die Inkas waren Scheusale, die Azteken Barbaren, dafür gab es endlich Beweise, mit denen man solche herzensguten Trottel wie Uli zu konfrontieren hatte, damit sie endlich begriffen, wie sich im Vergleich dazu unsere Art, Krieg zu führen, durch nüchterne Ziele und klar erkennbare Motive auszeichnet, während es für die Wilden zu den alltäglichen Beschäftigungen gehörte, allein um des Zuschlagen willens zuzuschlagen, sei es aus schierer Langeweile oder aus der Lust des Stärkeren, sich wieder einmal seine Stärke beweisen zu müssen, so wie man es bis heute von Gangs und allerlei Wahnsinnigen kennt, denen man nachts nicht auf der Straße begegnen möchte.

Uli jedoch zuckte immer nur mit den Schultern, wenn Jakob ihm mit Geifer um den Mund eintrichtern wollte, dass alles, woran er glaubte, nichts als Humbug sei. Uli fragte sich lediglich, warum es seinem Bruder so wichtig war zu beweisen, dass es auf der Welt nie friedlich zugegangen ist und das auch so bleiben wird. Linda dagegen war es von jeher egal, ob die Mayas lieb zueinander waren oder sich die Schädel eingeschlagen hatten, wogegen Joschi über Leute, die sich in Nebenwidersprüchen verheddern, ohnehin bloß den Kopf schütteln konnte. Doch diese beiden hatten auch nie in einer WG gelebt wie Jakob. Er hauste dort zwar nur ein halbes Jahr, dieses halbe Jahr allerdings ließ ihn zum Wüterich gegen alles werden, was nach Autonomen und Alternativen roch. Fast täglich war er damals in ein Alte-Damen-Café geflüchtet, dessen gehäkelte Tischdeckchen und gemusterte Tapeten den Charme einer absterbenden Zeit ausstrahlten. Dort konnte er sich sicher sein, dass keiner jener Spezies, zu der seine Mitbewohner zählten, je auftauchen würde. Manchmal saß er da stundenlang mit einem Buch in der Hand, während in der WG einer mit der Klampfe Protestlieder grölte und sich in der Spüle das Geschirr stapelte, bis Schimmel aus ihm hervorkroch. Das Geschwätz von den wahren und falschen Bedürfnissen gehörte zum täglichen Repertoire, womit unmissverständlich auf Jakob abgezielt wurde, dem Wagner lieber war als Hannes Wader und der schon damals dem Lambrusco aus Zweiliterflaschen einen Burgunder vorzog, für den er, wie ihm an den Kopf geworfen wurde, die ganze WG hätte in eine Pizzeria einladen können.

In dem Alte-Damen-Café war er zwar unter Leuten, doch zugleich ungestört für sich, so wie er es bis heute am liebsten mag, während die WG einem gnadenlosen Kleinkloster gleichkam, in dem man bei den obligatorischen Donnerstagabendmeetings beichten musste, was noch an bürgerlichem Dreck in einem steckte, wozu vor allem jedes Besitzdenken gehörte, das Jakob dadurch ausgetrieben werden sollte, dass er sein gesamtes Geld in die Kollektivkasse zu stecken und seinen von Papa geschenkt bekommenen alten Käfer ungefragt und jederzeit allen zur Verfügung zu stellen hatte, gar nicht zu reden von seinem Saxophon, das eines Tages einfach verschwunden war, weil es die andern mit dem Argument, er spiele sowieso nie, klammheimlich verschenkt hatten.

Bis heute ist es ihm unbegreiflich, wie Leute Tag und Nacht in verkifften Küchen zusammenklumpen und ihre hirntaube Trägheit auch noch zur pazifistischen Gesinnung stilisieren können, mit der sie jeden, der nicht wie sie tickt, terrorisieren.

Was er nicht mehr ertragen kann, sind durchgesessene Sofas, Flokatis, Hochbetten, Matratzen auf dem Boden, wurmstichige, wacklige Holztische, Blechbesteck aus der Mensa, nackt von der Decke baumelnde Glühbirnen, Teekannen aus Ton mit Stövchen, Teller und Tassen, bei denen nichts zusammenpasst, Obstkisten als Bücherregale, Gedichte von Pablo Neruda und vor allem nicht das Wort hinterfragen.

Zwar saß auch Jakob Anfang der Achtziger im Bus nach Bonn, als man gegen die Pershings demonstrierte, woran ihn jedoch schon damals nicht nur das einheitsschwüle Gewühlsgewoge nervte, sondern mehr noch der blasierte Glaube, man stehe wie von selbst auf der Seite des Guten. Natürlich fand auch er den biblischen Slogan *Schwerter zu Pflugscharen* schön, nur dass er schon als Kriegsdienstverweigerer keinen Augenblick geglaubt hatte, dass mit diesen vielen lieben Friedensmarschierern eine bessere Welt zu errichten wäre. Man musste doch bloß an Joschi und ihn selbst denken, an zwei Menschheitsexemplare, die ständig etwas brauchten, wogegen sie sich stemmen konnten, auch Linda nicht zu vergessen, die immer meinte, dass allein sie die richtige Sicht auf die Dinge besitzt, zumindest was die Familie betraf. Uli dagegen war vermutlich nur deshalb so friedsam, weil Spannungen ihm zu strapaziös sind und er mit seinem täglichen Gras die Welt jahrzehntelang als watteweich erleben wollte.

Weil zu Ulis Bibeln neben Castaneda und Hesse vor allem Thoreaus *Walden* gehörte, nahm Jakob ihn, als er gerade beim Fernsehen angefangen hatte, nach Amerika mit, wo er einen Film über Hawthorne, Emerson und Thoreau drehte, einen der wenigen 45-Minuten-Beiträge, die er je für den Sender machen durfte. Ihm war, was heute undenkbar wäre, zehn Tage lang in einem altenglisch anmutenden Bostoner Hotel unweit des Charles River ein Doppelzimmer bezahlt worden. Im Souterrain befand sich ein französisches Restaurant, wo die beiden es sich jeden zweiten Abend auf Kosten des Senders gutgehen ließen. Sie hatten sich einen Cadillac gemietet, mit dem sie nach Salem, Concord und an den Walden Pond fuhren, wo sie in ihren weißen Unterhosen in einem Mythos gebadet hatten, wie ihnen erst vorhin ein Foto in Erinnerung rief. Bei Uli freilich wollte nicht jene erhebende Stimmung aufkommen, die er sich erhofft hatte. Er wollte die Drosseln und Rohrdommeln, Schnepfen und Sumpfhühner hören und sehen, wie sie im Buch beschrieben werden, samt der Abendstille mit dem sanften Wind in den Bäumen und dem Schrei des Falken in der Nacht. Doch allgegenwärtig war vor allem das Rauschen des Highway, der direkt hinter einem schmalen Waldstreifen entlangläuft, und das Gerumpel der Züge, die alle Viertelstunde am anderen Ende des Sees vorbeidonnerten. Von den wilden Erdbeeren, Brombeersträuchern und Walnussbäumen, die den Wald im Buch so märchenhaft erscheinen lassen, war ebenfalls nichts zu sehen, ganz zu schweigen davon, dass die Bretterbude mit dem Kanonenofen und den am Boden festgeschraubten Stühlen gar nicht Thoreaus Hütte war, sondern ein bloßes Imitat, während die ursprüngliche längst nicht mehr existierte und an anderer Stelle stand. Am oberen Ende des Sees herrschte Hochbetrieb, mit Kindergekreisch, Eisverkauf und Würstchenbude. Es war ein angenehmer Ort, so beeindruckend wie jeder beliebige, von Gebäum und Gesträuch umsäumte Baggersee. Uli versuchte zu verbergen, wie ihm die Enttäuschung ins Gesicht geschrieben stand.

Dennoch hatte diese Reise die beiden fester aneinandergebunden denn je, obwohl Uli sich von Jakob ständig anhören musste, dass man sich mit den Träumen vom einfachen Leben selbst belügt, so wie es auch bei Thoreau der Fall gewesen sei, der seine Leser mit seinen Einsamkeitsgeschichten beschummelt und ihnen verschwiegen habe, dass er in Concord nebenan alles bekam, was man zum Leben brauchte, und dort mit seinen Freunden ständig in nächtlicher Runde zusammensaß, nachdem er bei Mutter daheim zu Abend gegessen hatte, die ihm auch die Wäsche machte, gar nicht zu reden davon, dass er am See ständig Besuch bekam und sein Alleinsein ziemlich abwechslungsreich war.

Das schönste Kapitel in *Walden*, behauptete Jakob, ist der Lobgesang aufs Lesen, mit dem Thoreau seine Rückkehr zur Natur wider Willen konterkarierte, zumal er dafür plädierte, jedes Dorf in eine Universität mit einer großen Bibliothek zu verwandeln. Sieh es einmal so, erklärte Jakob seinem Bruder: Thoreau wollte ein bedeutendes Buch schreiben und damit berühmt werden. Es ging ihm gar nicht um den Wald und seine Einsamkeit. Er hat das alles nur gemacht, um dieses Werk zu verfassen, diese Schrift mit dem Titel *Walden*. Das war sein Ziel, sein höchstes und einziges. Dafür der ganze Aufwand. Er wollte Erfahrungen machen, die er verwerten konnte. Wenn er schreibt: Ich habe mich in den großen Ozean der Einsamkeit zurückgezogen, so richtet er sich mit diesen schön tönenden Worten an die Welt, auf dass sie höre und staune und sein Werk wie eine Bibel lese, die von wegweisenden Wahrheiten und Weisheiten kündet. Er wollte die Leute nicht mit seiner Einsamkeit, sondern mit seinen Worten beeindrucken: *The great ocean of solitude!* Assonanzen und Alliterationen! Darum ging es ihm! Und abends saß er mit seinen Freunden zusammen und dachte: Das wird ein grandioses Werk! Denk daran, Uli, du musst dir immer jene Absichten vor Augen führen, von denen in diesem Buch nicht die Rede ist! Die große ozeanische Einsamkeit an einem größeren Tümpel bei Concord um die Ecke!

Uli, verträumt wie er war, hörte bloß mit halbem Ohr zu und fragte ihn abends auf der Rückfahrt nach Boston nur: Was willst du damit beweisen?

Sie mochten diese Kleinstädtchen wie Concord, mit ihrem niedlichen Kolonialstil, der nichts Pompöses besitzt und wo die Holzhäuser mit ihren Rasen und Zeitungsboxen nirgends von Gartenzäunen abgeschirmt werden und zwei, drei Stufen zu filmreifen Veranden hochführen, ganz anders als daheim, wo schmiedeeiserne Tore mit speerartigen Pfeilspitzen den Eindruck erwecken, als müsste man sich vor den Hunnen schützen. Dort, dachten sie, ließe sich leben, bei Hawthornes alter Manse um die Ecke, mit dem Fluss dahinter, von dem der Dichter sagte, man müsse lange hinschauen, um zu erkennen, in welche Richtung er fließt.

Früher, mit sechs oder sieben, war Jakob an trüben Tagen manchmal die Donau entlangspaziert und hatte das Lied *Junge, komm bald wieder* vor sich hin gesummt, immer und immer wieder, und sich dabei ausgemalt, wie man um ihn weinen würde, wenn er auf hoher See wäre und nie mehr heimkäme. Es war ein intensives Gefühl, bei dem er zu Mama und den andern eine viel größere Nähe empfand als im wirklichen Zusammensein. Er musste sich verloren vorkommen, um sich aufgehoben und geliebt zu fühlen. Aus dem gleichen Grund malte er sich seine eigene Beerdigung aus und stellte sich vor, wie seinetwegen die Tränen gar nicht mehr zu fließen aufhören wollten. Als das Mädchen, mit dem er zum ersten Mal in der Hütte am See geschlafen hatte, erzählte, dass ihr solche Gedanken täglich kamen, fühlte er sich wie von einer Krankheit befreit.

Sollte ihnen das Haus bereits nicht mehr gehören, könnten sie wenigstens die Spielzeugeisenbahn vor der ungarischen Hure retten und auch Mutters Bildbände. Auch die in Schränken gestapelte Wäsche und das Geschirr könnten sie einpacken und überhaupt das ganze Haus von oben bis unten leer räumen, solange Vater da liegt, und keinen einzigen Vorhang hängen und keinen einzigen Stuhl stehen lassen. Doch wozu, wofür, wohin damit? Selbst wenn man alles verkaufen würde, könnte es einen nur über ein paar lumpige Wochen hinweg retten. Genau genommen ist es besserer Sperrmüll und ein Gerümpel, das allenfalls für diejenigen von Wert ist, denen diese Dinge einmal etwas bedeutet haben. Stünde es auf einmal bei einem herum, bekäme es vermutlich etwas Befremdliches oder würde einem schlimmer wehtun, als wenn man es für verloren hielte und es aus den Augen wäre.

Sollte es tatsächlich mit allem vorbei sein, wäre für Jakob die Alb noch die erträglichste Zuflucht, obgleich er sich ein Leben dort nie vorstellen wollte. Doch er wäre versorgt, zumindest halbwegs, mit einem Gartenhäuschen, einem Herd, einem Bett und einem Ofen. Seine Bücher würde er niemals unterbringen, nicht einmal zur Hälfte. Daheim in Geigingen besäße er ein ganzes Haus und einen Garten, in dem man sich wie in einem Hortus conclusus vorkäme, so üppig, wie die Hecken einen inzwischen vor den Nachbarn schützen. Candides *cultiver son jardin* gefiel ihm schon immer, wobei Voltaire leicht reden hatte mit seinem Schloss über dem Genfer See. Rückzug, Bücher und Wein im Keller, das wäre nicht das schlechteste Leben, so wie er es bisher gewohnt war. Nur müsste Joschi dafür in seinem Heidelberger Kellerloch bleiben. In Jakobs Alter besitzt man Marotten und Eigenheiten, die sich kaum noch umbiegen lassen. Man möchte sich nicht noch einmal auf andere einstellen müssen, selbst wenn das Haus groß genug wäre, um sich aus dem Weg zu gehen. Gäbe es dieses Weib nicht, so wäre Papa, was man niemals laut sagen dürfte, genau zur richtigen Zeit gestorben.

Fiele ihm die Decke auf den Kopf, könnte Jakob, wie man es auch von Clochards kennt, in die Stadtbücherei flüchten, wo er sich als Zehnjähriger seine ersten Bücher auslieh, um sie an den Öpfinger See mitzunehmen. Die Bücherei bestand damals noch aus einem klobigen gelben Bau, der sich mittlerweile in einen gläsernen Tempel mit lichtdurchfluteten Räumen verwandelt hat und im Gegensatz zur verrotteten Fußgängerzone und zum trostlosen Bahnhof Ulm alle Ehre macht. Zwischen Geigingen und ihr könnte er hin und her pendeln, bei warmem Wetter auf dem Marktplatz einen Kaffee trinken, gegen Abend bei zwei, drei Gläsern an einem Tresen hocken, die Leute studieren und danach wie ein seltsamer Heiliger nach Hause schlurfen. Doch in Ulm wollte er nie wieder landen.

Anstatt jahrzehntelang freigeisternd über das Leben nachzudenken, hätte er sinnvoller leben sollen. Anstatt sich nur mit dem Großen und Ganzen zu beschäftigen, hätte er lieber kleinere Brötchen backen sollen. Vielleicht war alles dieses Spekulieren über Sinn und Sein bloß höherer Hokuspokus, an dessen Stelle man besser Betriebswirtschaft studiert hätte, wie das heute jeder Idiot macht. Vielleicht hätte Vater seine Söhne härter herannehmen sollen, anstatt sie erst am Ende für ihre Faulenzerei zu bestrafen. Vielleicht war der Urfehler, dass er seine Kinder widerstandslos tun und machen ließ, was immer sie wollten. Vielleicht hatte Jakob, von der Wahl seiner Fächer angefangen bis hin zu diesem Fernsehkäse, alles falsch gemacht. Nur helfen Selbstvorwürfe nicht mehr weiter, und noch weniger Selbstmitleid. Was nützt jetzt noch dieses ganze Wenn und Aber und Sollte und Könnte?

Wäre Napoleon nicht gewesen, würde Geigingen vielleicht noch zu Vorderösterreich gehören. Und was, wenn der österreichische Thronfolger nicht in Sarajevo erschossen worden, Hitler bei seiner Malerei geblieben und Max Schmeler nicht eines Tages als verheirateter Mann aus Mallorca zurückgekommen wäre? Hätte Linda dann jetzt fünf Kinder mit ihm? Und was, wenn Mama nicht Krankenschwester geworden wäre und sie Papa nie kennengelernt hätte? Dann wäre Jakob heute Morgen nicht in Paris an der Seine gestanden und würde sich jetzt nicht fragen, ob er alles falsch gemacht hat.

Ohne es je angestrebt zu haben, könnte Jakob nun doch noch zum Pascalianer werden und wie Joschi bald in einem schlichten Zimmer hausen. Sollte Ulm allerdings nicht völlig verloren sein, könnte er versuchen, ein ganzes Haus zu renovieren, das Dach, den Verputz, tausend Kleinigkeiten. Zeit dazu hätte er, nur wäre es das erste Mal in seinem Leben, dass er eine Kelle anfasst und Mörtel mischt. Wäre ihm wirklich bewusst gewesen, dass Papa zu allem fähig sein könnte, dann hätte er Himmel und Hölle in Bewegung gesetzt, um wenigstens sich selbst in Schutz zu bringen. Vater hatte ihm, wenn es eng wurde, meist ohne viel Murren einen kleineren oder auch größeren Batzen überwiesen. Vielleicht mochte er ihn auf stille Weise am liebsten von allen, warum auch immer. Doch das alles sind Spekulationen, nichts als Spekulationen. Vielleicht war Vater auch nur zu schwach, um nein zu sagen. Die Möglichkeit, mit ihm einen Separatfrieden zu schließen, hätte es vielleicht durchaus gegeben, was zwar zum Unfrieden mit den andern hätte führen müssen, ihn im Falle, dass die Überraschung böse ausfällt, aber nicht vor einem Abgrund stehen ließe. Jakob ist nicht stolz darauf, dass ihm solche Gedanken kommen, doch sie kommen, ob man will oder nicht.

Bestenfalls kann er weiterhin wochen- oder sogar monateweise in der verlotterten Mansarde am Fuß von Montmartre wohnen, die einem weitläufigen Bekannten gehört, einem Prof aus Tübingen, der sie nur in den Semesterferien nutzt, und auch da nicht ständig. Die Mansarde ist winzig, gibt aber einen schmalen Blick übers Häusermeer frei und geht nicht auf einen Hinterhof hinaus, sondern auf die Metrostation Barbès-Rochechouart. Es ist eine Gegend, in der man sich wie im Maghreb oder noch weiter unten in Afrika fühlen kann und vor der Touristen gewarnt werden. Mit dem Ansichtskarten-Paris hat sie nichts zu tun. Manche erschrecken bereits wegen der Schafsköpfe, die dort an Spießen rotieren wie anderswo Hähnchen, mit allem Drum und Dran, den Hörnerstummeln, dem Gebiss und den Augenhöhlen. Jakob könnte, so saftig wie dieses Fleisch ist, jeden Tag zwei davon verspeisen. Rundum finden sich alte, groteske Geschäfte, wie sie hierzulande längst ausgestorben sind, mit tausenderlei Kleinkram, von Elektroersatzteilen über Haushaltströdel bis zu antik anmutendem Spielzeug und gebrauchten Musikinstrumenten. Es sind lauter winzige, von oben bis unten vollgestopfte Läden, die den Charme jener Zeit ausstrahlen, als Doisneau und Cartier-Bresson mit ihren Kameras durch die Straßen zogen. Aber auch wenn er weiterhin in dieser Dachkammer für einen Spottpreis hausen könnte, würde ihm das Geld fehlen, um in Paris zu leben, selbst wenn er nie mehr ein besseres Restaurant beträte.

Einmal hatte er das Gefühl, am Rand der Welt zu stehen, auf bretonischen Klippen, wo es, je länger er zum Horizont hinüberblickte, immer stiller wurde, trotz der Möwenrufe und der wogenden Wellen. Er meinte, nur noch ganz allein in dieser Weite zu sein, was ihn erschreckte und beruhigte zugleich. Seither malt er sich aus, wie es wäre, dort am Meer zu leben, vielleicht auch ein wenig weiter oben in Belgien, wo er es sich auf verlockende Weise noch trostloser vorstellt, mit langen grauen Wintern, verlorenen Stränden, verlassenen Feriensiedlungen und schwermütig dreinschauenden Leuten, die etwas Raues besitzen. Diese Tristesse wäre seiner Lage angemessen, weit eher jedenfalls als solche prächtigen Orte, wo alles nach Wohlstand riecht, was einem Mittellosen nur umso schmerzlicher vor Augen führt, wie fehl er am Platz ist.

Von Anfang an war für ihn jede Art von Fremde allein wegen ihres Fremdseins anziehender als das durchgesessene Sofa in Geigingen. Die Donau besitzt nichts Erregendes, zumindest nicht bei ihnen vor der Haustür. Lieber am Meer leben, mit Stürmen und wilden Wellen, die gegen Hafenmauern und Felsen peitschen und ihre Gischt über die Dämme werfen, derweil man in einer Kneipe auf den Dünen sitzt und sich in winterlicher Verlassenheit dies grimme Schauspiel ansieht, Tag für Tag, mit einer Flasche Genever auf dem Tisch, der einen von innen erhitzt, während die Möwen ihre Kreise ziehen und in die graue Leere kreischen.

Bliebe noch Windhuk, wohin er immer schon wollte, seit er an diesem merkwürdigen Tag in Ost-Berlin vor bald vierzig Jahren auf dem Rückweg nach Kreuzberg im *Neuen Deutschland* las, dass dort die westdeutsche Botschaft dichtgemacht hat. Vielleicht ließe es sich in Windhuk für zwanzig Euro im Monat leben, und er könnte endlich zum Okavango pilgern, der sang- und klanglos in Sümpfen und Sand versickert. Afrika, das war für ihn seit jeher, was für Uli die Indianer, nur taugt Afrika, bei aller Schönheit, nicht für idyllische Illusionen. Windhuk wäre eine Reise wert, allein des Namens wegen.

Statt normannischer Meereswinter das ganze Jahr über sommerliche Wärme, bei der nicht Regen, sondern allenfalls Dürre das Leben erschweren könnte, wovon in einer Stadt wie Windhuk vermutlich nicht viel zu bemerken ist. Zwischen Le Havre oder Oostende würde er pro Tag mindestens zwanzig Euro brauchen, falls das nur annähernd reichen sollte.

Alles, nur nicht zurück nach Ulm! Und noch weniger nach Geigingen! Dort müsste er mit einer Müdigkeit kämpfen, wie sie ihn schon als Kind heimsuchte, nicht nur an trägen Sonntagen, die kaum vergehen wollten. Alles, was nicht zur Heimat gehörte, hatte man einst als das Elend bezeichnet, zu Zeiten, als die Leute sich nur auf die Beine machten, wenn die Not sie zwang. Jetzt sitzt das Elend daheim. Schön findet er diesen schwäbischen Landstrich allenfalls beim Durchfahren vom Zugfenster aus, vor allem Richtung Bodensee, wo wie im Bilderbuch Zwiebelturmkirchen, Wegkreuze, Obstgärten, Kuhwiesen, Riedgebiete, Barockklöster und Landstädtchen den Weg säumen und an manchen Tagen der Himmel fast zum Greifen nah ins Land herabhängt. Doch ansonsten kann er auf dieses Glück im Winkel verzichten. Die Wahrheit von Jean Pauls Behauptung, im Vollglück der Beschränkung verwandelten sich die Misstöne des Leidens in Freude, wollte er nie am eigenen Leib erproben. Er würde in dieser Ecke nur sich selbst bedauern.

Auf der Herfahrt hatte er im Speisewagen niesen müssen und bemerkt, wie seine Tischnachbarin sich scheinbar bloß nebenbei, jedoch merklich pikiert den Ärmel abwischte, als gehörte sich nicht, was er tat. Wie so oft hatte er das Gefühl, immer noch nicht zu wissen, wie man sich im Ausland benimmt. Selbst in der Schweiz, fürchtet er, erkennt man ihn sogleich als Fremden, nicht nur wegen der Sprache. Sobald er jene Grenzen übertritt, die es seit Jahren nicht mehr gibt, kommt in ihm eine Scheu auf und sogar eine kleine Scham, die sich nie ganz ablegen lassen und die er nicht einmal missen möchte. Erst sie verschaffen ihm das Gefühl, mit geweiteten Sinnen durch die Welt zu gehen. Daheim dagegen bedrückt ihn die Furcht, müde und schwermütig zu werden.

Inzwischen fragt er sich, ob man tatsächlich dasselbe Buch liest, wenn man in Paris an einem Boulevard sitzt oder in Geigingen im Garten. Brauchte Pascal sein Port-Royal so wie Thoreau seinen Walden Pond und Baudelaire sein Hôtel de Dieppe in der Rue d'Amsterdam, um das, was sie schrieben, formulieren zu können? Natürlich brauchten sie das, nur würde Geigingen dafür nicht das Geringste hergeben. Schlimmstenfalls könnte Jakob dort alles Lesen sogar verleidet werden, als ließe sich ihm kein Sinn mehr abgewinnen, womit alles aus wäre und das Leben erlösche. Dabei verdankte er die Kraft weiterzumachen stets dem leisen Gefühl, dass alles, was er anging, nur eine Vorbereitung war für etwas noch Kommendes. Dieses Gefühl existiert nach wie vor, obwohl er noch nie wusste, worin dieses noch Kommende wirklich bestehen könnte.

Ständig geht Linda drinnen um den Tisch herum, bleibt immer wieder stehen, stützt ihre Hände in die Hüften, blickt zur einen und zur anderen Seite, geht wieder weiter, hin und her, her und hin, als wüsste sie nicht wohin mit ihrer Unruhe. Auf einmal will sie von Uli eine Zigarette, obwohl sie nie raucht, allenfalls in Gesellschaft alle paar Jahre. Beim Herausziehen aus der Schachtel zittert ihre Hand so offensichtlich, als könnte sie den Weg zum Mund kaum finden. Fred versucht sie in den Arm zu nehmen, wodurch ein Gefuchtel entsteht, das fast an Kampfsport erinnert. Während er beschwichtigend wirken will, verbittet sie sich jede Art von Wohltat. Als Fred, wie um sich geschlagen zu geben und um Frieden zu bitten, die Arme hochhält, schreit sie ihn an:

Hör auf mit diesem ständigen Linda, Linda, Linda! Ich beruhige mich nicht, solange es nichts zu beruhigen gibt! Beruhigen kann man sich, wenn es einen Grund gibt, aber den gibt es hier nicht. Hier gibt es rein gar nichts, was einen beruhigen kann, hinten und vorne nicht, am allerwenigsten ihr, die ihr hier bloß fett herumhockt, bloß blöd glotzt und bloß gescheit daherschwätzt, so wie seit hundert Jahren schon!

Es klingelt.

Jakob, komm rein, ruft sie.

Es klingelt noch einmal.

Komm rein!

Alle stehen da, als wüsste man nicht, was tun.

Psst, zischelt Fred mit Stillschweigensgeste: Wir gehen jetzt zusammen zur Tür.

Wieso flüsterst du, fragt Joschi, man darf uns doch hören.

Alle zusammen.

Wieso flüsterst du?

Es klingelt noch einmal.

Macht endlich!

Als seien sie bei etwas Bösem erwischt worden, bewegen sich alle stumm Richtung Tür, vor der sie – abgesehen von Linda, die sich in ihrem Rücken hält – im Halbkreis zum Stehen kommen.

Es klingelt noch einmal.

Fred blickt zu Linda zurück. Sie nickt. Er greift zur Klinke, schaut nochmals zurück, wie um sich endgültig von ihr die Erlaubnis zu holen, und drückt sie nieder.

Da steht er. Er ist es. Es ist jene Gestalt, die man gelegentlich im Fernsehen sieht. Nur dass er dort besser aussieht. Straffer und mit weniger Grau im Gesicht. Jakob kennt das. Mit der Wirklichkeit haben Fernsehgesichter oft wenig zu tun. Puder, Schminke, Gepinsel, hier eine kleine Nachhilfe, dort ein paar Tupfer, was alles zusammen ein viel vortrefflicheres Bild ergibt, als man es vom wirklichen Leben kennt. Im Fernsehen auftreten, heißt in die Maske gehen. In der Glotze sieht selten jemand abgeschafft aus. Trotzdem wirkt dieser Mann, der da vor ihnen steht, imposant. Allein seiner Größe wegen. Und auch seiner mächtigen Stirn wegen mit dieser Kerbe, an der man ihn sofort als den erkennt, der er ist. Als sei er im Krieg gewesen oder bei einer Burschenschaft, die beim Fechten nicht auf die Backe, sondern die obere Schädelhälfte zielt. Nur dass er diese Kerbe immer schon besitzt. Sein pechschwarzer Haarkranz, der hufeisenförmig die Glatze umrahmt, könnte gefärbt sein. Um seinen linken Arm hängt ein Trenchcoat, sonst hat er nichts dabei, keine Tasche, keine Mappe, kein gar nichts. Fleischig sieht er aus, als würde er gern essen und nicht ungern einen trinken. Dabei besitzt er etwas Kraftvolles, als gehörten Hometrainer und Hanteln auch zu seinem täglichen Programm, und sei es nur, damit er sich anschließend wieder gehenlassen kann.

Danke, dass Sie gekommen sind. Fred streckt ihm die Hand entgegen.

Ja, danke, schließt sich Jakob an. Linda meidet seinen Blick, schaut zur Decke hinauf und an sich hinab. Uli gibt ihm ebenfalls die Hand.

Hallo, guten Abend, sagt er mit Bassstimme. Von Unsicherheit keine Spur.

Wir dachten, wir könnten, ich meine … vielen Dank, dass das so schnell gegangen ist, wir wollten gerade … hättet ihr …

also, kurz und gut, wir wollten gerade zusammen … ich meine, essen gehen, wie steht es mit … wir kennen uns ja, können doch noch du sagen, oder?, fragt Jakob.

Ich bin der Max. Wie eh und je!

Ja, wir dachten an den *Adler*. Den kennst du doch, den *Adler* …

Der *Adler* hat zu. Habe ich eben beim Vorbeifahren gesehen.

Dann fahren wir in die Stadt.

Wegen mir nicht, es ist halb elf, da gibt es nirgends mehr was Gescheites. Ich kenne Ulm wie meine Hosentasche, nach wie vor, da könnt ihr lange suchen. Habe auf der Fahrt zwei Brötchen in mich hineingestopft, lange bleiben kann ich sowieso nicht, morgen früh …

Was hast du noch mal vorgeschlagen, Linda? Den Spanier beim Münster?! Wunderbares Lokal! Kennst du sicher. Also, wir haben noch nichts gegessen und würden dich gern …

Wie gesagt, ich muss morgen früh … kann nur kurz bleiben. Am liebsten wäre es mir, wir würden …

Wir wären da sofort. Maximal zehn Minuten. Lass es eine knappe Viertelstunde sein, mehr nicht, wir haben überhaupt nichts im Haus, wir nehmen dich mit.

Wie gesagt, ich habe im Auto ein paar Brötchen …

Wir würden dich, wenn du jetzt schon so … wir würden dich gern einladen.

Um es kurz zu machen: Ich bin, so schnell es ging, hierhergedonnert und froh, jetzt da zu sein, und bitte darum, keine Umstände zu machen. Ist nicht unhöflich gemeint.

Entschuldigung, wir wollten ja nur …

Woher hat er bloß diese weißen Zähne? Ein fast erschreckendes Weiß, wie man es nur von Stars kennt und früher aus der Strahlerküsse-Werbung. Das Gebiss scheint ein wenig groß geraten, als sei es ihm wie mit Gewalt hineingedrückt worden. Sein ganzes Gesicht wirkt mächtig, sein Gebiss aber ganz besonders. War das schon immer so? Ob man ihn noch erkennen würde, tauchte er nicht gelegentlich im Fernsehen auf? Sicher nicht. Trotzdem muss in ihm noch etwas von früher stecken, und sei es nur ein winziger Rest. Man muss ihn zu entdecken versuchen, sich ihn wieder als den kleinen Max vorstellen. Mutter würde sich als Erstes erinnern, wie er mit der Vespa um die Ecke gedüst ist und sie vor sich hin geflucht hat.

Dann sitzen wir doch einfach … also am besten in der Küche, sagt Linda, die ihn wie ein Verkehrspolizist mit stramm ausgestrecktem Arm zu lenken versucht, nur dass er schnurgerade aufs Wohnzimmer zusteuert, und zwar allen andern voraus, als sei das sein angestammtes Terrain, auf dem man ihn üblicherweise empfängt. Linda springt mit einem Satz vor ihn hin, schaut an ihm hinauf, legt die Hände aneinander wie zum Gebet, schüttelt den Kopf und sagt: Wir haben hier nichts!

O Gott!, seufzt Max Schmeler.

Jemand hat die Wohnzimmertür nicht ganz zugemacht.

O Gott.

Er geht auf ihn zu, verneigt sich, bleibt vor ihm stehen, scheint zu erstarren. Als sei Papa der ihm nächststehende Mensch gewesen. Er verneigt sich noch einmal, diesmal noch tiefer, und scheint mit leicht bebenden Lippen ein Gebet zu murmeln. Dann fängt sein Kopf langsam an zu nicken. Ein wenig nur, doch als wollte dieses Nicken gar nicht mehr aufhören.

O Gott, flüstert er vor sich hin, geht in die Knie, schlägt das große Kreuz, von der Stirn zum Bauch zum Herzen und zur anderen Brust, steht wie unter Mühen wieder auf, wendet sich um, sieht alle an, schaut mit kurzem, prüfendem Blick auf die zwei leeren Weinflaschen und fragt: Seit wann?

Wir wissen es nicht genau, seit heute Morgen sind wir hier. Vorgestern hat er angerufen. Fred, mein Mann, hat mit ihm geredet. Als ich zurückrufen wollte, ging er nicht mehr ans Telefon, was bei ihm aber nichts Besonderes war. Und dann dachten wir …

Mein Gott!

Dürfen wir dir etwas anbieten, fragt Jakob.

Ich bin nicht zum Essen gekommen, ich denke, ihr habt mich auch nicht deshalb gerufen.

Er sagt es mit ausladender Geste, mit einem Schwung im Arm, als befinde er sich auf einer Bühne. Ohne zu fragen, wohin er sich setzen soll, lässt er sich in Freds gepolsterten Lehnstuhl fallen, so dass alle außer Joschi ihm gegenüber Platz nehmen müssen, solange sie ihre Stühle nicht woandershin stellen oder nicht das Sofa verrücken wollen.

Du hattest sicherlich den ganzen Tag zu tun.

Natürlich. Wie immer.

Wie gesagt, wir danken dir. Ein Glas Wein vielleicht?

Ein Glas Wein, gerne. Auch ein Glas Wasser. Es kann ruhig aus dem Hahn sein. Mein Gott. Ich habe es geahnt.

Was?

Dass etwas sein muss.

Warum?

Sonst hättet ihr mich nicht gerufen.

Wusstest du, dass wir …

Nein.

Aber du hast gleich ja gesagt. Ich meine, dass du kommst, sagt Fred.

Wenn man mich ruft!

Du hast also damit gerechnet.

Nein. Mein Gott. Er hat hier ja nie etwas wirklich verändert, euer Vater. Die ganzen Jahre nicht. Ich meine, an der Einrichtung. Die Wände haben bei ihm ein bisschen bunter ausgeschaut in letzter Zeit. Aber sonst nichts. Na ja, wozu auch?

Aber wieso…

Wie gesagt, das Wasser kann auch aus dem Hahn sein.

Hattest du…

Bei mir drüben erinnert nichts mehr an früher, das ganze Haus nicht. In drei Partien aufgeteilt, mit ausgebautem Dach, alles vermietet, seit gut zwanzig Jahren. Picobello, hätte eure Mutter gesagt.

Ja.

Und jetzt ist's so schnell gegangen.

Ja.

Der hätte hundert werden können, wenn nicht dieses Zittern… obwohl es eigentlich gar nicht so arg war. Was ist schlimmer, wenn man sein Bier verschüttet oder nicht mehr weiß, wo man es hingestellt hat? Alzheimer oder Parkinson? Solche Witze hat er noch gemacht. Mein Gott, und jetzt so schnell. Er sieht noch gut aus, euer Vater. Als würde er bloß schlafen. Manch anderer wirkt mitten im Leben schon toter. Alle Achtung. Und ihr wisst tatsächlich nicht, wie lange er schon…?

Wahrscheinlich letzte Nacht. Ziemlich sicher. Viel früher kann es nicht gewesen sein. Wir haben ja telefoniert.

Alle Achtung! Wie gesagt, mancher sieht schon mitten im

Leben … dabei hat er es nicht einfach gehabt. Die Krankheit, das Alleinsein … womit ich nicht sagen will … jeder von euch hat sein eigenes Leben. Ich will mich da nicht zum Richter aufspielen. Ich als Allerletzter. Moral ist ein verlogenes Geschäft. Das sage ich seit eh und je. Wer andern moralisch kommt, ist meistens selbst ein übler Hund. Man muss wissen, was möglich ist und was nicht. Darum geht es. Grenzen checken, Bewegungsräume ausmessen, Schlüsse ziehen, Konsequenzen folgen lassen. Alles andere sind Nebelkerzen. Was kann ich für euch tun?

Hast du ihn …

Ihr habt mich gerufen, ich bin hier.

Also mit dem Wein, sagt Jakob, da sieht es hier im Haus …

Man ruft mich nicht ohne Grund, auch wenn man den Grund selbst nicht so genau kennt, oder?

Und weshalb bist du hier?

Das fragt ihr mich!

Hast du es dabei?

Was?

Das Testament?

Ja.

Und?

Was und?

Können wir es sehen?

Es wäre der falsche Weg.

Der falsche Weg?

Ich würde mir die Finger verbrennen. Und zwar ganz gewaltig.

Wieso hast du es dann dabei?

Weil ich es morgen früh zum Amtsgericht bringe, genauer gesagt zum Notariat.

Aber du hast es dabei?

Ja.

Dann zeig es uns.

Das ist nicht meine Aufgabe.

Wieso bist du dann hier?

Ihr habt mich gerufen.

Was steht drin?

Das erfahrt ihr vom Notar.

Und warum dürfen wir es nicht jetzt gleich wissen?

Das gesetzliche Prozedere besagt, dass derjenige, bei dem ein Testament hinterlegt worden ist, es nach dem Ableben des Erblassers beim Nachlassgericht abzugeben hat, was in diesem Fall das Notariat ist.

Warum bist du dann gekommen?

Sagt ihr mir doch lieber, warum ihr mich gerufen habt.

Warum sollen wir als Kinder nicht wissen dürfen, was im Testament steht?

Natürlich sollt ihr es wissen. Wer denn sonst?

Was steht drin?

Ich würde mir, wie gesagt, die Finger verbrennen.

Und warum?

Weil das Gesetz es anders vorsieht. Zumindest in Baden-Württemberg. In Bayern sieht es ein bisschen anders aus.

Und warum sollen wir es nicht gleich wissen dürfen?

Dass hier eine gewisse Aufregung herrscht, ist mir schon klar.

Wie kommst du da drauf?

Wieso wäre ich sonst hier?

Wir haben dir am Telefon nicht gesagt, warum wir dich hierhergebeten haben.

Hier liegt euer Vater, ihr sitzt alle um ihn herum und wollt unbedingt den Rechtsanwalt sprechen, bei dem er sein Testament hinterlegt hat.

Du konntest nicht wissen, dass er tot ist.

Nein, konnte ich nicht.

Warum hast du dann das Testament dabei?

Sicher ist sicher. Man weiß ja nie.

Du hast dich sofort auf den Weg gemacht.

Man tut, was man kann.

Was soll diese ganze Geheimniskrämerei? Sag uns, was drinsteht.

Ihr erfahrt es, wie gesagt, beim Notar. So lange müsst ihr euch noch gedulden. Was immer auch drinstehen mag, selbst wenn ihr es wüsstet, könntet ihr heute Nacht nichts mehr daran ändern und auch morgen nicht und nicht übermorgen. So einfach ist das.

Stell dir vor, du wärst jetzt an unserer Stelle.

Es würde nichts am Prozedere ändern. Doch ihr wollt wissen, wie es um euch steht.

Kennst du diese Frau, will Fred wissen.

Welche Frau?

Wir müssen nicht um den heißen Brei herumreden.

Name, Adresse?

Anna. Sie heißt Anna, erklärt Linda.

Weiter?

Varga.

Und?

Wer ist sie?

Ich kann sie anrufen.

Wird sie im Testament berücksichtigt?

Ihr könnt sie fragen.

Sie weiß also mehr als wir?

Ich kann sie anrufen. So wie die Dinge stehen, wäre das ohnehin angesagt.

Was heißt da: Wie die Dinge stehen? Und wer ist sie genau?

Sie hat euren Vater gepflegt. Doch ich denke, das ist nichts Neues für euch.

Nur gepflegt?

Sie hat ihn gepflegt, und dabei wurde sie, wenn man so will, eine Art Lebensmensch für ihn.

Lebensmensch oder Lebemensch? Fred versucht vielsagend zu kichern.

Ihr kennt sie nicht? Max wirkt erstaunt.

Doch, aber …

Entschuldigt mich bitte, sagt Max und geht, während er das Handy aus der Sakkotasche zieht und etwas eintippt, auf die Terrasse hinaus und zieht die Tür sanft hinter sich zu.

Linda schüttelt den Kopf, Fred zieht die Schultern hoch, Joschi fragt: Soll ich ihm hinterher?

Natürlich nicht, flüstert sie ihm zu.

Würde aber gern wissen, was da …

Psst!

Du bleibst hier sitzen, versucht Fred ihn zu beruhigen, indem er sich neben ihn setzt, den Arm zu ihm hinüberstreckt und beschwichtigend auf den seinen legt.

Man kann nur hören, dass Max spricht, und zwar reichlich leise, jedoch vollkommen unaufgeregt, verstehen allerdings lässt sich kein einziges Wort, außer einem gelegentlichen Ja oder Nein. Hin und wieder schaut er über die Schulter kurz zu ihnen hinein, wie um sich zu versichern, dass dort noch alle sitzen. Dann steckt er das Handy wieder ein, drückt sich, die Hände in die Hüften gestemmt und den Kopf gen Himmel gereckt, den Rücken durch, als müsste er sich fit machen für einen neuen Auftritt. So steht sie eine Weile da, diese großmächtige Gestalt. Beim Zurückkommen bleibt er einen Augenblick in der Tür stehen und fährt sich bei geschlossenen Augen über das linke Lid, wie um eine Wimper zu entfernen. Dann schaut er über die Runde hinweg, nickt ein wenig vor sich hin und sagt: Gut! Er nickt noch einmal, als gehe ihm etwas durch den Kopf, das ihn nicht unzufrieden macht, und sagt noch einmal: Gut! Er richtet sich vor ihnen auf, wie ein Lehrer, der jetzt mit dem Unterricht beginnt, und fragt: Nun, was wollt ihr wissen?

Alles, sagt Fred.

Sie ist in Ungarn.

In Ungarn?

Mit der ganzen Familie.

Familie?

Sie hat drei Kinder.

Drei Kinder?

Und einen Mann natürlich. Einen Arzt. Er hat euren Vater zuletzt betreut, genauer gesagt seit der Zeit, da ihr versucht habt, ihn über seinen vorigen Arzt – wie soll ich mich ausdrücken? – für gaga erklären zu lassen.

Stimmt nicht.

Dann bin ich falsch unterrichtet. Was jetzt aber auch keine Rolle mehr spielt. Testierunfähig jedenfalls wirkte euer Vater nicht, und zwar bis zuletzt nicht.

Du hast ihn öfter gesehen?

Nein.

Warum hat er bei dir das Testament hinterlegt?

Das müsst ihr ihn fragen.

Warum hast du sie angerufen?

Sie muss es wissen, genauso wie ihr.

Wir wissen aber nichts.

Ihr wisst, dass er tot ist, sonst wärt ihr nicht hier.

Wenn sie es wissen muss, dann müssten wir es doch schon zweimal wissen dürfen.

Ich habe ihr gesagt, dass er tot ist.

Und?

Wie soll man schon reagieren, wenn jemand tot ist, dem man nahesteht?

Wir bitten dich bloß um eines, sag uns, wenn auch nur in ungefähr, was dort drinsteht.

Ich habe doch gesagt: Ich würde mir die Finger verbrennen. Um es vorsichtig auszudrücken. Morgen früh liegt das Testament auf dem Notariat, Zeughausgasse 14.

Wir würden's niemals weitersagen.

Man liest und hört, du seist sonst nicht so zimperlich, sagt Fred.

Bin ich aus München hierhergebrettert, um mich beschimpfen zu lassen?! Seit wann sind wir eigentlich per Du? Kennen wir uns überhaupt?

Er ist mein Mann, sagt Linda.

Und das berechtigt ihn, unverschämt zu sein?

War nicht so gemeint, entschuldigt sich Fred.

Ich hole noch eine Flasche, sagt Jakob.

Enterbt haben kann er uns ja nicht, sagt Linda mit einem so unsicheren Unterton, dass es nach einer Frage klingt.

Wie kommt ihr auf diese Idee?

Selbst wenn er dieser Frau … es gibt ja noch den Pflichtanteil.

Man kann Kinder durchaus enterben, erklärt Max.

Mein Rechtsanwalt hat gesagt, das geht nicht.

Natürlich geht das, auch wenn es nicht einfach ist.

Der Pflichtanteil ist sicher, sagt Fred.

Im Normalfall erben die nächsten Verwandten …

Was heißt im Normalfall?

So wie das BGB es regelt, erben im Normalfall …

Haben wir es hier nicht mit einem Normalfall zu tun?

Ich erkläre lediglich, was das Gesetz sagt.

Ich weiß, was im Gesetz steht, sagt Linda. Ich habe mich informiert.

Dann muss ich dazu ja nichts mehr sagen.

Wir sind sehr froh, dass du gekommen bist, sagt Jakob, das ist wunderbar, wir wissen das sehr zu schätzen. Ich hole jetzt noch eine Flasche. Was magst du, Max? Die Auswahl ist leider nicht übermäßig. Mit Bordeaux oder Burgunder sieht es schlecht aus. Du kennst unseren Vater. Italiener stehen aber noch ein paar im Keller.

Wenn es keinen Romanée-Conti mehr gibt, nehme ich auch einen Pétrus.

Tut mir leid, beide sind aus, kichert Jakob und tippt Max im Hinausgehen fast kumpelhaft auf die Schulter.

Trüge er keine normale Hose, kein Fliederhemd und kein seidenes Sakko, sondern eine Edeljoppe mit Kniebundhose, man könnte ihn sich von seiner Statur und seinem Auftreten her auch als einen Landadeligen vorstellen, der Güter im Fränkischen besitzt, wo er Empfänge gibt, bei denen er seine Gäste mit respektloser Zuvorkommenheit behandelt. Dass Joschi und Linda mit diesem Menschen, als er noch unter der Kuratel seines Vaters stand, im Garten gespielt haben, kann man sich dagegen kaum noch vorstellen, sowenig wie dass er einmal ein Kind war, das sich von seinem cholerischen Papa höllisch anschreien lassen musste, wenn es nicht spurte. Allerdings ist aus ihm am meisten geworden von ihnen allen. Joschi behauptete immer, sein Vater sei ein alter Nazi gewesen, wofür er als Beleg auf sein Autokennzeichen verwies, das eine Zeitlang auf UL – HH gelautet hatte.

Linda hat seit dieser Geschichte damals versucht, alles zu ignorieren, was man über Max hören und lesen konnte, während Joschi seinen Weg aufgrund der missglückten Stammheim-Sache ein wenig weiterverfolgt hat, ihn aber bald bloß noch für einen Wichtigtuer hielt, der in Talkshows Sätze von sich gibt wie: Das Verbrechen ist der Beweis unserer Freiheit! Oder: Nur das Gesetz kennt Grenzen, nicht die Natur! Oder: Auch ein Monster hat das Recht auf einen fairen Prozess! Oder eben: Mein Prinzip ist, keine Prinzipien zu haben! Ein Satz, den man ihm jetzt gerne vorhalten möchte, nachdem er mehrfach meinte betonen zu müssen, sich nicht die Finger verbrennen zu wollen. Dabei gibt es für ihn, wie man aus seinen schillernden Statements weiß, keine größere Herausforderung als das Gesetz, und zwar in jeder Hinsicht, als absolutes Maß und als absolute Provokation. Heute Abend allerdings verspürt er offenbar wenig Lust, es bis an den Rand seiner Möglichkeiten auszuschöpfen, als besitze er durchaus Prinzipien, bis hin zur Rigidität, und als genügte nicht, was er einst mit Linda veranstaltet hat, sondern als wollte er hier im Hause heute Abend nochmals seine Macht vorführen, und zwar im Namen des Rechts.

Tut mir leid, erklärt Jakob mit leicht hechelnder Unterwürfigkeit, als er mit drei Flaschen aus dem Keller zurückkommt, tut mir leid, wir haben nicht einmal richtige Gläser, du kanntest ja unsern Vater! Trollinger im Haus und Römerkelche, kein einziges Burgunderglas und auch keines für italienischen.

Ja, ich kannte euren Vater. Gott hab ihn selig. Ich hab ihn gemocht.

Warum bist du, fragt Linda, gekommen?

Man hilft, wo man kann. Und ein bisschen mehr als vorhin wisst ihr jetzt ja bereits.

Ich wüsste nicht, dass ich inzwischen mehr weiß.

Bekommen wir, fragt Uli, wenigstens Mutters Erbe?

Meines Wissens ist davon längst nichts mehr da.

Steht das im Testament?

Jeder konnte, solange eure Mutter noch gelebt hat, in der Zeitung lesen, was mit ihrem Angesparten passiert ist. Es ging, soviel ich weiß, wegen gewisser Unregelmäßigkeiten drauf, die mit einer Investmentgeschichte an der Algarve zu tun hatten. Und danach, so vermute ich, hat sich nicht mehr viel angehäuft.

Wir kennen diese Geschichte, sagt Uli, darum geht es jetzt nicht.

Warum hat er das gemacht, fragt Fred.

Was?

Dieses Versteckspiel mit seinen Kindern?

Warum?, fragt Max zurück und zuckt mit den Schultern. Ich weiß nicht, warum.

Es war keine Frage, erklärt Fred.

Warum hat er bei dir das Testament hinterlegt?

Warum nicht?

Seit wann habt ihr wieder …

Du meinst Kontakt?

Ja.

Er hatte ein paar Fragen juristischer Art. Da bin ich ihm eben in den Sinn gekommen. So einfach dürfte das gewesen sein. Als alte Nachbarn.

Kennst du diese Frau?

Flüchtig.

Wer ist sie?

Krankenpflegerin, Haushaltsgehilfin, auch spirituell ausgerichtet.

Spirituell?

Ich habe mich nicht damit beschäftigt.

Spielen sich Nutten jetzt schon als Geistliche auf?!

Sie ist keine Nutte.

Bis vor kurzem hatte sie einen Internetauftritt.

Und jetzt?

Jetzt gibt es ihn nicht mehr.

Inzwischen hat sie Geld genug, da muss man nicht mehr Kranke pflegen.

Nicht nur Geld, auch zwei Häuser, oder? Ist es so?

Und was stand dadrin, in diesem Internetauftritt?

Ich sage ja, häusliche Betreuung, rund um die Uhr, individuell, auf privater Basis.

Dafür verschenkt man keine Häuser!

Warum soll es nicht Liebe gewesen sein, fragt Max.

Schwachsinn, sagt Linda. Liebe!? Eine Frau mit Mann und drei Kindern! Und der Mann auch noch Arzt! Man glaubt's nicht.

Die wusste, dass bei Parkinsonkranken der Trieb überschießt.

Wäre es euch lieber gewesen, euer Vater wäre dement gewesen? Alzheimer. Ein Pflegefall. Rundumbetreuung. Wer von euch wäre dann für ihn da gewesen oder hätte das Ganze bezahlt? Da war es doch ein Glück, dass er in seinen letzten Jahren noch einmal vital wurde. Oder hätte er Krebs haben und an Schläuchen hängen sollen? Mit einem Tumor im Kopf?

Hinfällig, tatterig? Seht's doch mal so herum. Es wäre euch nicht billiger gekommen.

Immerhin hatte er Parkinson.

Papst Woityla hatte das auch. Da gibt's schlimmere Stadien.

Meint ihr, der besaß ebenfalls so einen Trieb gegen Ende, kichert Fred.

So etwas wird nicht im *Osservatore Romano* veröffentlicht, sagt Max.

Der hatte wenigstens Gott und Maria. Vielleicht wäre es besser gewesen, Papa wäre im Alter religiös geworden.

Vielleicht war er es ja.

Religion schützt nicht vor Trieb, murmelt Joschi, was keineswegs höhnisch klingt, sondern bedauernd, als habe er wahrlich Mitleid mit ihm gehabt.

Wer von euch hätte ihn denn gepflegt, fragt Max noch einmal. Wer das Altersheim bezahlt? Ihr könnt doch froh sein, dass es diese Frau gab.

Es gibt sie leider noch immer, sagt Linda. Und du, Max, du bist mir noch etwas schuldig, um das mal klipp und klar zu sagen.

Schweigen. Alle schauen betreten vor sich, außer Linda, die Max herausfordernd ins Gesicht blickt.

Ich bin hier keinem etwas schuldig, sagt Max in die Stille hinein. Er sagt es so ruhig wie bestimmt und schaut alle der Reihe nach an.

Was, wenn du das Testament einfach verschwinden ließest?

Dann hättet ihr mich in der Hand, und zwar als Gesetzesbrecher.

Wir hätten doch als Allerletzte etwas davon, dich dafür auch noch anzuzeigen.

Tempora mutantur. Die Zeiten können sich ändern.

Wir würden uns ins eigene Fleisch schneiden.

Anders als man mich hier in diesem Haus hinzustellen versucht, habe ich nie etwas getan, was dem Gesetz widerspricht.

Es gibt Spielräume.

Hier nicht.

Willst du, dass ein alter Mann in all seinem Irrsinn seine Familie vernichtet?

Keiner von euch wird vernichtet.

Es gibt auch eine symbolische Vernichtung, vom familiären Hab und Gut ganz abgesehen, das uns Kindern genommen wird. Versetze dich doch bitte einmal in unsere Lage, fleht Linda ihn an.

Wer hat mir denn damals zweimal wöchentlich ein Paket mit Scheiße geschickt? Zwei, drei Monate lang. Ich hätte etwas unternehmen können. Aber nein, ich habe das Ding jedes Mal ordentlich entsorgt und gedacht: Sie sollen ihren Irrsinn ausleben, solange sie wollen, bis sie seiner überdrüssig sind.

Ein Paket mit…? Also ich habe dir nie… falls du das je vermutet hast, erklärt Linda halb irritiert, halb brüskiert.

Ich weiß, dass es aus eurem Haus kam.

Woher kannst du das wissen?

Ich weiß es.

Aber woher?

Ich war es, sagt Uli.

Linda bleibt der Mund offen stehen. Sie kann es nicht fassen. Ausgerechnet Uli! Der liebe, friedliche, arglose Uli, der von seiner Kifferei immer glasige Augen hatte und sich mit Hermann Hesse in morgenländische Seelenreiche hinausträumte.

Du!? Du hast ihm…?

Du hast gelitten wie ein Schwein damals, Linda.

Aber…

Machst du so was öfter?

Quatsch.

Vergesst es. Ihr habt jetzt andere Sorgen.

Wieso andere Sorgen?

Ihr habt euch, wie mir scheint, nicht richtig informiert.

Was soll das heißen?

Von wegen Pflichtanteil!

Aber du hast doch selbst gesagt …

Die Paragraphen 2303 fortfolgende des BGB besagen: Soll ein Abkömmling des Erblassers laut testamentarischer Verfügung kein Erbe bekommen, so steht ihm dennoch der Pflichtanteil zu, der in der Hälfte des Wertes besteht, den das Erbe ausmacht. Konkret gesagt, heißt das: Man müsste die Besitztümer eures Vaters schätzen lassen, worauf der oder die testamentarisch Begünstigte die Hälfte des Wertes jenen überlassen müsste, die Anspruch auf den Pflichtanteil besitzen, denen dieser Wert in aller Regel in Form von Geld überlassen wird. Bei der Schätzung des Wertes kommt es allerdings meist zu ziemlich unterschiedlichen Einschätzungen, weil natürlich …

… die Enterbten den Wert weit höher einschätzen als der Erbe, dem es darum geht, möglichst wenig von dem, was er geerbt hat, ausbezahlen zu müssen, ergänzt Fred.

Genau. Aber vielleicht stellt sich dieses Problem hier überhaupt nicht, erklärt Max.

Du meinst, wir bekommen sowieso alles, so wie es eigentlich auch der Fall sein müsste?

Ich muss hier noch einmal ganz klar sagen, dass ich nichts sagen kann.

Was soll dann das Ganze?

Ich habe nur gesagt, vielleicht stellt sich die Frage nach dem Pflichtanteil gar nicht.

Hat er uns alles vermacht?

Darauf antworte ich nicht.

Oder wir bekommen nicht einmal den Pflichtanteil?

Also gut, wenn ihr meint! Wir können ja ein Spiel spielen. So wie es Bernstein und Woodward gemacht haben, oder richtiger gesagt, so wie die beiden das Glück hatten, dass es jemanden beim FBI gab, der ihnen dieses Spiel angeboten hat.

Wer?

Bernstein und Woodward.

Hm?

Die Unbestechlichen!

Ich verstehe immer noch nicht.

Nixon, Watergate. Kennt ihr den Film nicht?

Doch.

Na also.

Entschuldigung, ich verstehe …

Muss ich euch die Szene schildern? Sie treffen sich nachts, dieser FBI-Agent und Woodward, so wie wir hier, nur unter einer Brücke im Schummerlicht, wo der ungeduldige Woodward von diesem Mann brisante Informationen zu bekommen hofft, die er aber nicht bekommt, weshalb er ihn anfährt: I need to know what you know! Der FBI-Mann verrät natürlich trotzdem nichts, und zwar aus dem schlichten Grund, weil es ihn Kopf und Kragen kosten könnte. Wir können das auch so machen. Ihr fragt mich oder werft mir ein paar Stichworte hin, worauf ich nur nicke oder den Kopf schüttle oder euch einen kleinen weiterführenden Hinweis gebe, mit dem ich mich nicht strafbar mache.

Und was, wenn du nichts sagst?

Dann habe ich zumindest nicht widersprochen.

Bedeutet das Ja?

Nicht unbedingt. Ich müsst mir Fragen nach dem Gesetz stellen, dann könnten wir der Sache näherkommen.

Was soll das Versteckspiel. Entweder wir …

Fragen nach dem Gesetz! Zum Beispiel nach der Zehn-Jahres-Frist.

Die Geschichte mit dieser Frau läuft doch erst seit, sagen wir mal, fünf, höchsten sechs Jahren.

Schmeler zuckt mit den Schultern.

Länger?

Er zuckt mit den Schultern.

Wie lange?

Ich weiß es nicht.

Ich stelle jetzt eine Frage, die – wie soll ich sagen? – rein technischer Natur ist. Was kann dazu führen, dass an die Kinder nicht einmal der Pflichtanteil ausgeschüttet werden muss?

Wenn ich mich weit vorwagen würde, könnte ich jetzt sagen, das ist gar nicht mehr das Problem.

Wir würden es trotzdem gerne wissen?

Paragraph 1896 BGB lautet: Gegen den freien Willen des Volljährigen darf ein Betreuer nicht bestellt werden.

Hier hat niemand einen Betreuer bestellt.

Um es vulgo auszudrücken, steht in BGB Paragraph 1896 sinngemäß: Wer im Vollbesitz seiner Sinne ist, darf nicht aus niedrigen Motiven für debil erklärt werden.

Strafbar ist der Versuch nicht, sagt Fred.

Nein, strafbar nicht.

Also und?

Die Folge ist, dass ihr mich gerufen habt.

Das klingt jetzt, ehrlich gesagt, ein bisschen kryptisch.

Ihr habt versucht, euren Vater entmündigen zu lassen.

Woher willst du das wissen?

Schulterzucken.

Und deshalb erben wir nichts?

Ich sagte doch, das ist nicht das Problem.

Wieso erwähnen Sie das dann, will Fred wissen.

Es gibt Testamente, in denen der Erblasser behauptet, die eigenen Kinder hätten ihm nach dem Leben getrachtet.

Hat er das geschrieben?

Das habe ich nicht gesagt.

Also hat er es geschrieben?

Es spielt keine Rolle.

Hat er das geschrieben oder nicht?

Ich will euch eine Geschichte erzählen, die mir erst letzte Woche widerfahren ist. Da sitzt mir in meiner Kanzlei eine ältere Dame gegenüber, die aussieht, als hätte sie sich gerade in der Maximilianstraße von oben bis unten neu eingekleidet. Sie reicht mir stumm einen Brief über den Tisch, auf dem Testament steht. Ich zucke mit den Schultern. Lesen Sie bitte, sagt sie zu mir. Was schnell getan ist, schließlich besteht das halb leere Blatt, das im Briefumschlag steckt, lediglich aus sechs, sieben Sätzen, die in ungefähr lauten: Hiermit setze ich die Deutsche Stiftung Denkmalschutz zum Alleinerben ein. Meine Frau Margarete Soundso hat am 20. September 1984 zu mir gesagt: Du taugst doch sowieso nichts! Du hast nicht einmal Eier in der Hose! Gezeichnet von XY, Starnberg, den 20. September 1984. Zwei kurze Minuten lang war die Dame um Fassung bemüht und versuchte sogar, die Unnahbare zu spielen. Als ich ihr aber sagen musste: Gnädige Frau, hier kann ich leider nichts mehr für Sie tun, fing sie an zusammenzubrechen. Ich konnte ihr bloß noch raten, beim Amtsgericht einen Antrag auf kostenlose Rechtsberatung zu stellen, denn außer einem üppigen Kleiderschrank, so fürchte ich, hatte sie in diesem Augenblick, rein rechtlich gesehen, bereits nichts mehr besessen. Kurz vor dem Tod ihres Mannes hatten die beiden noch goldene Hochzeit gefeiert. Und sie ahnte nichts. Nicht das Geringste. Konnte nichts ahnen. Das ist bitter, kann ich nur sagen. Traurig und bitter. Aber es ist so. Immerhin kann die Dame auf ein Leben in Frieden und Wohlstand zurückblicken, zumindest was die äußeren Umstände anbelangt. Es hätte ein schlimmeres Leben gewesen sein können. Ein viel schlimmeres. Nur hat sie sich das, solange sie noch in der Maximilianstraße einkaufen konnte, wahrscheinlich nie bewusst gemacht. Manchmal allerdings hinterlassen die Erblasser, seien es Väter, Ehemänner oder auch Mütter, den Enterbten auch seitenlange Briefe, in denen sie haarklein auflisten, was ihnen im Leben alles angetan wurde, und zwar just von denjenigen Leuten, die sehnlichst dem Erbe entgegenharren und nicht die geringste Ahnung haben, was sie erwartet, nämlich nichts und wieder nichts. Was immerhin besser ist, als wenn man den Hinterbliebenen auch noch Schulden hinterlässt, das darf man nicht vergessen. Was ich da alles erlebe! Das ist Literatur, sage ich euch! Solche Dinge bekomme ich täglich gratis auf den Tisch. Das Beste, heißt es, kommt zum Schluss. Das Leben ist voller Überraschungen. Ich fürchte, ich rede zu viel.

Hat er das geschrieben oder nicht?

Was?

Dass die eigenen Kinder ihm nach dem Leben getrachtet hätten.

Schulterzucken.

Hat er das?

Ihr wolltet ihn doch per Internet überwachen lassen.

Was redest du da?

Na ja.

Spinnst du?

Glaubst du, dein Vater hat dir den Schlüssel wegen dieser läppischen Geschichte mit dem Hausarzt abgenommen, bei dem du dich nach einer Möglichkeit erkundigt hast, ihn entmündigen zu lassen? Glaubst du das wirklich? Ihr seid doch mit einem Spezialisten vorbeigekommen, habt Vater mit Kaffeetrinken abzulenken versucht, diesen Kerl an seinem Computer herumwerkeln lassen …

Was redest du da?

Ihr wolltet erfahren, welche Seiten er im Netz besucht, was er bestellt, von Viagra bis zu den Kontobewegungen.

Ich habe keine Ahnung, wovon du redest.

Stimmst das, Linda, will Uli wissen.

Natürlich nicht, seid ihr alle wahnsinnig geworden. Und du, Max, hast dir von ihm solche elenden Märchen auftischen lassen? Das ist doch abenteuerlich. Hältst du uns für Vollidioten? Guckst du zu viel Fernsehen?

Mir ist, was derartige Geschichten angeht, nichts fremd. Was glaubt ihr, was ich täglich erlebe!?

Wer soll denn dieser Spezialist gewesen sein, mit dem wir da gekommen sind? Kennst du diesen Mann?

Vielleicht war es ja eine Frau.

Eine Frau? Auch das noch! Warum hat er dir bloß einen solchen Schwachsinn erzählt?

Na ja, es ist nicht meine Geschichte. Es spielt auch keine Rolle mehr.

Stille. Uli fängt wieder an, mit den Fingern zu knacken, was Jakob ihm diesmal nachsehen kann. Auch er würde sich jetzt am liebsten mit irgendetwas ablenken, und sei es nur ein winziges bisschen. Er nippt am Wein. Sein Schlucken, hat er das

Gefühl, ist so laut, dass alle es hören können. Er kennt das von früher, als es ihm immer peinlich war, wenn man ihm beim Suppelöffeln anhörte, wie laut er schlucken musste, als sei es eine Mühsal, sie hinunterzukriegen. Er fürchtete, dass alle glotzen könnten, wie sich bei ihm der Kehlkopf auf und ab bewegt. Manchmal genierte er sich dabei so sehr, dass er behauptete, schon satt zu sein, obwohl man mit dem Essen erst angefangen hatte.

Ich finde, wir sollten wieder Sie zueinander sagen, schlägt Linda vor. Das würde die Sache einfacher machen.

Gerne.

Hat er einen Brief hinterlassen?

Schulterzucken.

Sie können doch sagen, ob er einen Brief hinterlassen hat oder nicht. Sie müssen uns ja nicht erzählen, was drinsteht.

Ich habe nichts anderes zu tun, als dem Notariat ein Testament zu übergeben. Man wird Ihnen dort auch erklären, dass Schenkungen nur rechtskräftig sind, wenn der Nießbrauch an einem Gegenstand, wie etwa einem Haus, vom Erblasser für die Zeit bis zu seinem Tod in der Schenkung festgeschrieben wird, womit dieser Gegenstand erst mit dem Tod des Schenkenden an den Beschenkten übergeht, wodurch wiederum die Zehn-Jahres-Frist in Kraft tritt, die besagt, dass ein Gegenstand nur dann dem Beschenkten gehört, wenn der Tote bereits zehn Jahre tot ist. Ist er das nicht, muss der Wert des Gegenstandes erst einmal bemessen werden, was lange dauern kann, weil der Beschenkte ihn, wie gesagt, natürlich möglichst niedrig schätzen lässt, während diejenigen ihn so hoch wie möglich veranschlagen, die davon die Hälfte des Wertes in Form von Geldansprüchen als Pflichtanteil bekommen sollen.

Klingt doch gut, wenn ich das richtig verstanden habe.

Ehrlich gesagt, habe ich …

Klingt doch gut!

Was heißt da gut? Bist du jetzt schon glücklich, wenn wir den Pflichtanteil kriegen.

Wieso eigentlich zehn Jahre?

Darüber hättet ihr euch längst informieren können. Im BGB steht geschrieben: Wird eine Schenkung ohne Nießanspruch des Erblassers getätigt, so verfällt mit jedem Jahr der Pflichtteilanspruch um zehn Prozent, womit nach Adam Riese zehn Jahre nach der Schenkung nur noch eine glatte Null zu vererben ist. Sie können das alles im BGB nachlesen.

Vor zehn Jahren war die noch gar nicht im Haus.

Ihr scheint nicht oft zu Hause gewesen zu sein.

Das kann nicht sein!

Ich verweise nur auf die Gesetzeslage. Der Notar wird Ihnen auch erklären, dass das nur für Schenkungen gilt, die vor dem 31. 12. 2009 getätigt wurden.

Was soll das wieder heißen?

Ich weiß, dass man Schenkungen gerichtlich anfechten kann.

Man kann alles anfechten.

Ich weiß, dass das geht. Wir haben uns, sagt Linda, informiert.

Dafür muss aber die Voraussetzung erfüllt sein, dass der Erblasser aus willkürlichen Gründen die gesetzlichen Erben benachteiligen und damit schädigen wollte.

Eben! Das ist hier genau der Fall!

So sieht es aus, zumindest auf den ersten Blick.

Dass hier Willkür am Werk war, ist sonnenklar.

Auf den ersten Blick: ja!

Erbschleicherei nennt man das, was diese …

Sie hat ihn mehr als zehn Jahre gepflegt.

Wozu soll Papa vor zehn Jahren Pflege gebraucht haben?! Sein Parkinson fing erst viel später an.

Er war allein. Das kann ebenfalls wie eine Krankheit sein.

Dann hätte er eine Frau suchen und sie meinetwegen heiraten können, sagt Linda.

Hätte, würde, sollte! Er hat sich für etwas anderes entschieden.

Er hat sie versteckt vor uns. Pflegst du noch oder hast du schon geerbt, heißt ein Spruch, der längst die Runde macht. Hier gibt's doch mittlerweile eine regelrechte Erbschleicherwelle, die aus dem Osten rüberschwappt. Der halbe Balkan ist bereits unterwegs. Eine ungarische Madame Tartüff, könnte man von dieser Gangsterin sagen, würde die Geschichte auf der Bühne spielen. Da muss man doch was dagegen tun können! Das ist inzwischen ein ganzer Industriebetrieb! Die wissen genau, an wen sie sich ranmachen müssen: an solche Alten, die bloß noch an sich selbst denken und sich von solchen Weibern Honig ums Maul schmieren lassen. Wenn die dann auch noch den Rock hochziehen …

Es reicht, auch wenn du recht hast, versucht Linda Fred zu bremsen.

Der hat doch bloß noch an sich selbst gedacht, euer Vater, schreit Fred.

Im Gegensatz zu euch, die ihr alle nur an ihn gedacht habt!

Entschuldigung, aber das müssen wir uns hier von dir nicht bieten lassen, weist Linda Max zurecht und bemüht sich, ruhig zu bleiben.

Mich würde lediglich noch interessieren, wendet Jakob sich mit einem so behutsamen Ton, als handle es sich tatsächlich nur um eine allerletzte sachliche Frage, an Max, mich würde lediglich noch interessieren, ob Schenkungen, selbst wenn sie zehn oder sogar mehr Jahre zurückliegen, von den nächsten Verwandten noch angefochten werden können.

Zu einer vollkommenen oder teilweisen Rückerstattung kann es ausschließlich in solchen Fällen kommen, bei denen der Beschenkte ohne jeden ersichtlichen Grund, sozusagen allein aus einer Laune des Erblassers heraus, in den Genuss einer Schenkung gekommen ist. Gleicherweise kann eine vollkommene oder teilweise Rückerstattung eingeklagt werden, wenn der Beschenkte Pflege- und Betreuungsleistungen erbracht hat, für die er nachweislich oder vertraglich bezahlt worden ist.

Aber das war doch der Fall.

Woher wisst ihr das?

Ganz sicher!

Woher wollt ihr das wissen, fragt Max mit gespieltem Erstaunen, indem er stirnrunzelnd die Hände zusammenklatscht. Was, wenn ihr keine entsprechenden Schriftstücke ausfindig machen oder Kontobewegungen nachweisen könnt?

Schriftstücke, Kontobewegungen, was sagt das schon?

Wie wollt ihr es anders belegen, wenn keine entsprechenden Nachweise vorliegen?

Natürlich hat sie sich bezahlen lassen! Wer macht das schon umsonst? Jahrelang! Das ist doch klar, auch wenn davon die Banken und das Finanzamt nichts mitgekriegt haben. So läuft doch der Laden! Wenn du in den Puff gehst, zahlst du doch auch nicht mit der Scheckkarte, damit das bei der Steuerüberprüfung jeder Idiot sehen kann. Da gehst du mit zwei oder drei Hundertern rein, und keine Sau kriegt was davon mit.

Fred!

Ist doch wahr!

Gilt das, will Joschi wissen, auch für Ausländer?

Was?

Diese Schenkungen? Wenn die zum Beispiel gar keine Deutschen sind.

Sie haben, wenn ich richtig informiert bin, zehn Jahre lang in just der Stadt verbracht, aus der Frau Varga stammt. Sie wurden dort, wie ich vermute, weder verfolgt noch in einer Kriminalakte geführt, ganz anders als das hier der Fall war und immer noch der Fall ist. Und dafür wird diese Frau hier in diesem Haus als ungarische Hure beschimpft? Andere würden jetzt sagen: Schämen Sie sich! Ich sage das nicht. Moral ist, wie gesagt, ein verlogenes Geschäft. Es geht um Sachverhalte, die man divers bewerten kann. Und da das so ist, gibt es Gesetze.

Gesetze …!?

Ja, Gesetze! Zu denen natürlich auch Deutungen gehören, die sie, wenn man so will, dehnbar machen. Doch ich fürchte, Sie zu langweilen, möchte aber nur noch eines hinzufügen: Jemand, der wegen einer Straftat rechtskräftig verurteilt worden ist, kann vom Erblasser ohnehin enterbt werden, und zwar ohne jede weitere Angabe von Gründen.

Und das hat er bei Joschi gemacht, fragt Uli.

Das habe ich nicht gesagt.

Also lässt sich, fragt Jakob nochmals so vorsichtig wie möglich, so gut wie nichts ändern?

Um es einmal klipp und klar zu sagen: Ändern lässt sich daran einzig und allein etwas, sollte dieser Frau etwas zustoßen. Fragt sich nur, ob jemand damit glücklicher würde.

Sollte sie sterben, würde alles wieder uns gehören?

Ich bin nicht der Testamentsvollstrecker. Doch auf jeden Fall ist sie jünger als alle, die hier sitzen.

Hört doch auf mit dem Scheiß, bittet Uli.

Dass ihm Tränen im Gesicht stehen, hat bisher keiner bemerkt. In seinem Schoß liegt Franziskas Hand. Wie wenig die beiden mit alldem zu tun haben wollen, scheint allein die Distanz anzuzeigen, mit der sie sich nahezu unbemerkt immer weiter in den Wintergarten zurückgezogen haben, als seien ihre Stühle in der letzten halben Stunde wie von alleine Stück für Stück nach hinten gerückt.

Warum hatte Vater nie etwas angedeutet? Warum das alles nie zugegeben? Weil er sich hätte nicht verteidigen wollen? Nicht verteidigen können? Keine Lust auf Probleme hatte? Nicht moralisch bekniet und erpresst werden wollte? Sich von keinen erwachsenen Kindern bedrängen lassen mochte, die sich zwischen Wimmern und Wüten nicht hätten entscheiden können? Mein Gott, die Kindheit, hatte er früher hin und wieder gesagt! Ich habe nie eine Kindheit gehabt, und als meine Eltern tot waren, gab es für mich auch kein Zuhause mehr, sie lebten in einer Mietwohnung!

Nicht nur Linda war erstaunt über Vaters Mischung aus Abwehr und hemdsärmeliger Härte, die er plötzlich an den Tag legen konnte und die man bis dahin gar nicht an ihm kannte. Joschi hatte sich nach seiner Rückkehr aus Budapest in Arona einzuquartieren versucht, war aber, weil das Häuschen für die kalte Jahreszeit nicht ausgerüstet war, nach wenigen Tagen regelrecht geflohen, zumal die gesamte Siedlung, wenn sie unbewohnt ist, etwas erschreckend Totes besitzt. Danach hatte Joschi zwar noch mit dem Gedanken gespielt, wenigstens den Sommer am Lago zu verbringen, sich allerdings nie dazu aufraffen können. Bei Jakob hielt sich die Sehnsucht nach Arona ebenfalls seit langem in Grenzen, auch wenn er gerne weiterhin Besitzer dieses kleinen Anwesens wäre und es ihm immerhin eine Zufluchtsmöglichkeit böte, bei der er nicht auf andere angewiesen wäre. Doch keiner von ihnen ist dort mehr gewesen seit sechs, sieben Jahren, außer Linda ein einziges Mal, als diese beiden in der Tür standen und sie nicht hineinließen.

Immer wieder hatte Linda behauptet, ihr sei an Papa schon lange so manches seltsam vorgekommen, im Grunde gleich nach dem Tod der Mutter. Doch welche Hinweise sollte es gegeben haben? Die Pornobilder hingen erst viel später an den Wänden, und bei der Frau, die von Papa mal als Putzhilfe, mal als Krankenschwester, mal als Haushälterin bezeichnet wurde, wusste man nicht einmal, ob es sich bloß um eine einzige handelte oder immer wieder um eine andere oder auch mehrere. Erst als Linda in Arona diesen zwei Leuten gegenüberstand, waren alle alarmiert. Dass das alles schon seit über zehn Jahren im Gange sein sollte, konnte keiner ahnen.

Als Mutter starb, sah es nicht so aus, als bräuchte Vater möglichst schnell eine Pflegekraft. Über schlechten Schlaf, Schweißausbrüche und Schwindelgefühle klagte er erst Jahre später, was dann die ersten Anzeichen von Parkinson waren. Nur konnte keiner wissen, dass diese Frau in seinem Leben längst eine Rolle spielte, und zwar vermutlich seit Mutters Tod oder vielleicht sogar schon länger. Sofort scheint er einen Ersatz gebraucht zu haben oder kannte sie bereits vor ihrem Tod, was, sollte Mama davon gewusst haben, ihren plötzlichen Wunsch erklären könnte, neben ihrer Mutter beerdigt werden zu wollen.

Könnte man sie trotzdem krimineller Machenschaften anklagen?, will Joschi wissen.

Euer Vater wollte Frau Varga adoptieren!

Eine Frau mit Mitte vierzig, die drei Kinder hat und einen Mann, der Arzt ist?

Da muss man doch von einer kriminellen Vereinigung reden!

Es wird Gründe dafür gegeben haben, dass er sie adoptieren wollte.

Normalerweise adoptiert man Minderjährige.

Herbert Wehner hat seine Stieftochter geheiratet, die zuvor und auch noch danach seine Haushälterin, Sekretärin und Chauffeurin war, sagt Max.

Das alles kann doch kein Zufall sein. Da nistet sich eine Frau hier im Haus ein, bezirzt ihn, bedient ihn, vor allem im Bett wahrscheinlich …

Wieso seid ihr euch da so sicher?

Wie soll es sonst gewesen sein? Sie hat ihn nach allen Regeln der Kunst abhängig von sich gemacht. Sexuelle Hörigkeit nennt man das.

Mir ist, wie gesagt, bekannt, dass ihr euren Vater entmündigen lassen wolltet, leider ohne alle Not, außer eurer eigenen.

Woher wissen Sie das, fragt Fred.

Selbst wenn er sexuell hörig gewesen wäre, wie ihr das nennt, ließe sich daraus mitnichten schließen, dass er dement, geisteskrank oder unzurechnungsfähig war. Andernfalls müsste man die halbe Menschheit wegen etwelcher Obsessionen vor dem Rest der Menschheit schützen.

Es kann doch nichts anderes als ein abgekartetes Spiel gewesen sein, wenn sich eine verheiratete Frau bei einem alten Mann als spirituelle und sexuelle Betreuungsperson andient, nachdem sie davon ausgehen kann, dass er sich nach kürzester Zeit von ihr abhängig fühlt.

Ihr müsst weit suchen, um ein Gericht zu finden, das beim Zusammenzählen dieser angeblichen Tatsachen zu dem

Schluss kommt, dass dabei eine kriminelle Vereinigung am Werk war.

Das sagt einem der gesunde Menschenverstand, bemerkt Joschi.

Auf einmal berufen sich die gleichen Leute auf den gleichen gesunden Menschenverstand, den sie noch bis vor kurzem als faschismusanfällig verdammt haben. Da fehlt nur noch der Ruf nach Selbstjustiz!

Arschloch, murmelt Joschi vor sich hin.

Ihr könnt, erklärt Max ungerührt, von Pontius zu Pilatus rennen, durch alle Instanzen, bis nach Karlsruhe oder selbst zum Europäischen Gerichtshof, es wird euch den letzten Rest kosten und noch viel mehr. Vielleicht gibt die Bank euch ja Geld. Einer hier müsste ja, wenn ich richtig informiert bin und wenn bei ihm etwas zu holen wäre, immer noch abbezahlen. Da kommt's auf einen weiteren Hunderttausender auch nicht mehr an. Es steht euch frei. Wir leben in einem freien Land. Vielleicht habt ihr sogar Glück. Auch im Recht gibt es Präzedenzien, keine Frage! Gerade im Recht! Nur wüsste ich in diesem Fall nicht, wo sie zu suchen wären. Wunder freilich sind nicht ausgeschlossen, selbst für Juristen nicht. Das Rechtssystem ist ein Labyrinth mit allerlei Abenteuerlichkeiten. Was einem anfangs absolut klar vorkommt, entpuppt sich auf den zweiten Blick schon als maßlos verwirrend. Deshalb haben wir Juristen einen so dubiosen Ruf, was freilich nicht an uns, sondern an der Sache selbst liegt. Doch in diesem Fall, wie gesagt, liegen die Dinge ziemlich eindeutig, außer ich täusche mich gewaltig.

Und was ist mit Gerechtigkeit, fragt Joschi.

Ihr kennt den Satz: Gerechtigkeit gibt's im Jenseits, hier auf Erden gibt's das Recht.

In jeder normalen Familie, sagt Fred, kann man davon ausgehen, dass so etwas nicht vorkommt. Damit rechnet kein Mensch. Wenn einem das Selbstverständlichste, worauf man ein Leben lang zählen konnte, kaputt gemacht wird, dann ist das Betrug! Was denn sonst? Warum denn sollte man sonst das, wo wir uns hier gerade befinden, Elternhaus nennen? Nennt man es so, oder nennt man es nicht so? Eltern sind Eltern, weil sie Kinder haben. Kinder wiederum haben Eltern, damit sie sich auf sie verlassen können, oder nicht?

Versucht es, sagt Max, einfach von der besten Seite zu sehen: Ihr müsst keine Erbschaftssteuer zahlen und werdet nicht gezwungen, euch beim Aufteilen der Erbmasse zu Todfeinden zu machen. Ihr kommt auch nicht in die Verlegenheit, Schulden zu erben. Da könnt ihr euch dreimal bekreuzigen. Es ist ja mitnichten gesagt, dass man auf der Habenseite erbt, es gibt genauso die Sollseite. Wisst ihr denn, wie die Konten aussehen? Ich weiß es nicht, doch da kann es Überraschungen geben. Im Grunde könnt ihr eurem Vater danken, und zwar in mancherlei Hinsicht. Angenommen, ihr müsstet euch jetzt mit diesem Haus samt Grundstück und dieser Datscha am Lago herumschlagen, was würde dann passieren? Möchtet ihr euch das wirklich ausmalen? Wirklich einen Blick in die Hölle wagen? Nun gut. Die eine von euch möchte beide Buden verkaufen und sie in möglichst viel Flüssiges verwandeln, der andere möchte nur das Ferienhaus loswerden, dieses Haus hier aber vermieten, der dritte möchte in beiden einziehen und zugleich noch in Memmingen eine Dependance besitzen, der vierte würde am liebsten nur die Hälfte des Hauses vermieten und selbst gern im Obergeschoss wohnen, das Ferienhaus jedoch unbedingt behalten, ohne es vermieten zu wollen, was ein anderer wiederum für absurd hielte, weil dadurch mögliche Einnahmen flöten gingen, wieder ein anderer möchte bloß ein einziges Stockwerk verkaufen und sich unterm Dach einrichten, wogegen noch ein anderer es sich jeden Tag anders überlegt und an einem Tag dies, am andern das Gegenteil möchte, weil die Stimmungen wie das Wetter wechseln und die Meinungen nicht weniger, und zwar bei allen, wobei die Angst, benachteiligt zu werden, ohnehin König ist, gar nicht zu reden von den tausend Geschichten, die seit der Kindheit im Hintergrund lauern, nicht zu vergessen, dass immer alle Beschlüsse von allen einstimmig gefasst werden müssen, und zwar laut Gesetz, wogegen beim besten Willen nichts zu machen ist, und alles, was einem bleibt, durch vier aufgeteilt werden muss, was alles andere als leicht zu errechnen wäre, da jeder das, was ihm bliebe, als reinstes Nichts empfände, wogegen er in dem, was die anderen sich zusammenrafften, das reinste Gold erblickte, womit wir längst im Tal der Tränen angelangt wären und es bis zur gegenseitigen Zerfleischung und restlosen Verzweiflung kein weiter Weg mehr sein würde. Ich sage schon immer: Solange von den Eltern noch einer lebt, kannst du dich als netten Menschen empfinden, sobald beide tot sind, weißt du, wie Kriege aussehen. Ebenso sage ich schon immer: Wir alle sind Brüder, wie Kain und Abel! So ist die Welt! Im Übrigen ist dieses Haus hier, wie jeder sehen kann, von oben bis unten renovierungsbedürftig, vom Zustand draußen erst gar nicht zu reden, da ist, wenn nicht bald etwas geschieht, Hopfen und Malz verloren, ohne euch jetzt den Teufel an die Wand malen zu wollen, doch schaut euch allein einmal den Fußboden hier an, elegantes Fischgrätenmuster, zumindest vor vierzig Jahren, muss wirklich einmal schön gewesen sein, schön und hell und ohne tausend Kratzer und Flecken. Würde man das Haus vermieten wollen, wäre das mit bloßem Abschleifen längst nicht mehr getan, das kann ich euch sagen, das muss alles von A bis Z herausgerissen werden, mit Stumpf und Stiel sozusagen, und das ist beileibe nicht alles. Wo ich hinschaue, nichts als Zerfall, Zerfall von oben bis unten, vorn bis hinten, noch nicht im allerletzten Endzustand, gewiss nicht, an Abriss muss man im Moment noch nicht denken, doch fünf vor zwölf ist es durchaus, und zwar so offensichtlich, dass man sich sehr gut überlegen sollte, ob es nicht besser wäre, das Erbe in einer Art endgültigem Befreiungsschlag ohnehin von vornherein abzulehnen, auszuschlagen, gar nicht erst anzunehmen, egal, was im Testament steht, da die dringend anstehenden, unbedingt nötigen Investitionen den erhofften – und man muss immer dazu sagen: bei allem durch vier zu teilenden Gewinn! – womöglich deutlich übersteigen, zumal es mit der Barschaft nicht allzu üppig aussehen dürfte, schließlich hat die Spekulationsgier des einen weit mehr als nur einen längeren Aufenthalt an einem südlicheren Ufer der Donau gekostet, und beim anderen ist vor fünfzig Jahren schon einmal ein Akkordeon auf dem Gabentisch gelegen, das der Beschenkte zwar bereits nach zwei Monaten nicht mehr anfassen wollte, was aber nicht das Geringste daran ändert, dass andere es ihm am liebsten auf die Hinterlassenschaft anrechnen würden, als frühe Schenkung sozusagen, während wieder andere über Jahrzehnte hinweg den einen oder anderen Tausender überwiesen bekommen haben, derweilen woanders die Schubladen und Schränke mit Zeugs vollgestopft wurden, das man Aussteuer nennt, und so weiter und so fort, ganz nicht zu reden davon, wer studiert hat und wer nicht und wer wie lange, und was das alles gekostet hat. Da kann ich nur sagen: gute Nacht! Ich jedenfalls möchte in diesem Fall nicht den Richter spielen müssen und noch weniger den Mediator und Schlichter. Seid froh, dass ihr Geschwister bleibt. Ich könnte euch Geschichten erzählen, da säßen wir noch morgen hier, was sage ich, übermorgen und noch nächste Woche, und danach würdet ihr euch glücklich schätzen, vor diesem ganzen maßlosen Horror auf ewig verschont geblieben zu sein. Das mag in euren Ohren jetzt vielleicht zynisch klingen, doch das Schlimme ist: Ich meine es ernst, und zwar todernst! In fünf Jahren – ach was, lasst es eins sein oder noch weniger – würde keiner mehr von euch mit dem andern reden!

Schwachsinn, murmelt Uli dazwischen.

Natürlich ist das alles Schwachsinn, nur nicht wie du denkst. Ich sage noch einmal: Ihr könnt eurem Vater danken! Danken für das, wovor er euch bewahrt hat! Er schmiedet euch zusammen! Ihr mögt es ihm übelnehmen, ihn in die Hölle wünschen, ihn verfluchen und verdammen – Gott lasse ihn in Frieden ruhen! –, doch vielleicht hat er das alles ja für euch getan. Vielleicht hat er tausendmal weiter gedacht, als ihr je kapieren werdet oder kapieren wollt. Ich sage nur: Seht das Ganze einmal andersherum, und ihr …

Muss man sich das noch weiter anhören, schnaubt Fred vor sich hin und presst seine gefalteten Hände zusammen, als bitte er Gott um Geduld, damit hier nicht gleich ein Unglück geschieht.

Ihr habt mich gerufen, ich hätte nicht kommen müssen. Trotzdem habe ich mich sofort auf den Weg gemacht. Die Fakten kann ich nicht ändern.

Man kann Fakten schaffen und Fakten ändern.

Wollt ihr, dass ich in den Knast komme?

Es muss doch niemand erfahren.

Ihr seid lustig!

Joschi hat sich von seinem Lehnstuhl aus auf Max zubewegt,

steht jetzt vor ihm, schaut auf ihn herab und haut ihm eine runter. Fred rennt hinüber, reißt Joschi zurück, Joschi packt Fred an seinem Jackettkragen, schüttelt ihn und schreit: Du hast hier gar nichts zu melden! Worauf er in scheinbar größter Ruhe den Raum verlässt und alle außer Max ihm hinterherstarren. Man hört, wie er so langsam, als steckte in jedem einzelnen Schritt eine unwiderrufliche Schicksalsschwere, die Treppe hinaufschreitet, deren Knarren einem seit Kindheitstagen das Gefühl vermittelt, als würden hier liebe, kleine Geister wohnen, die sich nachts in Gespenster verwandeln.

Max steht auf, zieht aus seiner Hose ein fliedernes Stofftaschentuch, das auf sein Hemd abgestimmt ist, wischt sich damit übers Gesicht und legt es neben sich auf den Tisch.

Ich werde jetzt aufbrechen. Es ist spät. Ich danke für den Wein. Gute Nacht.

Entschuldige, bleib bitte sitzen, fleht Linda ihn an, ich bitte dich, es tut mir leid …

Es ist alles gesagt. Den Rest regelt der Notar. Und solltet ihr weiterhin juristische Hilfe brauchen, so kann ich euch leider nicht zur Verfügung stehen, da ich in diesem Fall bereits gebunden bin.

Gebunden?

Ja.

Du bist …? Du bist …? Du stehst auf ihrer Seite?

Ihr kennt den Satz: Wer zu spät kommt, den …

Entschuldige, zeig uns … Es wird ja ohnehin nichts ändern.

Eben.

Zeig es uns bitte, wenn sich sowieso nichts mehr ändern lässt, fleht Linda ihn an und beginnt ihm auf die Brust zu trommeln, immer schneller und immer wilder, was Max, als empfinde er rein gar nichts dabei, einfach mit sich geschehen lässt, bis Fred sie von ihm zurückreißt.

Sieht es so schlimm aus? So schlimm …, schluchzt sie.

Gute Nacht.

Jakob schenkt nochmals nach, versucht es auf joviale Weise: Wie gesagt, der Romanée-Conti ist aus, Pétrus haben wir auch keinen mehr, aber vom Chianti sind noch ein paar Flaschen da. Ich wollte dich ohnehin noch etwas fragen, mich betreffend …

Du lässt das Testament hier, befiehlt Linda ihm.

Es bricht ihr die auf einmal ungewohnt hohe Stimme, während sie erneut einen Schritt auf Max zutritt und, um Fassung bemüht, ihm noch einmal, stakkatoartig jede einzelne Silbe betonend und mit erhobenem Zeigefinger den Takt schlagend, befiehlt: Du-lässt-das-Tes-ta-ment …

Ich habe es nicht bei mir.

Du hast gesagt …

Ich habe gesagt, dass es morgen früh im Notariat …

Wo ist es?, schreit sie.

Vielleicht schon eingeschmissen, antwortet Max seelenruhig, als sei er heute Abend nur hierhergekommen, um allen vorzuführen, dass er die ganzen Jahre über nicht im Geringsten unter einem schlechten Gewissen leiden musste und dieses Haus nun endgültig als Sieger verlässt.

Du hast gesagt, du seist direkt zu uns gekommen. Direkt aus München.

Habe ich das gesagt?

Max gibt sich verwundert, und zwar so filmreif, als staune er nicht bloß über die Behauptung, angeblich gesagt zu haben, er sei direkt aus München gekommen, sondern über alles, was sich hier abspielt, nicht nur in diesem Augenblick, sondern was das Leben dieser Familie seit Jahrzehnten betrifft. Er steht auf und verabschiedet sich mit so ausnehmender Höflichkeit, dass seine Verneigung wie Hohn wirkt.

Solltet ihr noch Fragen haben, sagt er, stehe ich gerne zur Verfügung. Es wäre mir eine Ehre, wenn ihr mir das gleiche Vertrauen entgegenbringen würdet, wie es bei eurem Vater der Fall war.

Beim ersten Schritt, den er Richtung Tür geht, stehen Linda, Jakob und Fred wie auf Absprache im selben Moment auf und folgen ihm. Max dreht sich im Weitergehen wie verwundert zurück, runzelt die Stirn und verabschiedet sich noch einmal mit knappem Nicken und einem mehr geflüsterten als deutlich vernehmbaren Tschüss. Als er zur Türklinke greifen will, kreisen ihn die drei ein. Nochmals wünscht er eine gute Nacht und versucht sich Platz zu schaffen. Man vernimmt ein leichtes Drehgeräusch. Linda hat die Tür abgeschlossen. Stumm stehen sie da. Stumm und reglos.

Wollt ihr mich nötigen?

Der Reihe nach schaut Max gefasst in die drei Gesichter.

Im Straßenverkehr kann bereits dichtes Auffahren als Nötigung gelten. Freiheitsberaubung fängt nicht erst mit Geiselnahme an. StGB Paragraph 240.

Man könnte ihn jetzt niederschlagen, ihm noch einmal ins Gesicht spucken, ihm in die Eier treten. Alles wäre möglich. Er kam hierher, um Linda nach fast vierzig Jahren ein zweites Mal zu demütigen. Als wollte er ihnen allen vorführen, dass einer wie Max Schmeler keinen Grund besitzt, sich mies zu fühlen, nur weil sich damals die Dinge über Nacht anders entwickelt haben, als es sich manche gerne ausgemalt hätten. Er kam hierher zurück, um das allen zu sagen, ohne darüber ein einziges Wort verlieren zu müssen. Träte man ihm jetzt in den Bauch oder wohin auch immer, man würde sich damit bloß noch kleiner machen, bloß noch erbärmlicher dastehen, bloß noch elender fühlen. Stattdessen bleibt man stumm und starr und staunt. Staunt über sich selbst und über ihn und darüber, dass es so etwas gibt.

Er dreht den Schlüssel wieder um und tritt hinaus in die Nacht.

Linda rennt die Treppe hoch, als müsste sie in einem irren Film die Furie spielen. Man hört, wie sie an Joschis verriegelter Tür die Klinke drückt, rasend runter und rauf, mit einer Wucht, als wollte sie das Ding herausreißen, bis sie gegen die Tür zu pochen beginnt und brüllt: Du gottverdammtes Arschloch, du allerletztes gottverdammtes Arschloch, du bist das Allerletzte, ich bring dich um, das ist doch alles bloß wegen dir, nur wegen dir, nur deshalb ist das alles so, du Schwein, nur deshalb, nur wegen dir, ich bring dich um!

Sie überschlägt sich mit ihrem Geschrei, das langsam in einen Heulkrampf übergeht. Als alle außer Uli und Joschi, der sich hinter seiner Tür nicht rührt, um sie herumstehen und keiner sie anzurühren wagt, sackt sie zusammen und schlägt mit den Fäusten auf den Boden. Haut ab, haut ab, haut doch alle ab! Haut ab, wimmert sie.

Hilflos stehen sie da, keiner wagt etwas zu sagen, keiner wüsste auch, was. Am hilflosesten wirkt Fred, dieser Schrank von Mann, den Mama allein wegen seiner Masse an Leib fast ehrfürchtig bewundert hat. Als könnte in diesem Augenblick alles, was er macht und sagt, falsch sein, wirkt jede Faser an ihm wie erstarrt, von oben bis unten. Vielleicht, denkt Jakob, bedrängt Fred in diesem Moment wie noch nie das Gefühl, dass es höchste Zeit sein könnte, sich von dieser Frau zu trennen. Ratlos wie ein Kind steht er da, voller Angst, gleich angeschrien zu werden. Jakob gibt ihm mit der Hand einen Wink, nach unten zu gehen. Franziska nickt den beiden zu, als wollte sie sich um Linda kümmern, und bleibt in ihrer Nähe. Uli hat sich nach Schmelers Abgang in die Küche zurückgezogen, wo er vor einer Bierflasche sitzt und sich gerade eine neue Kippe mit der noch glimmenden vorigen anzündet.

Lindas Wimmern scheint nachzulassen.

Jakob zieht die roten Vorhänge zurück und löscht im Wohnzimmer das Licht. Milchiges Mondlicht scheint herein, das allem einen so unwirklichen Schimmer verleiht, als herrschte hier seit Jahr und Tag eine gespenstische Stille oder als befinde man sich in einem Bühnenbild, bei dem man nicht weiß, ob das Stück beendet ist oder gerade erst anfängt.

Lass uns rausgehen, sagt Jakob zu Fred, eine rauchen.

Wie im Bilderbuch steht hoch am wolkenlosen Himmel der Mond. Manchmal könnte man denken, dass er wirklich nur der Menschheit zuliebe strahlt, als platzte er fast vor Glück, der Erde in der Nacht ein Leuchten zu schenken, das jedes Unglück hier unten in etwas Seliges zu verwandeln vermag. Wie oft hatten sie als Kinder den Kanon gesungen: *Oh wie wohl ist mir am Abend, mir am Abend, mir am Abend, oh wie wohl ist mir am Abend*, in schönen, weichen Bögen auf und ab, immer noch einmal und einmal, bis der Kanon auseinanderzukrachen begann und sie vor Lachen nicht mehr weitersingen konnten.

Jakob holt sich bei Uli in der Küche ein paar Zigaretten. In meiner Jacke sind noch mehr, ruft Uli ihm nach, als er mit zwei randvoll gefüllten, überschwappenden Gläsern wieder nach draußen geht. Zuletzt hat Jakob vor zehn Jahren geraucht. Was mehr ein Paffen war als Rauchen. Immer ein bisschen elegant, mit schnieker Pose, als spielte er mit dem Glimmstängel bloß herum.

Ins Bett legen kann er sich jetzt nicht. Er kann sich nur müde trinken und müde rauchen, so lange, bis ihm schwindlig wird und ihm im Stehen die Augen zufallen. Und dann will er schlafen. Endlos schlafen. So lange, wie er noch nie geschlafen hat. Sollen die andern ruhig zum Notar stapfen. Ihn braucht man nicht dabei.

Fledermäuse flitzen durch den Garten. Von weitem lässt sich der Ruf eines Käuzchens vernehmen, was Mutter immer unruhig machte, da sie glaubte, es bedeute, dass in der Familie bald einer stirbt. Die Nachtstille mit dem leisen Rauschen der Donau war früher noch stiller gewesen, will Jakob es vorkommen. Andererseits, was sollte hier je stiller gewesen sein? In seiner Verwilderung wirkt der Garten märchenhafter als in jenen Tagen, als Mutter dafür sorgte, dass selbst in den winzigsten Ritzen des Steinwegs kein einziges Gräslein überlebte und sich im Rasen nicht das geringste Unkraut festfraß.

Ein Kind ist kein Erwachsener, bemerkt Pascal. Was eine simple Wahrheit ist. Zumindest auf den ersten Blick. Natürlich ist das Kind kein Erwachsener. Es ist ein Kind, was denn sonst? Was zu Pascals Zeiten noch nicht so selbstverständlich war wie heute. Kinder mussten damals, so schnell es ging, mit anpacken. Sie waren kleine Arbeitstiere, aus purer Not und Notwendigkeit, während sie sich hier das ganze Leben erlauben konnten, nie wirklich erwachsen zu werden. Vielleicht hatte Pascal aber auch noch in anderer Hinsicht recht. Schließlich würde ein Kind, stünde es hier im nächtlichen Garten, vermutlich nicht wie ein Erwachsener sagen: Welche Stille!

Die Nacht mag auch Kinder staunen machen, sie ängstigen oder zu allerlei Phantasien anregen, doch sie werden wohl kaum zum Himmel hinaufschauen und sich sagen: Oh, diese Stille! Sie würden auch nicht den Begriff Sternenmeer für all das verwenden, was dort oben zu sehen ist. Und auch nicht das Wort Firmament. Sie müssten es erst erlernen, so wie Jakob das von Pfarrer Boshorch erlernt hat. Oder vielleicht auch von Mama. Oder von Papa. So wie man später von Dialektik, Dispositiv, Dekonstruktion, Differenz und Diskurs zu reden erlernt hat. Oder von System, Strukturen, Schweinen und Solidarität.

Ebenso wenig möchte ein Kind die Zeit anhalten. Es will, dass es schnell erwachsen wird und die Zeit vergeht. So schnell wie möglich. Im Erwachsensein erblickt es den vollkommeneren Zustand, wenn nicht den Zustand der Vollkommenheit überhaupt. Ein Kind sehnt sich nicht nach der Kindheit zurück. Nie könnte es behaupten, die Kindheit sei die schönste Zeit. Als ihnen vorhin auf dem Speicher die alten Fotos in die Hände fielen, kam Jakob jener evangelische Klassenkamerad in den Sinn, den sie im Schulhof ständig verprügelt hatten. Das Firmament betrachtet zu haben, daran kann er sich nicht erinnern, obwohl er sicherlich vor dem Zubettgehen immer wieder am Fenster gestanden, zum Himmel hinaufgeschaut und sich Gedanken gemacht hat, was das alles bedeuten soll. Pascals Angst, dass das alles nur ein schwarzes Loch mit verglimmenden Lichtern sein könnte, wäre ihm als Kind vermutlich fremd gewesen. Oder vielleicht auch nicht. Nur hätte er als Kind dafür keine Worte besessen. Oder andere. Einfachere. Bessere. Richtigere.

Nie glänzte das Firmament herzerwärmender als an Heiligabend, wenn sich an den Straßenrändern die Schneeberge türmten und man in eisiger Kälte, warm eingepackt und gegenseitig untergehakt, im knirschenden Schnee zur Mitternachtsmette stapfte, während die Glocken in die Nacht hineinschallten und das ganze All erfüllten. In der Kirche, die nur mit Kerzen erhellt war, brauste die Orgel auf, als müsste man Jesu Geburt mit einem Halleluja begrüßen und die schon müden Kirchenbesucher noch einmal wachrütteln. Nicht nur Mutter hatte beim abschließenden *Stille Nacht, heilige Nacht* eine Träne verdrückt, wenn am Ende die Orgelklänge im Kirchenschiff verhallten und man ein paar Augenblicke in einem Schweigen verharrte, das man noch länger hätte bewahren wollen, bevor es wieder in die Nacht hinaus- und in die warme Stube zurückging. Pascal hatte vergessen hinzuzufügen, dass jeder Erwachsene ein Kind bleibt, für immer, selbst wenn er hundert wird.

Woher weiß dieses Schwein das alles?

Keine Ahnung, sagt Jakob.

Er kann es nur von eurem Vater haben oder von dieser Drecksau. Aber warum ging er ausgerechnet zu ihm? Zu diesem widerlichen Hund? Der kam doch bloß, um uns vorzuführen. Nur wozu? Wozu muss der uns noch eins reinhauen? Der kriegt das zurück, das sage ich dir. Der kriegt das zurück! Der wird noch sein blaues Wunder erleben. Wir sind auch nicht nichts! Das wird der noch zu spüren kriegen. Und zwar früher, als er denkt. Das sage ich dir. Der wird diesen Auftritt noch mal bereuen. Und zwar gewaltig. Falls er es noch bereuen kann. Ich muss da nur meine Beziehungen spielen lassen. Ein bisschen nachforschen. Dem die Hölle heißmachen. Dass der nicht nur ein bisschen Dreck am Stecken hat, weiß jeder. Da muss man doch bloß die Zeitung lesen.

Nachweisen hat ihm noch keiner was können.

Dann wird es Zeit. Höchste Zeit! Da muss man bloß ein klein wenig hineinstechen, in diesen …

Was nützt es?

Man könnte sie … ich meine …

Wen?

Diese Dreckshure. Sie einfach mal vier Wochen lang Tag und Nacht anrufen. Nichts sagen und wieder auflegen. Tag und Nacht. Von öffentlichen Fernsprechern aus, ständig von einem andern, damit einem nicht das Geringste nachzuweisen ist.

Da hast du zu tun.

Da wechselt man sich ab. Morgens der eine, mittags der andre, und so weiter und so fort. Immer nur anrufen. Ständig anrufen. Ohne ein Wort zu sagen. Und Uli könnte ihr jeden Tag ein Päckchen Scheiße schicken. Auch Drohbriefe natürlich. Anfangs noch ganz unverständliche, ziemlich kafkaeske, und dann mit Anspielungen, allerdings mit keinen, die auf uns schließen lassen.

Fred!

Ich meine, man könnte natürlich auch ein paar Typen engagieren, die – wie soll ich sagen? – … na ja, da gibt's halt mal einen kleinen Unfall, und dann noch einen, und dann auch einen größeren und noch ein paar schlimmere Sachen. Das alles zusammen, Anrufe, Päckchen mit Scheiße, seltsame Briefe und zufällige Unfälle, hält der stärkste Mann nicht aus. Irgendwann wird jeder mürbe.

Und nie würde diese Frau auf die Idee kommen, dass wir es sind, die dahinterstecken! Fred, du hast nicht alle!

Man darf ja wohl noch spinnen, überlegen, nachdenken. Irgendwas muss ja passieren. Das kann's jetzt doch nicht gewesen sein. Wie sagt man noch? Den Teufel mit Beelzebub austreiben! Das hat nichts mit Rache zu tun, sondern damit, dass die Dinge wieder ins Lot kommen, verstehst du?! *Highway to Hell* müsste man eurem Alten am Grab spielen, sagt Fred, während er eine Schwade Rauch aus sich hinausbläst und husten muss.

Was?

Highway to Hell!

Keine Ahnung, wovon du redest.

Highway to Hell! AC/DC! Das müsste man auf der Beerdigung runterdonnern, in voller Lautstärke, dass die Wände wackeln!

Kenn ich nicht.

Mein Gott, in welcher Welt lebst du eigentlich? *Highway to Hell* und schwarze Rosen, das wär's, das sag ich dir. Ausschließlich schwarze, so pechschwarz, wie es schwärzer nimmer geht. Und auf den Kranzschleifen kein einziges Wort! Kein gar nichts. Absolut null. Ihr könnt auch einfach das Haus anzünden, mitsamt dem, der dadrin liegt. Dann hätte man gleich die Beerdigung hinter sich.

Mama hat, wenn man nachts im Garten saß, manchmal Dante zitiert, der gesagt haben soll: Drei Dinge sind uns aus dem Paradies geblieben, die Sterne der Nacht, die Blumen des Tages und die Augen der Kinder.

Als der sture alte Organist bei Mamas Beerdigung statt dem *Ave verum* Schuberts *Wohin soll ich mich wenden* spielte, musste Jakob mit den Tränen kämpfen. Er hatte dieses Lied schon eine Ewigkeit nicht mehr gehört, doch dann war es wieder da wie in der Kindheit, mit seinem weichen, warmen, bedrückenden und berückenden Anfang und dem darauf folgenden Aufschwung: *Zu dir, zu dir!* Er hätte am liebsten mitgesungen, wäre dabei aber wahrscheinlich zusammengebrochen, weniger aus Schmerz als aus Trostverlangen, das ihn bei diesem *Zu dir, zu dir* überwältigt hätte, bei diesem *Zu dir, zu dir, o Vater, komm ich in Freud und Leiden!*

Gelegentlich kommt ihm der Gedanke, er könnte der erste Mensch sein, der nicht stirbt. Was zwar unwahrscheinlich ist, aber nicht ausgeschlossen. Selbst wenn es irrsinnig klingt. Vielleicht hält diese Vorstellung alle Menschen am Leben, wie unbewusst auch immer. Kinder können sich lange Zeit nicht vorstellen, dass es eine Welt vor ihnen gab. Jakob konnte das bei seinen Neffen auf der Alb erleben, die, als sie noch klein waren, den Satz: Das war, bevor es euch gab, als eine Beleidigung empfanden, einer Auslöschung gleich. Die Welt fängt in dem Augenblick an, da man die Augen öffnet. Dämmert einem zum allerersten Mal, dass es sie ohne einen gibt und die Eltern tatsächlich schon vor einem da waren, tritt man ins Bodenlose und wird gewahr, dass alles hätte ganz anders kommen können und es keinerlei Notwendigkeit gibt, dass man auf der Welt ist. Zuvor glauben Kinder, dass ein Naturgesetz ihre Eltern zusammengebracht hat und es keinerlei andere Welt geben könnte als die, deren Mittelpunkt sie bilden. Dabei hatten Vater und Mutter vielleicht ihre beste Zeit, als die Kinder noch nicht auf der Welt waren. Vielleicht haben sie ihnen das Leben, das sie gerne gelebt hätten, sogar kaputt gemacht.

Mutter hatte in ihren letzten Jahren, als sie bloß noch in ihrem Sessel versackt war, gesagt: Irgendwann macht man alles zum letzten Mal, selbst wenn der Tod noch eine kleine Weile auf sich warten lässt. Irgendwann steht man zum letzten Mal auf, wäscht sich zum letzten Mal, frühstückt zum letzten Mal, lächelt zum letzten Mal, schimpft zum letzten Mal, telefoniert zum letzten Mal, liest zum letzten Mal die Zeitung oder ein Buch, sieht das eigene Kind zum letzten Mal, zieht sich zum letzten Mal ein Kleid an, trinkt zum letzten Mal einen Schluck Wein, sieht zum letzten Mal fern, macht zum letzten Mal das Licht an oder zum letzten Mal das Licht aus, sieht zum letzten Mal die Sonne, zum letzten Mal den Himmel, zum letzten Mal die Nacht, und schweigt auch zum letzten Mal.

Man steht hier, alles ist einem vertraut, gehört einem im Grunde und ist doch schon so weit weg, als sei einem das längst alles geraubt, selbst die Zweige, die Äste und Blätter, die still im leisen Nachtwind schaukeln, und sogar die Vögel, die bereits für andere singen. Es ist, als gäbe es unsichtbare Spitzel, die hinter den Hecken hocken und sogar Mitleid haben mit diesem verbliebenen Häuflein, ein Mitleid mit Häme, weil diese Spione wissen, dass hier vor Zorn schon Morde geplant werden, im Namen von Blutsbanden, wie bei Sippschaften in Hinteranatolien, die noch in Ehrenkategorien denken, nur dass es hier ums blanke Hab und Gut geht, an das sich Kindheitserinnerungen knüpfen.

C'est là ma place au soleil. Das ist mein Platz an der Sonne, wie Pascal sagt, für den dieser Satz nichts als Hohn war, und zwar deshalb, weil aus ihm nur Mord und Totschlag folgen können. Moral und Respekt sind bloß zivilisierter Hass. Auch das hat Pascal gesagt. Vielleicht hat Vater versucht, seine Kinder mit diesem letzten Akt erwachsen zu machen.

Kann man mit einem Toten eigentlich noch Mitleid haben? Jakob redet mit sich selbst und zuckt mit den Schultern.

Ulli schaut in der Küche nebenan fern. Es hört sich nach einer Soap an, mit eingespieltem Hahaha nach so gut wie jedem

Satz, nur dass man hier draußen nichts versteht und bloß dieses Hahaha hört, das einem debil vorkommt, wenn man nicht weiß, warum es alle paar Augenblicke angestimmt wird, ganz mechanisch, wie aus der Retorte, so wie es in Wirklichkeit ja auch ist, im Studio per Klick abgespult, hahaha, hahaha, mal länger, mal kürzer, mal lauter, mal verschluckter. Hahaha, hahaha, ständig dieses Hahaha, das hier in diesem Haus in diesem Augenblick eigentlich nichts zu suchen hat, obwohl man schon fast am Mitgrinsen ist, ohne im Geringsten zu wissen, worum es geht.

Man könnte Papa ein bisschen aufrichten, ihm ein zweites Kissen unterschieben, ihm vielleicht sogar einen Hut aufsetzen und warten, bis Haare und Bart zu sprießen anfangen, wie das bei Toten üblich sein soll. Und auch die Nägel. Wie bei Bäumen, die ausschlagen, bevor sie sterben, nur dass die Bäume dabei noch leben und sich gegen ihren Niedergang wehren. Vielleicht würde Papa, ließe man ihn ein paar Wochen liegen, bald aussehen wie eine Mischung aus Joschi und Karl Marx. Oder wie Walt Whitman. Whitman wäre beeindruckender. Beeindruckender und schöner. Wenn schon Bart, dann ein Whitman-Bart. Whitman schaute nicht so düster drein wie diese bösen Propheten, für die es zwischen Untergang und Heil nichts Drittes gibt. *Salut au Monde!*, feierte Whitman das Leben: *Was außer Liebe und Tod sind schön im wirren Geklirr der Welt?*

Papa hätte sich im Alter in seine Landkarten versenken, seine Sternbilder studieren und tagelang mit der Modelleisenbahn spielen können. Aber er wollte nicht. So wie die Kinder nicht wie Max sein wollten, dem sein Vater keine Freiheit gelassen hatte. Medizin oder Jura, das war seine Alternative. Im Grunde war er ein armer Hund.

Vielleicht hast du ja recht, sagt Fred. Man muss es nehmen, wie es ist. Man würde sich nur noch weiter in die Scheiße reiten. Ich trink jetzt noch einen Schnaps, und dann ist Schluss. Man muss es lassen, wie es ist. Ich trink jetzt noch einen Schnaps.

Du hast leicht reden.

Auf einmal.

Ihr habt alles, was ihr braucht.

Ich ahnte, dass das kommt.

Was soll ich sonst sagen?

Jetzt fang nicht an zu heulen, oder willst du mich hier im Viereck herumscheuchen? Wenn ich sage, wir machen dieses Weib fertig, heißt's, du spinnst, und wenn ich sage, lass es bleiben, heißt's, du hast leicht reden.

Trink deinen Schnaps.

Im letzten Semester habe ich die Stoiker behandelt. Seelenruhe. Ataraxia. Toller Kurs! Keep quiet. Runterdimmen. Akzeptieren, wogegen Widerstand sinnlos ist. Sicherheit nur in sich selber suchen. Äußeres und Inneres trennen. Sich nicht an die Umstände ausliefern. Ich weiß, dass sich das jetzt ein bisschen … also klar, das ist leicht gesagt, vor allem jetzt in diesem Augenblick. Aber trotzdem wahr. Man muss sich das immer wieder sagen, gerade wenn es … Du verstehst, was ich meine. War ein toller Kurs. Ich sag dir, komm zu mir!

Weißt du, was Baudelaire zur Stoa sagt? Der Stoizismus, sagt er, ist die Religion, die nur ein einziges Sakrament kennt: den Selbstmord.

Das hat er gesagt?

Ja.

Gut gesagt, aber wahr ist es nicht.

Und welches Sakrament kennt er sonst noch, außer dem immer gleichen Geplärr nach Seelenruhe, nach innerer Unabhängigkeit, nach Apathie und Ataraxie? Nichts Langweiligeres als zehn Seiten Seneca. Mit zwei Sätzen ist bei dem alles gesagt. Eine einzige Perpetuum-mobile-Predigt. Aber der zweitreichste Mann der Welt sein! Ich hasse das.

Jetzt auf einmal!

Bei dir ist es doch nicht anders. Kurse über die Stoa halten und sich an einer Weisheit aufgeilen, die nichts kostet, wenn man danach wieder heim in die eigene Villa spazieren kann und sich mit der Gattin im Wüstenwohnzimmer wie in alten amerikanischen Filmen einen Drink genehmigt, bevor man sich zum Abendessen niederlässt. Das ist doch … das ist doch … entschuldige … ist nicht so gemeint. Wir alle sind heute nicht mehr ganz …

Ist okay.

Okay ist überhaupt nichts.

Jetzt beruhige dich. Ich geh ins Bett.

Fred legt Jakob den Arm um die Schultern und drückt ihn so fest, als sei er ihm der Liebste von allen.

Bevor er durch die aufgebrochene Terrassentür verschwindet, ruft Jakob ihm nach: Stimmt das eigentlich?

Was?

Was er gesagt hat?

Was denn?

Dass ihr mit einem Computerspezialisten hierhergekommen seid und …

Ist doch Wahnsinn, was der behauptet!

Wirklich?

Natürlich!

Du kannst es jetzt ruhig sagen, ist eh alles vorbei.

Fred schüttelt den Kopf, als würde er eine Fliege auf seinem Gesicht verscheuchen, als sei es ihm aber auch zu blöd, sich solche Fragen anhören zu müssen. Ohne jedes Gute Nacht oder Bis Morgen eilt er ins Haus und sieht auf einmal aus wie der massige, monströse Orson Welles, dem man selbst von hinten, in seinem Rücken, anzumerken meinte, wie sich in ihm etwas Argwöhnisches, Arglistiges und Ausweichendes zu einem Gemisch vermengten, das einen voller Rätsel zurücklässt. Was unheimlicher ist in diesem Augenblick, weiß Jakob nicht: Dass dort drinnen im nächtlichen Schimmer ein Toter liegt, oder dass es hier ein paar kriminelle Risikospieler gibt, denen man zu verdanken hat, dass es so weit gekommen ist, wie es gekommen ist.

Warum sollte Schmeler das alles erfunden haben? Oder hatte Papa es erfunden? Oder sich eingebildet? Tickte er wirklich nicht mehr richtig und sah bereits Gespenster, wenn er bloß an Linda dachte? Warum hatte er Jakob kein Wort davon erzählt, als sie zum Öpfinger See gefahren sind? Hatte er das alles als konzertierte Aktion empfunden, die von allen seinen Kindern zusammen gutgeheißen wurde? Hatte er das Gefühl, dass es sich bei ihnen nur noch um eine einzige böse Brut handelte, die ihm mit allen Mitteln nachstellt? Vielleicht liegt morgen auf dem Notariat ein Brief, in dem haarklein aufgelistet ist, was bislang nicht einmal Jakob zu erahnen wagt. Oder wo Wahn und Wahrheit kaum noch zu unterscheiden sind. Oder ist hier nur Schmeler der widerliche Spieler, warum auch immer?

Hielt Fred nicht kurz inne, als Jakob ihn gefragt hat, ob es stimmt? Gab es bei ihm in diesem Moment nicht eine winzige, schier unmerkliche und doch aufschlussreiche Pause? Ein klitzekleines Innehalten, das er sich nicht anmerken lassen wollte? Eine scheinbar nur geringe, in Wirklichkeit jedoch beträchtliche Verstörung? Konnte er an ihm nicht wie vorhin bei sich selbst ein lautes Schlucken vernehmen? Als bräuchte er ein wenig Zeit für eine Antwort, die souverän klingen sollte?

Jakob würde das an seiner Stelle ebenfalls nicht zugeben. Er kann ihn verstehen. Doch er darf erst gar nicht darüber nachdenken, was diese Geschichte, sollte sie stimmen, alles bewirkt haben könnte. Auf einmal fühlt er sich auf Vaters Seite, auch wenn er nichts davon hat.

Drinnen im mondhellen Wohnzimmer sitzt Joschi bei Vater und hält dessen Hand in der seinen. Man meint ihn schluchzen zu hören. Er sieht mit seinen staubgrauen Haaren tatsächlich älter aus als der Tote. Joschi bemerkt nicht, dass Jakob ihm zuschaut, wie er sich zu Vater hinabbeugt, ihn auf die Stirn küsst, sich langsam wieder hinsetzt, nochmals seine Hand nimmt und sie streichelt.

Nur ein einziges Mal hatte Jakob seinen großen Bruder als Redner erlebt, es muss Ende der Siebziger in Heidelberg gewesen sein, in der restlos überfüllten Mensa. Joschi sprang mit einem einzigen Satz aufs Podest, senkte das Haupt und reckte die Faust. Es wurde still. Und dann begann er, ganz leise zuerst, fast raunend nur, zu reden, bis auf einmal ein Schreien und ein Toben im Saal einsetzte, worauf Joschi abwinkte, es wieder still wurde und das Ganze von vorn anfing. Er winkte mit den Händen ab, wurde abermals leise, schwang sich wieder mit jedem Satz höher und höher, bis der ganze Saal erneut kochte. Es war sein Bruder und zugleich ein Fremder, ein Wesen, das er von zu Hause nicht im Geringsten kannte, nie so erlebt hatte, bei allem, was ihm an Hitzigem untergekommen war, nur dass dieses Mikrofon, diese Mensa und diese Massen ihn zu einem ganz anderen machten, ihn tausendmal gewaltiger, beängstigender und mächtiger erscheinen ließen. Worum es ging, spielte überhaupt keine Rolle, Jakob hat es längst vergessen, Joschi hätte auch Chinesisch reden können. Es war das Lauter und Leiser, Beschleunigen und Verlangsamen, Crescendo und Abbremsen, Schwungnehmen und Pausensetzen, Wiederholen und Einbläuen, Aufbrausen und Aufstampfen, Fauststrecken und Abwinken, Verstummen und Brüllen, bei dem jedes Mal sein Bart mitzitterte, was ihn für die Bühne wie geschaffen machte und Jakob fast glauben ließ, sein Bruder verbringe die meiste Zeit damit, solche Auftritte vor dem Spiegel zu üben.

Wäre Joschi ein paar Jahre früher geboren, hätte er so manchem die Show stehlen können, der einst die Protestrampen beherrschte. Als ein wenig zu spät Gekommener konnte er das Gebrodel jedoch bloß noch so lange am Köcheln halten, bis irgendwann tatsächlich keiner mehr das ausgeleierte Gerede von Basis und Überbau, den Herrschenden und Beherrschten, Produktivkräften und Produktionsverhältnissen mehr hören wollte und man ihn bald bloß noch als groteske Figur belächelte. Kein Mensch mehr hatte Mitleid, nachdem er jahrelang jeden unbarmherzig niedergemacht hatte, der nicht seine Weltsicht teilte oder dessen Fresse ihm schlichtweg nicht passte.

Jakob wusste während Joschis Auftritt in der Mensa nicht, ob er ihn bewundern sollte oder verabscheuen. Und er fragte sich auch damals schon, woher er das bloß hatte. Zu Hause, wo man ihn vor allem als großen Wurstbrotesser kannte, konnte man so etwas nicht erlernen. Doch auf diesem Podest wuchs er in seinen lotterigen Jeans, dem schlecht sitzenden Pulli, der Bierwampe und seinen speckigen Haaren über sich selbst hinaus, so sehr, dass er nicht mehr sein Bruder war, sondern ein wahres Naturereignis, dessen Dramatik sich durch nichts überbieten ließ. Vielleicht fehlten ihm in seinem Budapester Exil nicht einmal so sehr Haus und Heim als eine Bühne, von der herab er der Welt mit seiner schier unbegreiflichen Wut gleichermaßen das Heil wie den Untergang prophezeien konnte. Nur wollte ihn ausgerechnet in seinem gemütlichen Heidelberg, wo er zwanzig Jahre lang die berühmteste suspekte Instanz war, nach seiner Rückkehr keiner seiner einstigen Genossen mehr kennen. Auch von seinen Geschwistern hatte ihn damals keiner mit offenen Armen empfangen. Nur Mutter brach vor Glück fast zusammen, als sie hörte, dass er endlich wieder da war.

Und jetzt sitzt er dort drinnen und hält Vaters Hand. Als der Teufel sich in Dantes Fegefeuer eines Tages eine arme Seele, die er ganz und gar für sein hielt, holen kam, entriss Gott sie ihm, weil sie ein einziges Mal in ihrem Leben eine Träne vergossen hatte. Es soll nur ein winziges Tränlein gewesen sein, das dieses Erbarmen weckte.

Franziska steht an den Kühlschrank gelehnt in der von einer matten Funzel schwach erhellten Küche, wie ein Schemen, bei dem man zweifeln könnte, ob es sich um ein reales Wesen handelt oder um ein bloßes Phantom. Der Kühlschrank dagegen brummt so laut, dass an seiner Existenz nicht zu zweifeln ist, und er ragt auch nach wie vor so in die Höhe, als müsste er Vorräte für eine Großfamilie fassen.

Was machst du, fragt Jakob, erstaunt, sie hier noch anzutreffen.

Marmelade naschen. Du weißt ja: Marmelade gibt's en masse, bloß kaum Brot.

Und droben? Schlafen alle?

Aus Joschis Tür kommt Schnarchen.

Du warst schon im Bett?

J…ein.

Jein?

Aber ich geh jetzt ins Bett.

Wenn die Marmelade leer ist?

J…ein.

Da stehen sie, als würde ihnen nichts mehr einfallen. Tatsächlich meint man hier unten ein aufbrausendes Sägen zu hören, nach dem immer wieder Stille einkehrt, bevor es erneut umso jäher und noch sägender einsetzt.

Da muss was raus, sagt Jakob.

Raus? Als ich bei ihm vor der Tür stand, wurde es zwischendrin immer wieder so still, dass man hätte meinen können, er lebe nicht mehr. Und dann, mit einem Schlag, holzt Rübezahl wieder einen ganzen Wald ab.

Was ist aus deinem Baumprojekt geworden?

Als Jakob das letzte Mal bei ihnen auf der Alb vorbeigeschaut hat, lag auf dem Küchentisch ein ausgeschnittener Zeitungsartikel über eine Amerikanerin, die sich Tree Brokerin nennt und quer über die Welt via Internet Bäume zum Kauf anbietet, die sie von überall her besorgt, meist extravagante Arten wie Flammenbäume aus Madagaskar, Blaufichten aus Colorado oder Zypressen aus der Provence, aber auch Wacholderbüsche von der Alb oder Buchen aus Japan, die sich in Burkina Faso oder am Bodensee jemand in den Garten pflanzen will. Sie werden, wohin auch immer, je nach Wunsch und Geldbeutel aus allen Erdteilen geliefert, wozu es nicht viel mehr als einer Mailadresse bedarf und eines Kontos, über das die Geschäfte getätigt werden. So jedenfalls klang es in diesem Artikel, der Franziska weit mehr, als Jakob es sonst von ihr kannte, aufzuwühlen schien, so sehr, dass man hätte meinen können, sie träume von einem nochmals ganz neuen und anderen Leben. Uli dagegen fand allein den börsenverseuchten Begriff Tree Brokerin derart abartig, dass er nicht das Geringste davon wissen wollte, während Franziska, als sie vor dem Schlafengehen mit Jakob noch ein paar Minuten in der Küche saß, regelrecht von der Vorstellung zu schwärmen anfing, mit nichts als einem Laptop einen globalen Baumverkehr in Gang zu bringen, was selbstverständlich in ökologischer Absicht geschehen sollte, wie sie fast über sich selbst spottete, als sei sie der ständigen Biorechtfertigungen langsam überdrüssig. Vielleicht spinne ich, vielleicht aber auch nicht, meinte sie damals und gickste wie eine Göre, die noch alles vor sich hat. Und jetzt sagt sie: Ach was!

Was heißt da ach was?

Du weißt schon.

Ich weiß nichts.

Lassen wir es.

Gut. Worüber reden wir dann?

Für heute ist, glaube ich, genug geredet.

Immerhin bist du noch nicht im Bett.

Du auch nicht, Jakob.

Es ist das allererste Mal, dass Franziska ihn so ausdrücklich mit seinem Namen anspricht, als wollte sie damit eine Vertrautheit bekunden, wie sie zwischen ihnen, bei allem gegenseitigen Wohlwollen, nie wirklich existiert hat. Vielleicht war es, denkt Jakob, aber auch nur eine kleine Mitleidsbekundung, als wollte sie sagen: Ihr Armen, man kann euch bloß bedauern!

Früher hing hier noch eine kleine Schiefertafel, auf die Mutter mit Kreide schrieb, was man beim Einkaufen nicht vergessen durfte. Die üblichen Dinge standen dort nie drauf, nur solche Sachen wie Zimt oder Nelken oder Sardellen. Gegen Ende konnte sie wegen ihrer Gicht kaum noch schreiben.

Das weißt du noch? Sardellen und Nelken?

Vielleicht bilde ich es mir auch ein. Aber das mit der Tafel stimmt. Nach ihrem Tod habe ich sie einfach mitgenommen, ohne jemanden zu fragen.

Und wo ist sie jetzt?

Keine Ahnung.

Du hast sie weggeschmissen?

Ich weiß es nicht.

So bist du halt.

Wie?

Wie soll ich sagen? Alles ohne Gewähr.

Gewähr?

Nimmst dir dies, nimmst dir das, und nichts bleibt.

Ich nehme mir doch nichts.

Vielleicht doch.

Hast du auch das Gefühl, dass es hier früher mehr Vögel gegeben hat? Dass die Strommasten buchstäblich schwarz waren, vor allem abends?

Wirst du jetzt zum Ökologen? Ausgerechnet du!

Mir geht's nur um den Anblick.

Die Bussarde sind mehr geworden und auch die Fischreiher. Die hat's hier zu unserer Kindheit überhaupt nicht gegeben.

Siehst du, nicht alles wird schlimmer.

Ich finde toll, wie ihr das seit so vielen Jahren hinkriegt. So lange zusammen, seit den alten Freakzeiten. Wenn es zwei gibt, die – wie soll ich sagen – das über eine so lange Zeit so unbeschadet …

Findest du?

Du nicht?

Irgendwie schon, klar.

Irgendwie?

Na ja, vielleicht war's auch Angst?

Angst?

Allein dazustehen.

Wieso allein?

Man ist doch allein, wenn man geht.

Oder man hat einen andern, zu dem man geht.

Oder das.

Und?

Willst du mich jetzt ausziehen?

Ausziehen?

Seelisch, meine ich.

Keine Ahnung.

Du bist halt der lonesome cowboy.

Ist nicht meine Sprache.

Kannst es ja anders nennen. Kinder hättest du nie gewollt?

War nie ein großer Gedanke.

Kein bisschen?

Wer wie ich lebt, mal hier, mal dort, nie wirklich Geld im Sack hat …

Nur an sich selbst interessiert …

Was heißt da an sich selbst?

Solange man noch jung ist und allein oder auch zu zweit, aber noch keine Kinder hat … ich merke gerade, dass ich fast wie dieser Max daherrede … also ich wollte sagen, da hält man sich für einen netten Menschen, aber wenn einmal Kinder da sind, erlebt man ganz schnell, dass das weniger als die halbe Wahrheit ist.

Bei euch ist doch alles gut.

Hat damit nichts zu tun.

Was dann?

Ist ein Gesetz, glaube ich. Wahrscheinlich beneidet man immer das, was man nicht hat. Bei den Aufnahmen auf dem alten Militärplatz dachte ich, da würde man doch gern mal tauschen.

Mit mir? Aber bei euch ist doch alles ... ich meine, so wie ihr das macht, hat man den Eindruck ...

Klar.

Aber?

Na ja, ich sag ja, wenn man noch jung ist ...

Ja gut, aber ...

Was reden wir hier eigentlich? Ich geh ins Bett.

Ich auch bald.

Was heißt da bald?

Na ja, jetzt irgendwann dann.

Was willst du noch machen?

Immer schon fragte sich Jakob, wie die beiden das alles so scheinbar mühelos und wie nebenbei hinkriegen, und zwar seit Jahrzehnten. Weder ihr ewiges Kiffen noch die Kinder haben erkennbare Spuren hinterlassen. Die Natur scheint die beiden wie füreinander geschaffen zu haben, als sollten sie der Welt vorleben, dass es auch ohne Zerreißproben geht, ohne das ewige Hin und Her zwischen Ausbruchsversuchen und Wiederannäherungen und all diesem elenden Gezerre. Franziska hat über diese Jahre hinweg nichts von ihrer zigeunerhaften Schönheit eingebüßt, ganz im Gegenteil. Wenn Jakob gelegentlich Töchter mit ihren Müttern beobachtet, denkt er nicht selten, früher müssen diese Mütter auch einmal so anziehend gewesen sein, und jetzt sehen sie nur noch mitgenommen aus oder missmutig, wie es in absehbarer Zeit auch bei den Töchtern der Fall sein wird, denen er dann bereits die verwüstete Schönheit ihrer Mütter anzusehen meint.

Franziska ist die große Ausnahme. Sie scheint etwas Unzerbrechliches und Festes zu besitzen, einen Kern, der unzerstörbar ist. Sich an etwas abzustrampeln und abzukämpfen, schien sie nie nötig zu haben. Gäbe es mehr Wesen ihrer Art, müsste man sich um den Frieden keine Sorgen machen.

Heute hast du dich ziemlich aufgeregt, als ich das mit Jesus und der Auferstehung gesagt habe.

War doch nicht gegen dich gemeint.

Klar.

Gegen dich hab ich sowieso nichts.

Ich hör dir gern zu. Auch wenn du dich aufregst.

Na ja.

Doch. Wirklich. Das fehlt mir ein bisschen auf der Alb.

Dann muss ich öfter kommen. Aber bei euch wird ja nicht gestritten.

Leider.

Leider?

War nicht ernst gemeint.

Vielleicht schon.

Quatsch.

Ich hab dich heute gesehen, wie du die Bilder aus dem Müllsack geholt hast.

Die Bilder?

Du weißt schon.

Ach so.

Und? Ist komisch, wenn man so etwas bei den eigenen Eltern … oder?

Vielleicht. Andererseits … Wenn sie gar nichts damit zu tun hätten, gäb's keine Kinder.

Ist doch was anderes.

Bei den Eltern wünscht man sich seltsamerweise …

Was?

Ich weiß nicht. Ist alles Quatsch. Ihr seid doch früher mal, also ich meine du und Uli, ihr seid doch in diese – wie heißt das noch mal? – Bioenergetik-Dinger gegangen, mit Urschrei und so.

Hat doch damit nichts zu tun.

Ein bisschen, denke ich, schon.

Wir waren da höchstens vier- oder fünfmal.

Ich weiß bloß noch, dass ihr jedes Mal völlig ausgelaugt zurückgekommen seid, immer am Sonntagabend.

Das weißt du noch?

Zumindest ein Mal habe ich das miterlebt. Ihr habt auch davon erzählt. Warum habt ihr damit aufgehört?

Ich mochte das nicht, dieses ständige sich Berühren-, Anfassen- und Massierenmüssen. Und immer diese Befehle, loslassen müssen, den Panzer ablegen, was uns ja eigentlich gefallen hat, aber nicht mit diesem dauernden Aufforderungston. Es geht halt nicht auf Druck, dass man immer alles strömen und fließen lässt.

Vielleicht war's ein schlechter Gruppenleiter.

Keine Ahnung.

Am Samstagmorgen oder schon Freitagabend seid ihr da immer …

Ich sag doch, war bloß ein paarmal.

… jedenfalls seid ihr am Samstagmorgen oder Freitagabend mit euren Isomatten unterm Arm …

Dass du das noch weißt!

Und später habt ihr dann Tantra oder so was gemacht.

Das war besser.

Und jetzt?

Was jetzt?

Was macht ihr jetzt?

Nichts. Ist doch ewig her. Mein Gott, was hat man nicht alles ausprobiert. Eigentlich hat das gar nicht zu uns gepasst.

Aber gemacht habt ihr's.

Was heißt da gemacht? Angefangen und wieder sein gelassen. Wir dachten halt, das bringt was oder muss sein, weil's halt immer jemanden gab, der einen da mitzog, und dann sieht man … Vergiss es. Für Uli war's eher eine Qual, weil er eigentlich nur mir zuliebe … Aber wie gesagt, das war ein paarmal. Irgendwie war's trotzdem wichtig. Ich weiß, dass du solche Sätze nicht magst.

Welche?

Wenn ich sage: Irgendwie war's trotzdem wichtig.

Hab ich das gesagt?

Man sieht's dir an.

Früher dachte ich, es wäre am besten, man könnte das Leben wechselweise in Abschnitte einteilen: zwei Monate allein sein, ein paar Wochen wieder zu zweit, wahlweise das eine oder das andere. Bloß, wer macht da schon mit?

So wäre es dir heute noch am liebsten?

Manchmal. Du dagegen könntest doch gar nicht zu zweit sein.

Bist du dir sicher?

Du müsstest dich daran gewöhnen, dass der andere nicht immer zur gleichen Zeit die gleiche Lust auf das hat, was … ich meine, nie haben immer alle Lust auf das Gleiche.

Das ist's.

Nur denkst du, dann lässt man's am besten gleich.

Ich habe mir da weniger gedacht, als du vermutlich denkst.

Zufall war es aber auch keiner.

Was ist schon Zufall?

Eben!

Es passiert.

Nichts passiert zufällig. Ich geh jetzt ins Bett.

Ich auch.

Noch eine Zigarette?

Er kann nur kurz geschlafen haben. Beim allerersten leichten Aufwachen, mit noch geschlossenen Augen, hat er für den Bruchteil einer Sekunde nicht gleich daran denken müssen. Einen winzigen Moment lang war das Bild noch nicht da. Und dann das Entsetzen. Er hätte schreien können: O Gott! Nein, nein, nein! Sofort wurde ihm schlecht, und das Herz fing an zu rasen. Kein Traum, keine Phantasie. Sie hatten es getan. Er zwang sich liegen zu bleiben, hätte aber am liebsten auf der Stelle das Bett, das Haus, diese ganze Welt verlassen, wäre am liebsten geflohen, wohin auch immer, bloß weg. Weg, weg, weg! Er konnte nicht liegen bleiben, stand auf, ging im Zimmer auf und ab, es war unerträglich, er legte sich wieder hin, was noch weniger zum Aushalten war. Er musste wieder aufstehen, wollte mit seinem Hin-und-her-Gehen jedoch auf keinen Fall jemanden wecken.

Etwas Schlimmeres, als jetzt jemandem begegnen zu müssen, könnte es nicht geben. Doch im Bett hält er es nicht aus.

Durch die halboffenen Jalousien wirft die erste Morgensonne Lichtstreifen ins Zimmer. Wieder könnte man sich vorkommen wie in einem alten amerikanischen Film. Es wäre erlösend. Man wäre nur Zuschauer. Alles bloß ein Spiel, mit

Vor- und Abspann und ein paar Turbulenzen dazwischen. Mit ein bisschen Vogelgetriller, wie jetzt. Nur dass die Vögel hier wirklich singen. Und dass sie, so nett es sich anhören mag, ihren Nachbarn damit in aller Frühe bloß zurufen wollen: Hier, auf diesem Baum, bin ich der Herr!

Mit Daumen- und Mittelfinger verbreitert Jakob an den Jalousien einen Lamettenschlitz, um Garten und Himmel sehen zu können. Alles ist da, alles wie früher, diese ganze seit langem bekannte Welt, als könnte nie etwas verlorengehen.

Er legt sich wieder hin und sagt sich: Bleib ruhig, bleib ruhig, bleib ruhig!

Es will sich aber nichts beruhigen, kann sich nichts beruhigen. Es braust und saust in seinem Kopf, als würde gleich der Schädel bersten. Er hätte nicht so viel trinken dürfen. Er muss zu schlafen versuchen. Alles andere ist nicht auszuhalten.

Er muss wieder auf und ab gehen, so leise wie möglich. Die Tür ist verschlossen. Von innen. Er kann sich nicht daran erinnern, den Schlüssel herumgedreht zu haben. Noch nie hat Jakob, soweit er denken kann, nachts die Zimmertür abgeschlossen. Noch nie.

Alles war wieder da, mit einem Schlag. Wenn auch nicht in allen Kleinigkeiten. Vielleicht hat er die Tür aus Angst abgeschlossen, Uli könnte hereinstürmen und ihn totschlagen wollen. Uli, der friedlichste Mensch der Welt. Ein irrer Gedanke. Doch seit dem, was vorhin passiert ist, lässt sich nichts mehr ausschließen. Allenfalls zwei knappe Stunden kann er geschlafen haben. Als sie in der Küche waren, fing es gerade an zu dämmern. Sie hatten noch darüber gesprochen.

Das Herz rast. Er bräuchte Tabletten. Egal, welche. Könnte an den Wänden hochgehen. Aus dem Fenster springen. Davonrennen. Endlos die Donau entlang. Bis nach Augsburg.

Nach Budapest. Ans Schwarze Meer. Nur rennen. Nur weg. So weit wie möglich. Es war einfach geschehen.

Warum nur musste er das tun? Warum!? Doch er hatte es nicht allein getan. Es gehören stets zwei dazu. Vielleicht war er die treibende Kraft. Wahrscheinlich sogar. Aber selbst wenn sie sich nicht dagegen gewehrt hat oder nur wenig, gibt es nichts zu entschuldigen. Sie hat sich nicht gewehrt. Oder nur so viel, wie es zum Annäherungsspiel gehört. Zum Annäherungsspiel und zur Aufreizung. Genau genommen hat sie angefangen. Mit dieser Zugeneigtheit in ihren Fragen. Diesen scheinbaren Fragen. Diesem Vornamennennen. Diesem: Jakob. Diesem Ton in der Stimme. Diesen Blicken. Diesem Am-Kühlschrank-Lehnen. Diesem Rock. Diesem Gürtel. Es waren keine Fragen. Es waren Antworten und Angebote. Mit jedem Satz. Jeder Silbe. Oder wollte er das alles nur so verstehen? Als eine einzige Lockung? Eine einzige Frage, wie weit man gehen konnte? Sie hätte nicht mitmachen müssen. War nicht sie die unterschwellig, auf leise Weise Anstachelnde? Ohne sich dessen bewusst gewesen zu sein? Oder war er es, der die Fragen lenkte, die keine Fragen waren?

Sie hätte sich wehren können. Sich wehren müssen. Wie oft hatte Boshorch ihnen erklärt, dass nicht der Verführer schuld ist, wenn man sich verführen lässt. Doch wer war der Verführer und wer der Verführte? Oder wollten sie es beide gleichzeitig? Gleichzeitig und gleich heftig? Ohne jedes Zuerst und Danach, jedes Mehr und Weniger? War der Gedanke bei ihnen im selben Augenblick aufgeblitzt, so wie es eigentlich am schönsten ist? Mit einem Schlag, als sei plötzlich alles klar und als gehe es nur noch darum, wer den ersten Schritt wagt?

Nie hätte er das zu träumen gewagt. Nie. Es war ausgeschlossen, zumindest für ihn. Auf immer und ewig. Obgleich ihm gelegentlich Phantasien kamen, die mit ihr zu tun hatten. Beiläufige Phantasien, auch wenn sie wiederkehrten. Phantasien, die nichts zu bedeuten hatten. Die er nie ernst nahm. Nie hätte ernst nehmen wollen und ernst nehmen dürfen. Phantasien hat man viele. Mit allen möglichen Frauen. Er hätte es bei diesen Phantasien belassen müssen. Zumindest was sie angeht. Bei ihr wie bei keiner anderen auf der Welt. Er möchte es ungeschehen machen. Und immer noch ein klein wenig glauben, dass es nicht wirklich stattgefunden hat.

Warum hatten sie es nicht bei ein bisschen Gefummel gelassen! Bei ein paar Umarmungen? Bei bloßem Geknutsche? Bei ein bisschen Spiel mit dem Feuer? Es wäre mehr als genug gewesen. Mehr als jetzt. Man hätte weiter träumen können.

Etwas in ihm will es gar nicht ungeschehen machen. Aus schierem Stolz. Vielleicht könnte es weitergehen. Heimlich, ganz heimlich. Eine Beziehung ohne Verbindlichkeiten. Was ihm immer das liebste war. Sich treffen und wieder auseinandergehen. So würde nie die Lust abnehmen. Was tausendmal einfacher wäre, würde er damit nicht seinen Bruder betrügen. Ausgerechnet ihn. Uli. Man müsste sich sicher sein können, dass sie ihm nie etwas verraten würde. Was er sich bei ihr schwer vorstellen kann. Wie sollte sie das aushalten? Diese Spaltung? Diese Perfidie? Diese Verkommenheit? Er muss aufhören zu denken. Es macht einen bloß noch wahnsinniger und alles viel schlimmer. Er hätte sie fragen sollen: Hast du schon früher daran gedacht? Sollen wir uns öfter sehen? Bist du viel unruhiger, als man dir anmerkt? Machst du das oft? Bist du genauso bodenlos wie …

Was in diesen letzten Stunden geschehen war, hatte er selbst zu verantworten. Alles. Alles. Alles. Warum nur hatte er das getan? Warum!? Und warum ist er, was noch schwerer wiegt, sogar ein wenig stolz darauf? Stolz, dass ausgerechnet sie, bei der er das niemals gedacht hätte, sich ihm, wie man so sagt, hingegeben hat? Im wahrsten Sinne des Wortes. Widerstandslos. Als fehlte ihr mehr, als er je zu denken gewagt, als er je vermutet hätte. Scham ist gar kein Ausdruck für das, was in ihm vor sich geht, und zugleich kann er diesen kleinen, geheimen Stolz nicht verleugnen, der diesem Unheil sogar eine Spur von Triumph verleiht. Es ist beides in einem. Beides durcheinander. Wobei der Stolz sich immer wieder in den Vordergrund drängt. Klammheimlich und doch mächtig.

Das Einzige, was ihm bleibt, ist Flucht. Flucht ans andere Ende der Welt. Am besten nach Windhuk.

Er würde es am liebsten nochmals tun. Und zwar sofort. Auf der Stelle. Wie um etwas zu Ende zu bringen. Wie um damit das vorige Mal aufzuheben. Was zwar auf eine eigenwillige Logik hinausläuft, die für ihn aber etwas seltsam Magisches besitzt. Als ließe sich dadurch das erste Mal gleichsam ungeschehen machen. Als könnte man sich, würden sie es noch einmal miteinander tun, von der Schwere befreien, die jetzt nicht nur auf ihnen beiden lastet, sondern auf der ganzen Welt.

Vielleicht rührt sein Stolz daher, dass er für sie in diesem Augenblick wichtiger war als ihr Mann. Dass sie bereit war, alles aufs Spiel zu setzen. Ausgerechnet sie, die so ganz und gar nicht flatterhaft wirkt und mit sich so im Gleichgewicht zu sein scheint. Was für sie vielleicht überhaupt kein Widerspruch ist. Vielleicht besaß es für sie keinerlei Bedeutung. Zumindest keine weiterreichende. Vielleicht steckt sie es viel leichter weg als er. Möglicherweise begegnet sie ihm nachher mit Blicken, als sei so gut wie nichts gewesen. Als könnte man sich so einen Vorfall im Leben gelegentlich leisten. Ohne alle Hintergedanken und alle Folgen. Am Ende zermartert nur er allein sich den Kopf und meint nur er in Abgründe zu blicken. Vielleicht zieht sich eine direkte Linie von ihren Urschrei-Wochenenden übers Tantra und das spanische Hippie-Love-Camp bis hin zu dieser Nacht. Vielleicht fand sie ihn seltsam verkrampft, viel zu unlocker und gehemmt. Lacht sogar über ihn und erzählt es am Ende wie selbstverständlich Uli, als tauschten sie sich über solche Dinge ganz ungezwungen aus. Schließlich bestand der Zweck ihrer Urschreiexzesse, soweit Jakob davon etwas mitbekommen hat, in nichts anderem, als alle Arten von Eifersuchtsanwandlungen durch stundenlanges Stöhnen und Stampfen aus sich hinauszubrüllen, um den jahrtausendealten Eigentumswahn in sich zu ersticken und endlich loslassen zu können und nicht nur die Gartenzäune um die Häuser einzureißen, sondern auch alle anderen Grenzen. Dabei hatte Jakob alleweil den Eindruck, als seien die beiden sich mit ihren Kindern selbst genug, als würde keiner von ihnen noch nach etwas anderem schielen. Alles an Franziska erschien ihm unzweideutig und ungebrochen. Nichts Dunkles, Verborgenes, Rätselhaftes. Ihr einziges Geheimnis bestand für ihn in der Frage: Woher dieses In-sich-Ruhende? Und nun das! Es ist jedoch, denkt er auf einmal, auch nicht ausgeschlossen, dass sich die beiden deshalb auf die Alb zurückgezogen haben, um dort vor solchen Dingen ihre Ruhe zu finden.

Ausgerechnet Uli, dem Liebsten von allen, hat er das angetan. Wie könnte es je wieder Normalität zwischen ihnen geben, ganz unabhängig davon, ob sie es ihm beichten wird oder nicht? Wie sich je wieder begegnen und in die Augen schauen, ohne eines Tages herauszuplatzen und alles zu gestehen? Es ist, als habe er die ohnehin schon maßlose Katastrophe mit einer anderen, noch maßloseren überdecken und übertrumpfen und ins Grenzenlose steigern müssen, auf dass am Schluss wirklich nur noch Abgründe vor ihm klaffen, und zwar keine metaphysischen, sondern ganz schlichte, die sich jenseits aller Ewigkeitsfragen Zerstörungen verdanken, mit denen man bereits hier unten für die Hölle sorgt.

Es ist, als hätte er ausprobieren müssen, ob sich die Dinge noch eskalieren lassen, wie um restlos alles aufs Spiel zu setzen, nicht nur sein Verhältnis zu diesen beiden, sondern auch das der beiden zueinander und am Ende sogar zu ihren Kindern. Als wollte eine dumpfe Gewalt in ihm alles kaputt schlagen, was ihm noch blieb, wenn nichts anderes mehr ginge und er wenigstens bei diesen beiden hätte Zuflucht finden können. Als wollte er nicht das Opfer eines Schicksals sein, das er nicht mehr beeinflussen kann, sondern sich zum Herren eines noch schlimmeren aufschwingen.

Vielleicht fing das Ganze schon auf diesem alten Militärgelände an, wo sie zur Vorbereitung seines Films einen langen Spaziergang gemacht und auf einmal darüber geredet hatten, dass man erst, wenn man sich richtig verliebt, spürt, was einem alles gefehlt hat. Jakob war erstaunt, dass ausgerechnet Franziska mit ihm über solche Dinge sprach, nicht ausführlich zwar, doch immerhin. Als sie danach in Münsingen an einer Tankstelle ein paar Kleinigkeiten einkauften, stand dort ein Landstreicher, der sie freudig mit den Worten begrüßte: Ich wusste, dass ihr kommt, nur wusste ich nicht, wann!

Am besten, es gäbe auf der Stelle ein Erdbeben, und zwar ein so furchtbares, dass alles in Schutt und Asche zerfiele und hier ein zweites Pompeji entstünde, nur hier auf diesem Fleck, ohne dass drum herum etwas in Mitleidenschaft gezogen würde, am besten sogar bloß dort, wo er gerade steht und geht, damit alles andere, als sei nichts gewesen, weiterhin seinen Gang gehen könnte, nur eben ohne ihn und ohne seine rasende Unruhe. Nicht nur er wäre damit erlöst, sondern die ganze Welt. Mit einigen wenigen Stößen, die allein ihm zu gelten hätten, wäre es getan, und es könnte wieder Frieden einkehren.

Diese Morgenstille mit ihrem Gezwitscher und Gezirpe besitzt etwas Unerträgliches. Käme wenigstens ein Wind, ein Sturm, ein Orkan, der die Welt durchrütteln und durchschütteln würde, die Türen und Läden auf und zu schlüge, die Bäume in einen wilden Wahnsinn triebe und nicht bloß die Fenster zerbersten ließe, wäre das erlösend, weil sie damit eine gemeinsame Aufgabe bekämen und einen gemeinsamen Feind, der dafür sorgte, dass alles andere wie nichtig wirkte. Mama hatte sie als Kinder, wenn nächtliches Gedonner und Gewitter die Lichter ausgehen ließ, manchmal aus den Betten geholt, um mit ihnen bei Kerzenlicht auf dem Sofa zu sitzen, wo sie Äpfel schälte und Schnitze verteilte, was bei allem Bedrohlichen etwas unvergesslich Anheimelndes besaß. Inniger hatte man sich selten zusammen gefühlt. Schütze uns vor Blitz, Hagel und Ungewitter, hieß es in der Kirche beim Wettersegen, doch manchmal wünschte man sich einen wüsten Sturm herbei, um abgelenkt zu werden von dem Irrsinn, der im eigenen Seelenleben tobt. Auch im Krieg, hatte Mama erzählt, gehörten die Stunden im Keller, in den man bei Sirenenalarm flüchtete, zum Schönsten, was sie in ihrer Jugend erlebt hatte. In der Not lernt man Beten, hatte sie ebenfalls gesagt, doch welche Gebete sollte Jakob jetzt, in dieser Situation, noch vor sich hin murmeln? Welcher Gott könnte ihm noch helfen? Er muss das alles selbst durchstehen, was immer die Folgen sein mögen. Und er kann nur hoffen, dass Franziska sich darüber genauso wie er bis ans Lebensende ausschweigen wird. Nicht einmal auf dem Sterbebett darf sie es Uli beichten, selbst wenn Jakob schon tot wäre, schließlich will er nicht noch kurz vor dessen eigenem Ende von ihm verflucht werden, zumal es vielleicht sogar unter den Toten einen Frieden gibt, der nicht gestört sein will, und sei es deshalb, weil andernfalls die gesamte Ewigkeit davon beeinträchtigt sein könnte.

Ihm ist, als sei mit dieser Geschichte nicht nur seine gesamte Familie erschüttert worden, sondern die ganze Welt aus den Fugen. Eine Welt, die man bis vor wenigen Stunden trotz aller Wirrnis, die es geben mochte, durch und durch schön finden konnte. Als sei bis dahin alles mit sich im Reinen gewesen, selbst das Schlimmste. Was nun für immer vorbei sein könnte. Undenkbar, dass man ihm dort oben auf der Alb jetzt noch das Gartenhäuschen ausbauen wird. Beruhigend könnte allein der Gedanke sein, dass das alles für Franziska keinerlei Bedeutung besitzt und sie sich sagt: So war es, und es war gut so, das war es aber auch. Doch selbst wenn sie nie das Geringste verriete, würde etwas bleiben, und zwar bei ihnen beiden, ob es ihnen gefiele oder nicht. Und es würde sich nicht nur auf sie beide, sondern auf alle andern auswirken, wie unmerklich auch immer. Es wäre besser, nicht mehr zu leben.

Franziska hatte gestöhnt: Sag was zu mir. Worauf er flüsterte: Ich liebe dich. Als wollte sie das hören. Was wahrscheinlich gar nicht der Fall war. Es muss lächerlich geklungen haben, zumindest in diesem Augenblick und aus seinem Mund. Ein leeres Gerede, allein um der Steigerung willen. Vermutlich wollte sie etwas ganz anderes hören, während er dachte: Sie stöhnt und klingt nicht wie jemand, der in sich ruht. Dann sagte er auch noch: Wir müssen das jetzt immer machen. Worauf sie mitten im Stöhnen reichlich nüchtern antwortete: Nein!, und er sich ab da nicht mehr sicher war, ob dieses Stöhnen noch ein Stöhnen oder schon ein Weinen war, das sie mit Stöhnen zu überspielen versuchte. Trotz der milchigen Mondhelle war es zu dunkel, um zu erkennen, ob sie Tränen in den Augen hatte oder ob sie vor Freude leuchteten. Beides vielleicht. Oder zuerst das eine und dann das andere. Zuerst das Leuchten, dann die Tränen.

In dem Augenblick, da Jakob in der nächtlichen Küche klar zu werden schien, dass bei ihnen gleich etwas überschwappen könnte, hatte er nicht einmal einen unbändigen Drang empfunden, sondern sich trotz des vielen Weins auf beinahe kühle Weise gesagt: Wir machen es einfach! Natürlich wollte er sie gerne einmal anfassen und spüren, doch er hätte es genauso bleiben lassen können, wäre da nicht der Gedanke gewesen, dass man die Situation ausnützen muss, als dürfte man niemals nein sagen, wenn sich so unverhofft eine Gelegenheit bietet. Dazu kam vor allem seine Neugier, diese Neugier, wie es mit ihr sein würde, wie wild oder zart oder rauschhaft.

Was war es eigentlich? Was war es? Es hatte etwas von einem verzweifelten Genießenwollen. Sag was zu mir, hatte sie noch einmal vor sich hin gehaucht. Was hätte er sagen sollen? Ein paar wüstere Sachen als ein allzu flink herbeigeschwafeltes: Ich liebe dich? Hätte er sie fragen sollen, was sie hören wollte, um nichts Falsches zu sagen? Um sie nicht zu erschrecken und nicht zu ernüchtern? Woher sollte er ihre Phantasien kennen? Ihre Neigungen, ihre Lüste? Hätte sie es gerne stürmischer gehabt oder sogar brutaler oder nur unendlich weich? Er weiß es nicht, alles blieb offen, hatte etwas Bemühtes, als hinderte sie beide eine innere Stimme, sich ungebremst gehen zu lassen. Oder war es die Angst, es könnte jemand sie hören und gleich an die verriegelte Tür klopfen, die wahrscheinlich noch nie, seit dieses Haus steht, abgeschlossen worden ist, weshalb man nicht lange hätte eins und eins zusammenzählen müssen. Es hätte genügt, sich auf der Terrasse zum Küchenfester hinüberzulehnen, um alles zu sehen. Jakob dachte: Was wäre, wenn Papa, der wenige Schritte nebenan liegt, davon etwas mitbekommt?

Ein wenig erinnerte es auch an damals, als er in dem Wochenendhäuschen am Öpfinger See zum ersten Mal mit einem Mädchen schlief, ebenfalls auf dem Boden, ähnlich verhetzt, ähnlich gehemmt und mit derselben Angst, erwischt zu werden. Schon dieser Ausdruck: miteinander schlafen! Doch er hat jetzt andere Sorgen, als über Sprache nachzudenken. *Hélas! tout est abîme – action, désir, rêve, parole!…* Wenn es nur das wäre: Wortgetümmel und Wortgefuchtel! Was geschah, das geschah, egal, wie man es zu nennen und deuten gedenkt. Es sind Tatsachen, die sich nicht mehr ungeschehen machen lassen. Fakten, die in null Komma nichts alles kaputt gemacht haben. Alles. Für immer. Er hat ein Leben zerstört, das so friedlich aussah. Vielleicht bedeutet ihr es tatsächlich nichts. Zugleich möchte er es sofort nochmals tun. Er muss aufhören zu denken!

Etwas Ähnliches hatte Jakob in jener Nacht gemacht, als er erfuhr, dass Mutter tot war. Nur ohne alle Auswirkungen. Es war geschehen, und damit hatte es sich. Auch damals war er in Paris, Ende September vor dreizehn Jahren. Zuerst betrank er sich in einer Bar, so vorsätzlich wie selten, in Mordsschnelle, so sehr, dass er vom Hocker kippte und man ihm nichts mehr geben wollte. Heute noch kommt er gelegentlich an dieser Bar vorbei, ohne sie je wieder betreten zu haben, obwohl er längst nicht mehr fürchten müsste, dort von jemandem wiedererkannt zu werden, ganz abgesehen davon, dass es Schlimmeres gibt, als einmal vom Hocker zu fallen. Etwas Schlimmeres war dort nicht passiert, zumindest soweit er sich erinnern kann. Danach muss er die Straße hinabgewankt sein. Jedenfalls saß er dann noch in einer Bar am Tresen neben einem Paar, das alles andere als glücklich wirkte. Man kam ins Gespräch, ein wenig nur, fragte nach dem Wohin und Woher, saß immer wieder stumm nebeneinander, als fiele einem nichts mehr ein. Sie hatten etwas Bedrücktes, diese beiden, er weit mehr als sie. Und plötzlich waren sie weg, mit einem knappen Ciao. Sie winkte noch kurz zu ihm zurück, und schon waren sie draußen. Keine fünf Minuten später saß sie auf einmal alleine neben ihm, schaute eine Weile vor sich hin und fragte ihn plötzlich: Willst du noch etwas trinken, oder gehen wir zu mir? Er bezahlte sofort, sie wohnte um die Ecke. An ihr Zimmer kann er sich besser als an ihr Gesicht erinnern. Es war winzig und vollgestellt mit Krimskrams und einem Wäscheständer. Tisch und Bücher gab es nicht. Es konnte ihr nicht schnell genug gehen, sie riss ihm die Hose herunter, stieß ihn ins Bett, setzte sich auf ihn und fing derart heftig auf ihm an zu reiten, dass kaum ein Mitkommen war, sie ihn jedoch mit einem ständigen *encore encore plus fort* immer weiter antrieb, als könnte es nicht schnell genug gehen, auf schier verzweifelte Weise, während er Angst hatte, restlos zu versagen, so besoffen, wie er war, sie ihm aber mit ihrem einpeitschenden *encore encore plus fort* nur immer weiter zu verstehen gab, dass er ihr viel zu lahm war, was ihn vollkommen überforderte und einschüchterte, da er ganz offensichtlich nicht das brachte, was sie erwartete, weshalb er es mit Küssen und Zärtlichkeiten probierte, was sie überhaupt nicht interessierte, er es jedoch weiter versuchte und wie um sich selbst anzutreiben flüsterte *je veux te marier je veux te marier*, worauf sie mitten im Gestöhn höhnte *tu es idiot* und weiter ihr *encore encore plus fort* keuchte, bald aber merken musste, dass tatsächlich nicht mehr viel zu machen war, und plötzlich aufs Klo verschwand. Was danach geschah, weiß Jakob nicht mehr. Er muss eingeschlafen sein, von einer Sekunde zur andern, und wahrscheinlich schnarchend in ihrem Bett gelegen haben. Jedenfalls wurde auf einmal unwirsch an ihm herumgezerrt und auf ihn eingeschimpft, bis er halb nackt im Zimmer stand und sie ihn unter Gefluche und einem fortwährenden *va te faire foutre toi* hinausbugsierte und ihm, als die Tür schon fast zu war, Hose und Schuhe hinterherschmiss, die er erst draußen im Treppenhaus anzog.

Als Jakob vorhin beim Verlassen der Küche wie mit schlechtem Gewissen einen kurzen Blick zu Vater hinübergeworfen hatte, meinte er, seinen Kopf leicht zur Seite geneigt und seine Augen offen gesehen zu haben. Er wollte über diesen Unsinn erst gar nicht nachdenken, sondern möglichst schnell und unbemerkt in sein Zimmer gelangen. Es war eine Halluzination, die sich dem Suff und aufgewühlten Zustand verdankte. Doch ihm kam, während er die Treppe hinaufschlich, Franziskas kindliche Frage in den Sinn, ob Tote vielleicht noch hören können. Immerhin musste Papas Gehör, auch wenn er nichts mehr damit anfangen konnte, mitbekommen haben, was in der Küche vorgegangen war. Vielleicht hörte er so viel, dass ihm im wahrsten Sinne des Wortes die Augen aufgingen.

Wie er am Fenster steht und durch die Lamellen auf den Garten blickt, hört er ein Fingerknacken. Unten auf der Terrasse muss Uli stehen. Und er raucht. Fast will Jakob es so vorkommen, als habe er mit Franziska geschlafen, um sich an Ulis Fingerknacken zu rächen. Dass die Friedlichsten auch etwas von Trotteln besitzen, diesen Gedanken will Jakob gar nicht erst in sich hochkommen lassen, nur dass er schneller gedacht ist, als man will, und sich nicht gleich wieder verscheuchen lässt. Doch er will nicht so denken. Niemals, niemals, niemals. Er meint, ein bisschen Mitleid mit ihm zu verspüren. Es ist Nietzsches Mitleid. Das Mitleid des Überlegenen. Eines Überlegenen allerdings, der nicht den geringsten Grund hat, sich überlegen zu fühlen.

Wenn Uli früher mit glasigen Augen schweigend am Tisch saß und wie eine Sphinx vor sich hin lächelte, hatte Papa manchmal gesagt: Du wirst mir doch wohl kein Haschisch nehmen! Versprochen? Es war die Zeit, als man klassenweise in die Klapse gekarrt wurde, wo einem Drogenabhängige vorgeführt wurden, die abschreckend wirken sollten, was jedoch bei einigen Schülern genau das Gegenteil bewirkte, vor allem wenn neben diesen langhaarigen, ein bisschen irren Typen, die nicht selten Dürers Selbstbildnissen glichen, der erbarmenswert gehemmte Lateinlehrer, der auch noch Doktor Sinn hieß, saß und Fragen stellte, mit denen er aus diesen Gestalten eine reumütige Moralpredigt wider alles Haltlose herauszulocken hoffte.

Warum, fährt es Jakob durch den Kopf, sollte nicht die Möglichkeit bestehen, dass sie es weiterhin heimlich tun werden, und zwar bei ihnen im Gartenhäuschen, wo er wohnen würde und sie gelegentlich zu ihm käme, ohne dass sein Bruder etwas davon mitbekommen müsste. Er würde, wie bisher, alle Freiheiten genießen, während diese beiden wie eh und je zusammen wären, nur dass für Franziska noch etwas hinzukäme, das außer ihnen niemanden das Geringste anginge.

Was macht er bloß unten, sein Bruder? Wartet er nur darauf, ihn zur Rede zu stellen? Ihm eine herunterzuhauen, ihn anzuschreien oder ihn derart erschüttert zu ignorieren, dass sich für Jakob einzig der Schluss daraus ziehen ließe, so schnell wie möglich das Weite zu suchen, auf immer und ewig?

Ein Schrei. Ein furchtbarer Schrei. Ein Schrei, der sich mitten im Schreien selbst erstickt.

Er sieht Linda in den Garten rennen. Jetzt steht sie dort, hält sich die Hände vor den Kopf.

Was ist?, meint Jakob Uli, der auf sie zugeht, sagen zu sehen, ohne dass er es hört.

Sie steht da, zur Statue versteinert.

Was ist?

Uli wagt offenbar nicht mehr weiter auf sie zuzugehen, hält einen Schritt vor ihr inne, drückt seine Kippe mit den Füßen ins Gras.

Sie sagt etwas zu ihm. Uli dreht den Kopf Richtung Wohnzimmer. Schaut wieder Linda an, die ihre Hände inzwischen vom Kopf genommen hat. Sie nickt und sagt wieder etwas. Uli schaut erneut zum Wohnzimmer, so vorsichtig, als drohe von dort Gefahr. Er zuckt leicht mit den Schultern.

Wieder ein Schrei unten im Haus. Vielleicht ist es Fred.

Jakob dreht vorsichtig den Schlüssel. Öffnet einen Schlitz weit die Tür. Horcht. Stille.

Auf Zehenspitzen geht er wieder zum Fenster. Auch Fred steht jetzt im Garten. Alle drei ratlos, wie es scheint.

Jakob schleicht zurück zur Tür, öffnet sie ein klein wenig mehr, geht erneut zum Fenster. Die Dielen knarren. Überall hier oben. Nicht nur auf der Treppe.

Die drei im Garten bewegen sich langsam in Richtung Haus, Linda in der Mitte, als wollten die andern sie schützen.

Nochmals geht Jakob zur Tür. Franziska scheint ihn nicht zu bemerken, als sie an ihm vorbei zur Treppe hinab huscht. Halb zögerlich, halb geschwind.

Ein Schrei. Diesmal von ihr.

Jakob schleicht aus dem Zimmer, bleibt stehen an Joschis

Tür, horcht. Er drückt vorsichtig die Klinke, so langsam und leise wie in Zeitlupe. Immer noch ist die Tür verschlossen. Er klopft. Fast unhörbar. Nichts. Er klopft noch einmal. Drei-, viermal hintereinander. Jedes Mal ein bisschen kräftiger und trotzdem so sanft wie möglich. Der Schlüssel dreht sich im Schloss. Was, zumindest für diese Stille, brachial klingt, als steckte eine Mordswut dahinter.

Joschi steht da in Unterhose und im Unterhemd, beide in Weiß, so wie man sie früher hatte. Unterhosen von Schiesser, Unterhemden geriffelt. Mutter könnte sie ihm noch gekauft haben. Jakob wusste nicht, dass Joschis ganzer Leib so üppig behaart ist. Lauter graumeliertes Gekringel. Nackt hat er ihn zuletzt in Jugendtagen gesehen. Vielleicht nicht einmal da.

Was ist?

Nicht so laut.

Wieso?

Ich weiß nicht.

Hast du geklopft?

Ja, flüstert Jakob.

Was ist? Joschi hat keine Lust, leise zu sein.

Unten Schritte. Dann wieder Stille.

Komm mit, aber vorsichtig, flüstert Jakob ihm zu.

Wieso?

Weil.

Ich zieh mir was an.

Nein, komm.

Doch.

Nein.

Doch.

Joschi verschwindet hinter der Tür, schließt sie sogar. Jakob wartet.

Hallo, hört er unten Linda sagen, so zögerlich, als sei es eine Frage.

Stille.

Hallo, sagt auch Fred jetzt reichlich verzagt, als habe er über Nacht seine Stentorstimme verloren. Auch bei ihm hört es sich an wie eine Frage.

Jakob tapst auf den Dielen, die immer wieder zu knarren drohen, Richtung Treppe.

Joschi kommt ihm ohne alle Vorsicht hinterher, in Pullover, Hose und barfuß.

Was ist?

Ich weiß nicht.

Warum flüsterst du?

Papa, scheint dort unten jemand zu sagen. Auch das eine Frage.

Die beiden gehen, beinahe als würden sie Händchen halten, nebeneinander die Treppe hinab. Die Flügeltür zum Wohnzimmer steht wagenweit offen.

Papa sitzt auf der Couch. Jemand muss ihn aufgerichtet haben. Warum richten sie einen Toten auf? In losem Halbkreis stehen sie um ihn herum, mit ein paar Schritt Abstand, als müsste man einen Puffer einhalten. Da sitzt er. Steif. Warum richten sie einen Toten auf?

Papa?

Er hat die Augen auf.

Stützt sich mit den Armen auf die Kante der Couch.

Fast wie ein Affe. Bewegt er sich? Meint man ihn zittern zu sehen? Er ist leicht nach vorn gebeugt, immer mehr, als könnte er gleich vornüberkippen. Aber er scheint sich festzuhalten. Warum hilft ihm keiner?

Joschi und Jakob stehen jetzt in der Tür. Papa dreht sich langsam zu ihnen hin.

Er lebt, sagt Uli, ohne zu den beiden hinüberzuschauen. Wie geht es dir, Papa?

Papa schaut zu den beiden hinüber, die jetzt auf ihn zugehen.

Er scheint zu zittern. Als sei ihm kalt. Doch es ist ein anderes Zittern. Ein größeres und langsameres.

Papa?

Er schaut an ihnen hoch. Nur hoch. Ohne zu blinzeln. Kein einziges Mal. Es ist, als könnte bloß sein Kopf sich bewegen, von seinem Zittern abgesehen. Sein Kopf und die Augen. Klare Augen, die anscheinend nie tot gewesen sind.

Nun schaut er an sich selbst hinab. Versucht es jedenfalls. Die um ihn herumstehen, wirken erstarrter als er. Es ist, als wüsste er genau, dass er sich mit diesen Kleidern nicht hingelegt hat. Ein winziger, nur angedeuteter Rülpser kommt ihm hoch, bei geschlossenem Mund. Er presst die Lippen ein wenig zusammen, wie um jeden möglichen weiteren bei sich zu behalten.

Staunt er über die vielen Flaschen auf dem Tisch? Über das Durcheinander, das ein ganz anderes Durcheinander ist, als er selbst es hinterlassen hat?

Papa?

Jakob streckt die Hand nach ihm aus, ohne zu wissen, ob er sie ihm reichen soll oder er ihn ungläubig berühren will.

Er sieht nicht schlecht aus, bloß müde.

Sollen wir dich …? Linda beendet ihre Frage nicht.

Hochheben, meinst du? Papa, sollen wir dich hochheben?, fragt Uli.

Ja, sagt Fred, wir können dich hochheben!

Er schaut. Mit prüfendem Blick.

Du hast lange geschlafen, sagt Fred, fast schon wieder mit einer Spur von Jovialität in der Stimme.

Vater schaut, als wollte er fragen, was sie hier alle wollen. Und wie sie hereingekommen sind? Ob sie ein Fest gefeiert haben? Ausgerechnet jetzt, wo er …

Er schaut Linda an, zieht die Brauen hoch. Seine kräftigen, noch nicht einmal vollkommen grauen Brauen. Er lässt den Blick nicht mehr von ihr. Als wüsste er nur zu gut, was sich hier abgespielt hat. Einen ganzen Tag lang und eine ganze Nacht.

Sollen wir dich hochheben?

Komm, wir machen es, sagt Uli. Wir bringen dich zum Tisch hinüber, du musst doch Hunger haben.

Vielleicht will er lieber liegen, sagt Linda. Willst du lieber liegen, Papa? Sie sieht totenbleicher aus als jeder Tote. Und sie kann Vater kaum anschauen.

Joschi blickt fast gütig zu ihm hinab, mit einem leisen Lächeln sogar, und nickt ihm zu, als wollte er ihn ermuntern, etwas zu sagen.

Hat er, wie aus dem Jenseits, in dem man ihn wähnte, hier alles mit angehört, während er da lag?

Franziska meidet jeden Blick in Jakobs Richtung. Sie sieht verquollen aus. So verquollen, wie er sie sich nie hätte vorstellen können. Als habe sie nicht nur kein Auge zugetan, sondern noch eine Flasche Schnaps in sich hineingeschüttet. Als sei sie mit einem Schlag zwanzig Jahre älter, mit bläulich braunen Schatten unter den Augen, wie man es sich an ihr, sonst das Inbild des blühenden Lebens, nie hätte ausmalen können. Als sei aus ihr eine ganz andere geworden. Ein Wrack, neben dem man niemals aufwachen möchte.

Uli spielt entweder den Unwissenden oder sagt sich, es gibt jetzt Wichtigeres. Oder er weiß nichts. Auch er schaut Jakob nicht an. Was daran liegen kann, dass alle auf Papa starren. Vielleicht hat er nicht das Geringste mitbekommen. Weder Papa noch Uli. Papa würde darüber vermutlich nicht reden. Er könnte so etwas inzwischen verstehen. Lag Uli vielleicht ebenfalls wach? Stand er sogar draußen vor der Tür?

Es gibt jetzt Wichtigeres.

Uli ist Frühaufsteher. Warum sollte er sich gewundert haben, dass Franziska noch schläft oder zumindest die Schlafende gespielt hat, womöglich mit dem gleichen Herzpochen und der gleichen Unruhe wie Jakob. Vielleicht sieht sie jeden Morgen so aus, was außer Uli und ihren Kindern keiner mitbekommt. Nie wieder wird Jakob sich dieses aufgedunsene, kaputte Gesicht von ihr wegdenken können, selbst wenn sie morgen wie früher aussehen sollte. Niemals möchte er aufwachen neben diesem Gesicht.

Doch neben wem konnte er je schon über längere Zeit aufwachen, auch ohne dass das Gesicht zerknautscht gewesen wäre? Franziska könnte mit einem wie ihm genauso wenig leben wie alle anderen. Und was sollte er mit ihr reden, wenn sie ständig um ihn wäre: Was kochen wir heute, wer geht einkaufen, möchtest du lieber Bier oder Wein oder Kaffee oder Tee? Oder sollte er sich ihr, nur um im Alter nicht allein bleiben zu müssen, einfach anpassen und an allem, was ihr wichtig ist, Interesse vorgaukeln, in der wenig erstrebenswerten Hoffnung, dadurch sogar wirkliches Interesse zu entwickeln? Mit Dingen, die ihm bislang auf die Nerven gingen? Es würde das kühnste Abenteuer seines Lebens sein, bei dem Gewinn und Verlust sich schwer abwägen ließen. Doch es wird ohnehin nie so weit kommen, außer es geschähe etwas noch Unerhörteres als jetzt gerade eben. Sie müsste Mann und Kinder verlassen. Er sollte über diesen Irrsinn nicht weiter nachdenken. Oder er wäre von nun an der Dritte im Bunde, wie bei Jules und Jim, nur dass diese beiden keine Brüder waren. Er muss aufhören zu denken. Vor allem jetzt, wo ein Wunder geschehen ist, bei dem man nicht weiß, ob man es für ein Glück halten soll oder für eine Katastrophe.

Lägen irgendwo Schlaftabletten herum, er würde eine Handvoll schlucken, oder wenigstens Baldriandragees, die er packungsweise verschlänge, nicht um sich umzubringen, sondern um wie Papa zwei Tage und zwei Nächte lang so tief zu schlafen, dass man ihn für tot halten könnte.

Fred und Uli haken sich bei Papa unter, was ein merkliches Ungleichgewicht ergibt, weshalb Fred sich um einen Kopf kleiner zu machen versucht. Sie bewegen ihn von der Couch zum Tisch hinüber, um den sich alle setzen. Links von ihm nimmt Uli Platz, rechts von ihm haben sie einen Stuhl frei gelassen. Er ist offenbar für Jakob gedacht.

Papa, flüstert Linda zu ihm hinüber, so leise wie eindringlich und ohne ihn richtig anzuschauen. Papa, willst du was essen?

Sie steht wieder auf, als halte sie es am Tisch kaum aus, und eilt mit ihren Klack-klack-Schritten in die Küche.

Die Sonne strahlt. Schon jetzt, kaum dass der Tag begonnen hat, ist es wieder so warm, dass man die Rollos herunterlassen könnte. Man hört Papa schlucken, sieht es auch an seinem Adamsapfel. Man könnte meinen, er möchte mit diesem Schlucken gleich zum Reden ansetzen. Doch er sagt nichts. Vielleicht kann er nichts sagen. Oder er will nicht.

Franziska hat Jakob bis jetzt nicht angeschaut, die ganze Zeit nicht, obwohl sie ihm inzwischen gegenübersitzt. Vielleicht hat Papa nur das, was sich heute früh in der Küche abgespielt hat, mitbekommen und davor tatsächlich geschlafen wie ein Toter. Oder er hat alles mit angehört, von Anfang an, und dabei einer unfreiwilligen Beichte gelauscht. Vielleicht war für ihn kein bisschen Neues dabei. Vielleicht war er der Spion Gottes, des Herren Adjutant beim Jüngsten Gericht, das hier einen ganzen Tag und eine ganze Nacht lang bereits stattgefunden hat. Und nun wird aus dem Angeklagten der Ankläger.

Wie beim Letzten Abendmahl sitzen sie um ihn herum zu dieser Frühstückszeit, nur ohne gedeckten Tisch, bloß mit leeren Flaschen und zerknüllten Chipstüten. Was denkt er? Dieses Gespenst, das leibhaftig unter ihnen weilt, jedoch nicht spricht. Ein Lazarus, den man hatte entmündigen lassen wollen.

Möchtest du etwas essen, fragt Fred.

Kein Kopfnicken, kein Kopfschütteln, kein Ja, kein Nein.

Oder trinken?

Er schaut nur. Linda werkelt in der Küche. Als müsse sie Töpfe spülen.

Man könnte ihm die Hand führen. Ein neues Testament aufsetzen. Das alte widerrufen. Mit einem einzigen Satz: Ich widerrufe. Und müsste hoffen, dass er danach schnell wieder entschläft. Max würde staunen. Und nicht nur er.

Max würde dieses elendige, vor Wut bebende Häuflein, das gestern Nacht um ihn herum gesessen hat, endgültig zu vernichten suchen. Und keiner wüsste, warum. Als habe man ein Schicksal zu tragen, dessen Sinn einem entgeht.

Jakob wendet den Blick ab, schaut hinaus in den Garten.

Es ist wirklich, sagt er sich. Alles wirklich. So wie damals mit Uli am Walden Pond. Beide in diesen hässlichen weißen Unterhosen, weil sie die Badesachen vergessen hatten.

Mein Gott, wie viele Jahre ist das schon her.

Er möchte alles noch einmal erleben. Alles noch einmal. Selbst wenn man sich ein anderes Leben wünscht, wünscht man sich nicht wirklich ein anderes. Ein völlig anderes jedenfalls nicht. Sowenig man sich je vorstellen kann, ein anderer zu sein, auch wenn man es tausendmal behauptet. Keiner möchte das. Man ist auch nie ein anderer, als der man ist. Der vielzitierte Satz: Ich ist ein anderer, ist reine Angeberei. Keiner will in der Haut eines anderen stecken, wie beneidenswert dieser andere auch erscheint. Denkt man nur lange genug nach, schüttelt es einen bei dem Gedanken, in der Haut eines anderen zu stecken. Eine unerträgliche Vorstellung. Schlimmer als gespenstisch. Man will mit keinem tauschen, selbst dann nicht, wenn man es möchte. Sowenig man andere Eltern haben will. Egal, wie schlimm sie sind und ob man sich schon hundertmal andere herbeiphantasiert hat. Sie sind das einzig Eigene, was man besitzt. Das einzig Unverwechselbare. Das einzig Endgültige. Lieber kreuzunglücklich als tauschen. Doch unglücklich war hier ohnehin nie einer.

Er muss aufhören zu denken.